처음
읽는 정치철학사

일러두기

- 본문의 모든 각주는 독자의 이해를 돕기 위해 편집부에서 붙인 것이다.
- 국내에 출간된 책은 국역본 제목으로 표기했고, 출간되지 않은 책은 최대한 원서와 가깝게 번역하고 원제를 병기했다.
- 단행본은 겹낫표(『 』)로, 논문, 회화, 팸플릿, 잡지는 낫표(「 」)로 묶어 표기했다.

How to Think Politically

This translation of How to Think Politically is published by arrangement with Bloomsbury Publishing Plc through BC Agency, Seoul.

Korean Translation Copyright © 2021 by Dasan Books Co., Ltd

처음 읽는 정치철학사

그레임 개러드 · 제임스 버나드 머피 지음 | 김세정 옮김

세계사를 대표하는 철학자 30인과 함께하는 철학의 첫걸음

다산
초당

세계를 움직여온 정치의 법칙을 찾아 떠나는 여정

정치는 과연 더러운 비즈니스에 불과한가

오늘날 정치는 '진흙탕'에 비유된다. 정치를 기만과 야욕, 기회주의가 만연한 천박한 구경거리에 불과한 것으로 여기는 시각이 커져가고, 정치권에 대한 신뢰는 곤두박질치고 있다. 정치인들은 어느 때보다 멸시를 받고 있다. 유권자들의 분노와 환멸은 걷잡을 수 없이 커졌고, 볼썽사나운 정치판의 승강이질에 정신을 빼앗긴 사이, 시장과 관료가 시민을 대신해 결정을 내리기에 이르렀다. 결국 시민들은 일상적인 정치에 무력감을 느끼면서 소외되고 말았다. 이런 판에 정치적 이상은 고사하고 사상이 파고들 틈이나 있을지 그려보기 힘들다.

그러나 정치는 언제나 특정 집단의 편의와 이익, 그리고 타협을 중심으로 굴러가는 지저분한 비즈니스였다. 대개 상충하는 이해관계, 감정, 돈, 권력에 좌우되는 몹시 난폭하고 추잡한 '왕좌의 게임'이었다. 야비하고 더러운 계략으로 유명했던 19세기 영국 정치인 로즈베리 경5th Earl of Rosebery, 1847-1929의 표현을 빌리자면 정치판은 '악취 나는 뒷간'인 경우가 많다. 제대로 된 사람이라면 소시지와 법이 어떻게 만들어지는지 보고 싶지 않을 거라는 말도 있지 않은가.

정치를 향한 이러한 일반적인 시선은 사실인 부분도 있지만 진실 그 자체는 아니다. 정치만큼 인간의 최선의 모습과 최악의 모습 양면을 모두 잘 보여주는 분야는 아마 없을 것이다. 정치를 통해 드러나는 최악의 모습에는 이미 너무나 익숙하다. 하지만 그 반대편인 최선의 모습은 제대로 알고 있지 못하다. 이 책에선 정치를 통해 나타난 최선의 모습을 소개하려 한다. 최선의 모습이 결과로 명백하게 드러나고 평가할 수 있는 건 아니지만, 위태로운 시대에 정치를 통해 최선의 모습을 도출하려고 노력했던 인물들의 이야기를 풀어낸다.

정치 이론가 버나드 크릭Bernard Crick, 1929~2008의 말처럼 정치는 '인간이 행하는 위대한 교화 활동'일 수도 있다. 정치는 강압과 기만으로 이루어진 통제를 대체하는 역할을 한다. 정치는 선하고 사려 깊은 목적으로 사용될 수 있고 실제로 그렇게 사용되어왔다는 그의 말은 분명히 옳다. 역사에서도 이런 사례는 충분히 찾아볼 수 있다. 티브이, 넷플릭스, SNS가 사람들을 좌지우지하는 오늘날의 세태와는 다른 도덕적 숭고함과 지적인 깊이를 정치에서는 찾아볼 수 있는 것이다. 정치는 이 세상의 운명을 결정하는 무대이다. 따라서 우리는 시민으로서 정치에 참여할 책임이 있다. '당신은 전쟁에 관심이 없을 수 있지만 전쟁은 당신에게 관심이 있다'는 트로츠키의 말을 살짝 바꿔 말하자면, '우리는 정치에 무관심할 수 있지만, 정치는 우리에게 관심이 있다'.

역사상 가장 지혜로운 정치 연구자 30인의 이야기

정치를 제대로 알기 위해서는 당연하게도 정보가 필요하다. 그러나 이에 더해 지식과 지혜를 갖춰야 한다. 우리는 정보가 범람하는 시대에 살고 있지만, 지식과 지혜는 어느 때보다도 찾기 힘들다. 디지털 기술의 기적 덕분에 우리는 데이터, 사실, 여론의 바다에서 익사할 지경이다. 알고 보면 정보라고 불리는 것들은 잘못된 경우가 많고, 여론에는 지혜는 물론 참된 지식도 부족하다. 따지자면 잘못된 정보가 지식보다 더 대접받고 있는 시대이다. 오늘날 전 세계의 정치권을 표면적으로만 봐도 정보의 폭발로 인해 시민이나 정치인들이 더 지혜로워졌다거나 토론의 수준이 높아졌을 거라는 착각에서 벗어날 수 있다. 지금 필요한 건 더 많은 정보가 아니라 더 깊은 통찰이고, 균형 잡힌 시각, 풍성한 지혜이다.

우리는 정치에 관한 정보를 넘어 지식과 더 나아가 지혜까지 습득할 수 있도록 안내할 것이다. 정보가 특정 사실에 국한된다면, 지식은 더 보편적이고 이해와 분석을 수반하고, 지혜는 사물의 실체를 가장 진지하게 그리고 깊이 통찰하는 일이다. 이 책에서는 역사상 가장 지혜로운 정치 연구자 30인의 이야기를 선보인다. 방랑하는 고대 중국의 성현 공자에서, 그리스 철학자 플라톤, 이슬람 이맘 알 파라비, 미국 교수인 존 롤스, 망명 생활을 한 독일 태생 유대인 한나 아렌트, 현대 등산가이자 생태학자인 아르네 네스까지 아시아, 아프리카, 유럽, 미 대륙에 걸쳐 역사상 가장 지혜롭고 큰 영향력을 미친 인물들의 삶과 시대 배경은 물론, 정치를 두고 그들이 제시한 잘 알려진 핵심 식견까지 한데 엮었다. 이들은 자신이 사는 시대의 정치적 정보의 정수만을 뽑아 참된 지식으로 정리하고, 이 지식을 개인이나 공동체의 안녕을 위한 보편적 지혜로 탈바꿈시켰다. 그들의 지혜를 어떻게 오늘날의 정치 난제에도 적용할 수 있는지 고찰하면서 끝맺는다.

이 사상가들의 삶과 사상에 관해 알고자 한다면 간단한 인터넷 검색으로도 방대한 정보를 수집할 수 있다. 하지만 이 책에서는 여러 사상을 한층 폭넓고 심층적으로 다루면서 이 모든 정보를 통합해 정치에 관한 정연하고 설득력 있는 해석을 제공하고자 한다. 독자들에게 더 많은 사실을 퍼붓기보다는 역사상 가장 위대한 정치적 지성과 사상을 소개하여 흥미와 상상력을 자극하는 걸 목표로 삼았다. 오랜 기간 해당 분야에서 연구해온 활동을 바탕으로 얻은 방대한 사료와 철학적 고찰을 책 한 권에 종합해 담았다.

철학은 어떻게 정치에 빛을 비추어주는가

　정치는 단순히 이해관계가 상충하는 곳만은 아니다. 인류 역사에는 '사상'이 결정적인 영향을 미친 때가 있다. 인간사란 절대 온전히 현실적일 수만은 없는 것이다. 특히 프랑스혁명과 러시아혁명, 미국 건국 과정 등 무력 충돌인 동시에 사상 간 격돌이기도 역사적 사건들이 대표적 예다. 그리고 최근 서방세계에서 일어나는 세계화와 이슬람 이민자와 관련한 포퓰리즘의 득세는 권력과 이해관계 못지않게 정체성과 가치관을 둘러싼 투쟁이기도 하다. 이렇게 사상과 관념은 지금껏 이 세상에 존재해온 모든 정치제도에서 어떤 형태로든 논쟁의 대상이었다. 사상이 현실을 만나는 지점은 보통 협력과 충돌, 이상주의와 냉소주의, 희망과 절망이 만나는 지점이다. 이 지점에서 철학이 정치에 가장 큰 빛을 비출 수 있다. 이러한 빛이 없다면 그 지점은 그저 무지한 군대가 밤새 충돌하는 어스레한 평원이 될 것이다.

　정치를 생각할 때 자주 연상되는 개념은 바로 권력이다. 정치가 권력을 추구하고, 권력을 위해 투쟁하고, 권력을 행사하는 장이 아니라면 과연 무엇이란 말인가? 실제로 가족, 교회, 직장도 권력을 행사하는 곳이지만, 최고 권력은 정부와 정치에 주어진다. 정부란 강압적 권력을 합법적으로 행사할 수 있는 권한을 독점하는 기구라고 정의하기도 한다. 인간이 만약 세상에 일어나는 모든 일에 즉각적으로 합의할 수 있다면 권력 행사도 정치도 필요 없을 것이다. 하지만 인간은 의견이 서로 다르기 마련이라서 누군가는 언제 전쟁을 일으킬 것이고 어떤 방식으로 세금을 부과할 것인지 등을 결정할 권력을 지녀야 한다. 권력정치는 필연적인 결과이지만 그 자체로 추잡하고 잔혹하다. 권력정치는 제로섬 방식이다. 사람이든 정당이든 또는 국가든 어느 한쪽이 차지하는 권력은 다른 쪽에서 가져온 것이다. 이론상 경제활동은 모두를 부유하게 만들 수 있다. 하지만 정치에서는 모두가 통치하게 만들 수 없다. 정치에는 항상 승자와 패자가 있다.

정치가 권력을 둘러싼 투쟁이라면 동물의 행동과는 무엇이 다를까? 따지고 보면 동물의 왕국에서도 권력을 차지하기 위한 다툼과 지배와 복종 관계를 볼 수 있다. 인간의 정치 다툼도 동물 세계에서 볼 수 있는 머리 박치기 의식에 지나지 않는 것일까? 정치 지도자들은 자신의 권세를 주장하는 털 없는 유인원에 불과한 걸까? 실제로 인간의 정치를 동물의 힘겨루기에 비유한 정치사상가도 있다. 하지만 그리스 철학자 아리스토텔레스에 따르면 인간의 정치는 권력뿐만 아니라 정의를 위해서도 투쟁하는 일이기에 특별하다. 다른 동물들은 기쁨과 고통을 표현할 수 있지만, 선과 악, 옳음과 그름, 정의와 불의의 차이를 설명할 수 있는 건 인간의 언어밖에 없다.

정치에서 권력과 정의가 차지하는 중요성을 이해하려면, 권력은 있지만 합법적이지 않은 정부와, 합법적이지만 권력이 없는 정부를 비교해보면 된다. 제2차 세계대전 때 나치 독일은 유럽 패전국에 수많은 정부를 세워 해당 영토를 다스릴 힘은 지녔지만 합법성과 정의는 없었다. 이와 동시에 점령된 유럽 국가 정부 다수는 합법적이긴 했지만 런던으로 도망쳐야 했다. 두 유형 모두 치명적인 결점이 있었다. 정의가 없는 권력은 시민을 상대로 전쟁을 치르고, 권력이 없는 정의는 시민의 권리를 보호할 수 없다. 권력만 있는 정부 또는 정의롭기만 한 정부의 통치를 받고 싶은 사람은 없을 것이다. 우리는 모두 권력이 정당하게 행사되고 정의가 권력을 통제하기를 바란다.

따라서 정치는 권력과 정의, 자세히 말하자면 정당한 권력과 권능이 부여된 정의가 만나는 곳이다. 즉 정당성이 힘을 갖고 힘은 정당하게 행사되는 지점이다. 정치 활동은 권력에 정의라는 개념을 적용하려는 시도이다. 시행하지 않거나 시행할 수 없는 정의에 어떤 가치가 있을까? 정의가 길을 이끌어주지 않는 권력은 또 어떤 가치가 있을까? 전자는 그저 환상일 뿐이고 후자는 폭력에 불과하다. 정의는 옳은 일을 알려줌으로써 법에 방향성을 부여하고, 권력은 법 준수를 위한 제재를 가함으로써 법에 강제성을 부여한다. 만약 인간이 완벽하게 선하다면 법은 옳고 정당한 일로 인간을 이끌기만 하면 될 것이다. 하지만 인간 본성의 이기적인 반항성에 맞서려면 법적 정의는 강제적인 제재의 힘도 빌려야 한다.

순진한 이상주의자들은 정치의 핵심은 정의뿐이라고 믿고, 순진한 냉소주의자들은 정치의 중심은 권력 홀로 차지한다고 믿는다. 본 책에서 다루는 위대한 정치 연구자들은 어느 쪽이든 이러한 순진함과는 거리가 멀다. 이들은 모두 정치를 정의와 권력이 만나는 지점으로 본다. 물론 정의와 권력의 의미, 이 두 요소가 만나야 하는 지점 등에 관해서는 의견을 달리한다. 아우구스티누스, 마키아벨리, 홉스, 니체, 마오쩌둥처럼 권력의 정치에 더 무게를 두는 사상가도 있다. 가령 아우구스티누스는 정부를 조직범죄에 비교했고,

마오쩌둥은 정치적 권력은 총에서 시작된다고 주장했다. 한편 플라톤, 아퀴나스, 로크, 루소, 페인, 칸트, 밀, 롤스, 누스바움 등은 정의로운 정치에 주목했다. 플라톤은 정의는 철학자가 통치할 때 비로소 발현될 수 있다고 믿었고, 누스바움은 정의는 시민들이 온전히 자치성을 갖출 때 가능하다고 봤다.

정의를 향한 갈망은 정치를 숭고하게 만드는 한편, 권력을 둘러싼 투쟁은 정치를 지저분하게 만든다. 위대한 19세기 역사가 액턴John Dalberg-Acton, 1834~1902 이 한 '권력은 부패하기 마련이고 절대 권력은 절대로 부패한다Power corrupts. Absolute power corrupts absolutely'라는 경고는 잘 알려져 있다. 권력을 향한 이 유명한 일침은 권력이 가장 훌륭한 사람의 인격까지 망가뜨릴 수 있다는 점을 경고한다. 우리는 로마 황제들의 끔찍한 부패부터 나치와 공산주의 독재자들이 저지른 피로 점철된 테러까지 힘을 가진 자들의 도덕적 부패는 익히 봐왔다. 하지만 힘이 없는 자들도 타락할 수 있는 건 마찬가지다. 권력이 필요한 상황을 고려하지 않은 정의 구현 체계는 이상적이고 무책임하면서 위험해지기 쉽다. 프랑스와 러시아 정치사상가들은 자국에 큰 혁명이 일어나기 전에는 아무런 힘이 없었다. 그 결과 결혼, 계급, 종교, 재산, 돈, 역법 등을 없앤다는 야심 찬 계획을 구상했다. 견고한 정치사상은 정의와 권력 실현에 필요한 것이 무엇인지를 명철하게 파악하는 데 달렸다. 시민들이 권력의 정당성을 계속 요구하는 한, 즉 힘이 정당하기를 요구하는 한, 우리는 정치사상가들의 도움을 받아 정의 실현에 필요한 것이 무엇인지 이해해야 한다.

더 나은 정치를 꿈꾸는 당신을 위한 철학 이야기

위대한 정치사상가들은 자신이 살던 시대의 정치를 어떻게 봤을까? 앞으로 자세히 이야기하겠지만, 알 파라비, 울스턴크래프트, 칸트, 헤겔, 니체, 아렌트, 하이에크, 롤스는 권력 행사와는 거리가 먼 순전한 이론가였다. 이들은 정치에 직접 참여하기에는 너무 과격하거나 너무 학구적이었다. 반면 실제로 정치 활동을 펼친 사상가도 있다. 마키아벨리와 흄은 외교관을, 버크와 토크빌과 밀은 국회의원을 지냈다. 매디슨과 마오쩌둥은 근대 국가를 세우고 이끌기도 했다. 그러나 대부분은 순수한 이론가나 실제 정치가가 아니라 당대 정치 지도자들에게 감화를 주고자 한 조언자였다. 가령 공자는 당대 중국 통치자들에게 현자로서의 조언을 건넸지만 무시당하고 추방되었다. 플라톤은 전제군주제를 세우겠다는 헛된 희망을 품고 목숨을 걸고 시칠리아로 떠나기도 했고, 아리스토텔레스는 한때 제자였던 알렉산더 대왕에게 여러 정치적 조언을 했지만 완전히 무시당했다. 토머스 페인처럼 하나도 아니고 무려 두 개의 혁명에서 대중을 결집하는 데 큰 공을 세운 경우도 있다. 대부분의 정치사상가는 당대 통치자들에게 영향을 미치는 것이 궁극적 목적이었지만 본 책에서 소개하는 30인은 그 이상의 업적을 남겼다. 이들은 모두 정치와 관련해 시대를 초월하는 문제를 제기하고 질문을 던지고 사상을 전파하는 저술을 남겼다. 그렇기에 이들의 통찰은 오늘날의 우리에게도 시사하는 바가 크다.

역사는 절대 되풀이되지 않는다고 흔히 말하지만, 비슷한 유형을 보이는 경우는 종종 있다. 이 책을 만약 100년 전에 썼다면 공자, 알 파라비, 마이모니데스 같은 고대 사상가는 포함하지 않았을지 모른다. 20세기 초만 해도 유교, 이슬람교, 유대교 기반 정치사상은 역사의 뒤안길로 사라진 듯했다. 하지만 놀랍게도 최근 들어 마오쩌둥 이후 중국에는 유교가 부흥하고 있고, 전 세계를 이슬람식 정치 이론이 폭발적으로 휩쓸고 있는 데다, 중동에서는 유대 국가가 등장했다. 한때 거의 잊혔던 사상가들이 오늘날에는 가장 큰 울림을 주고 있는 것이다. 미국 작가 윌리엄 포크너William Faulkner, 1897-1962의 유명한 말인 '과거는 절대로 죽지 않는다. 아직 지나간 것도 아니다'는 정치에서도 큰 의미를 가진다.

단순한 힘보다는 논쟁을 통해 인간 사회를 관리하는 방식인 정치는 인간 역사에 비교적 최근에 등장했고 미래에는 사라질 것이다. 소비자가 시민의 자리를 대신하고 관료가 정치인을 대신하면서 인간 사회는 시장과 규제기관이 결합한 무언가가 통치하게 될 것이다. 물론 여러 면에서 테크노크라트technocrat가 지배하는 시장경제 정치가 기반도 엉망이고 말썽이 많고 불확실한 정부보다는 더 깔끔하고 효율적일 수도 있다. 그 세계에서 소

테크노크라트
과학 지식이나 전문 기술을 바탕으로 조직이나 사회에서 의사 결정에 영향력을 행사하는 사람을 뜻하는 말.

비자는 행복해지고 정부는 한층 예측 가능해질 것이다. 하지만 이러한 세상에서 우리가 잃는 것은 무엇일까? 이 중요한 질문에 대한 답을 찾고자 한다면 다음 장으로 책장을 넘기며 세계를 움직여온 정치의 법칙을 찾아 떠나는 여정을 시작해보자.

2부 중세

3부 근대

4부 현대

1부 고대

01

동양의 스승 공자

인仁은 도덕적 규범을 넘어
사회질서 회복을 위한 정치사상이다

孔子, B.C. 551 ~ B.C. 479

고대 중국 춘추시대의 사상가이자 교육자. 흔히 유교의 시조로 알려져 있다. 사후에 제자들이 그가 한 말을 옮겨 적은 책인 『논어』는 개인의 사상을 다룬 서적 중 가장 오래된 것으로서 한나라 이후 유교가 국가의 중심 국교로 채택된 이래 중국은 물론 동아시아 문화에 큰 영향을 미쳤다.

혼란의 시대에 나타난 위대한 스승

세상에서 가장 오래 지속된 문명인 고대 중국의 봉건 왕국들 사이에서 암살, 배반, 선동, 고문은 흔한 일이었다. 기원전 771년에서 기원전 221년까지 이어진 이른바 춘추전국시대에는 서로 앙숙 관계인 소국 수백 개가 야심을 품은 통치자들이 지배하던 큰 왕국들로 차례차례 흡수됐다. 2000여 년 후 이탈리아의 르네상스 시기처럼 과격한 정치적 갈등이 만연했던 이 시기는 문화적으로나 지적으로 큰 소요가 일어난 중요한 격변의 때였다.

여러 왕국이 내부적 갈등 또는 다른 왕국과의 전쟁으로 인해 정치적 혼란이 한창이던 이 시기에 공자는 여러 대공에게 조언을 전하며 사회의 질서, 정의, 조화를 도모했다. 특히 고향인 노나라를 비롯해 몇몇 제국에는 실질적인 영향력을 행사하기도 했다. 하지만 인도적인 통치 체제를 향한 일생에 걸친 노력의 대가는 박해와 유배였고, 그는 일생 동안 여러 왕국을 떠돌아다녔다. 19세기 유럽의 카를 마르크스처럼 그도 평생 가난에 허덕이면서 다른 곳으로 추방되는 등 당대에는 거의 인정받지 못했다.

중국 내 예수회 선교사들이 저명한 스승님 '콩쯔'(공 사부님)라고 부른 공자는 2500년 전 인물이다. 예수, 소크라테스 등 역사상 가장 지대한 영향을 미친 다른 스승들과 마찬가지로 공자 역시 그 어떤 저술도 남기지 않았다. 그렇기 때문에 그의 사상을 이해하기 위해선 그의 제자와 반대론자들이 몇 세기 후에 남긴 이야기를 재구성한 글에 의지해야 한다. 따라서 공자의 가르침의 정확한 본질을

베이징에 위치한 공묘

공묘는 공자를 기리는 사당을 뜻한다. 베이징에 위치한 이 공묘는 원나라 때인 1306년에 건설되어 명나라 때인 1411년과 청나라 때인 1906년에 대규모로 보수하고 증축했다. 이곳에서 역대 황제들이 공자를 기리는 제사를 지냈다. 중국에는 이처럼 공자를 기리는 사당이 곳곳에 있다.

확실히 파악하는 데는 한계가 있다. 또한 사는 동안에는 박해와 실패를 겪었지만, 후대에 막대한 영향을 미치며 중국 역사상 가장 영향력 큰 스승으로 자리매김했다는 점에서 앞선 두 인물과 비슷하다. 후에 추종자들이 이 대성大聖의 말과 생각을 엮은 『논어』에는 공자가 한 말과 더불어 그의 행동과 살아온 모습이 담겨 있다.

행동의 윤리가 아닌 존재의 윤리에 주목하다

공자는 규칙과 법의 윤리보다 개인의 덕德의 윤리성을 확실하게 강조하는 다음과 같은 말을 남겼다. "법령으로써 인도하고 형벌로써 다스린다면 백성은 법망을 뚫고 형벌을 피함을 수치로 여기지 않는다. 그러나 덕으로써 인도하고 예로써 다스린다면 백성은 수치를 알아 바른길로 나아갈 것이다." 서구 윤리와 법의 목표는 사람들이 이성적인 도덕률과 법적인 기준에 맞게 행동하도록 이끄는 것이다. 공자도 비슷한 맥락에서 '자기가 하기 싫은 일은 남에게도 하게 해서는 안 된다'라는 격언을 남기긴 했지만, 유교 사상은 일반적으로 주체의 행동보다는 인격에 주목한다. 공자의 윤리는 소크라테스와 예수의 윤리처럼 '행동'의 윤리보다는 '존재'의 윤리에 가깝다. 바른 일을 하기에 앞서 바른 사람이 되어야 한다.

유교식 삶의 과제는 모든 생명에 대한 근본적인 선한 태도를 바탕으로 욕구, 열정, 사고, 행동이 모두 조화를 이루는 사람이 되는 것이다. 그러나 덕에는 선의뿐 아니라 선한 기술도 포함된다. 덕을 갖춘 사람은 완벽하게 예의 바른 행동으로 표현해야만 하는 인을 함양한다. 이러한 윤리적 수양의 '방식' 또는 '길'의 핵심은 표면적 의례를 행하면서 내면의 열망과 생각을 통제하는 능력이다. 진정한 인에는 극기도 필요하고 각 계층 사람에 대한 존중을 결정짓는 사회 규범의 통달도 필요하다. 공자의 사상은 의례에 집중하기 때문에 삶의 모든 면에서 예절을 강조한다. 한 사람의 도덕적 가치는 이러한 규칙에 순응하는 정도로 측정하며, 이것이 그 사람 내면의 조화를 반영한다.

이어지는 장에서 다룰 플라톤과 아리스토텔레스도 아름다운 선善이라는 개념으로 미적 이상과 도덕적 이상을 비슷한 방식으로 결합했다. 덕행에는 도덕적 선과 숭고함 또는 아름다움이 수반된다. 선한 의도나 선한 예절 중 하나만 갖추는 걸로는 부족하다. 유교에서 말하는 덕의 이상은 고대 그리스식 사상과 유사하게 심미적인 동시에 도덕적이어야 하고 개인의 삶 전체를 보여주는 것이다. 두 이상 모두 훌륭한 성품을 지닌 개인은 덕목들을 본질적으로 통합해 체화해야 한다고 강조한다.

여섯 가지 가르침

『논어』에는 공자가 덕을 향해 걸어온 여정을 묘사한 유명한 구절이 실려 있다.

"나는 열다섯에 학문에 뜻을 두었고, 서른에 뜻을 세웠고, 마흔에 미혹하지 않게 되었으며, 쉰에 천명天命을 알았고, 예순에 귀로 들으면 그대로 이해하게 되었고, 일흔이 되어서는 무엇이든 하고 싶은 대로 해도 법도에 어긋나지 않았다."

우선 학습을 강조하는 공자의 관점이 눈에 띈다. 공자가 말하는 학습은 지식의 통달만은 아니다. 유교식 학습이란 체화를 뜻한다.

즉 고전으로 전해지는 이야기나 노래, 책, 시를 연구해서 자신의 가장 깊은 신념과 욕구 속에 녹아들게 하는 것이다. 한 후대 현자는 유교 학자라면 고전에 주해를 덧붙이기보다는 고전이 자신의 말에 주해를 덧붙이게 해야 한다고 말했다. 이러한 종류의 학습에는 어느 정도 암기가 필요하다. 하지만 여기서 목표는 정치사상이면서 동시에 실제 고전에서 말하는 바에 따라 살아가는 것이다. 유교는 정치사상이면서 동시에 삶을 살아가는 방식이다.

둘째, 뜻을 세웠다는 말은 어떤 사상을 선택했다는 뜻이 아니라 예를 함양해 자신의 지위와 신분에 걸맞은 책임을 진다는 뜻이다.

셋째, 마흔에 미혹하지 않게 되었음은 신념에 대한 확신이 생겼다는 단순한 뜻이 아니라 확고한 신념과 겉으로 드러나는 행동을 조화시킬 수 있게 되었다는 뜻이다. 미혹하지 않음은 모든 두려움과 고뇌에서 벗어난다는 뜻이자, 마음의 갈등이나 회한에서 자유롭고 절대 갈팡질팡하지 않는다는 뜻이다.

넷째, 천명을 알게 되었다는 구절은 잘못 해석되기 쉽다. 유교 윤리의 바탕은 인격신Personal god의 뜻에 순종하는 게 아니다. 공자는 우리의 삶이 우주 전체의 질서와 조화를 이뤄야만 한다고 말했다. 또한 인간사의 흐름과 전개는 운명이나 선조들의 성역聖域 같은 보다 큰 우주의 흐름과 화합해야 한다고 봤다.

인격신
살아 있는 인간처럼 용모·의지·감정 따위의 인격을 갖추고 행동한다고 여겨지는 신. 단순히 의인화한 것이 아니라 고유의 지성과 의지를 갖추고 독립된 개체적 존재라고 생각한 신, 또는 하느님 및 신성한 것을 말하는 것으로, 고대 그리스와 로마의 신화에 나오는 신들 모두가 인격신이며 기독교와 이슬람교에서 말하는 신이 그 전형이다.

다섯째, '귀로 들으면 그대로 이해되었다'라는 표현에서는 덕의 심미적 측면이나 심지어는 음악적 차원까지 엿볼 수 있다. 도덕적 거장이란 태도와 품행 면면이 모두 숭고한 시와 연극 안에서 표현한 조화와 음악 속 화음으로 다져진 사람이다. 이런 사람의 감정과 몸짓은 예술 작품이 지닌 가장 훌륭한 이상에 맞게 조율되어 겉으로 나오는 품행이 마치 움직이는 한 편의 시와 같은 수준이 된다.

마지막으로 덕을 갖춘 사람은 일생에 걸쳐 자신을 수양하고 훈련한 끝에, 부적절한 선택을 하리라는 두려움은 추호도 없이 마음이 이끄는 대로 행동할 수 있게 된다. 외부에 존재하는 본보기를 더는 흉내 내지 않아도 된다. 스스로 본보기가 되었기 때문이다. 덕인이 품고 있는 본연의 자연스러운 욕구는 진정한 인과 예와 완전히 어우러진다.

군자와 성인

유교 윤리에서는 군자와 성인이라는 두 종류의 본보기 인간상을 제시한다. 공자는 보통 인간이 덕을 수행하는 과정에서 삼아야 할 참된 목표로 군자를 꼽는다. 군자는 덕과 학식이 매우 높고 공직에 헌신하는 사람이다. 하지만 성인은 군자보다 한 수 위다. 공자는 성인을 현실에서 한 번도 만나본 적이 없다고 말하면서 자신이 존경하는 먼 옛날 성인 왕들을 예로 삼는다. 공자는 성인이라고 불리기를 거부했지만, 후대는 그를 '위대한 성인'이라 불렀다. 공자는 성인은 인간이 도달할 수 있는 가장 이상적인 모습이지만, 대부분 사람은 최소한 군자가 되는 것을 목표로 삼아야 한다고 봤다. 군자는 계몽된 귀족 부류에서 이상화된 존재로 특정 문화권에서 이상으로 간주된다. 성인은 특정 사회 계급으로 정의할 수 없는 사람이다. 유교 윤리는 특정 사회 체제의 편견을 초월하여 성인이라는 이상을 제시했다.

뒤에서 다루겠지만 아리스토텔레스 역시 똑같은 윤리 기준 두 가지를 제시했다. 대부분 사람은 대인(위대한 영혼을 보유한 자)을 이상으로 삼아야 하지만 그 이상 추구해야 하는 보편적 이상으로는 철학자 또는 성인을 제시했다. 아리스토텔레스처럼 공자도 자신이 사는 사회의 관례적인 이상을 설파했지만, 동시에 시대와 장소를 초월하는 새로운 이상을 내세우며 모든 인간이 따를 수 있는 모범을 제시했다. 반면 이렇게 높은 이상과 달리 인간 본성, 그중에서도 특히 정치 지도자의 본성을 보는 관점은 현실적이었다. 그는 '이제껏 덕을 좋아하기를 여색을 좋아하는 것처럼 하는 사람을 보지 못하였다'고 말하기도 했다.

통치자가 갖춰야 할 덕목

플라톤이나 아리스토텔레스의 정치사상과 마찬가지로 유교 정치는 윤리의 한 갈래이다. 통치자가 일반적인 도덕률을 어겨도 된다고 말하는 별도의 정치 윤리나 '국가 이성'은 없다. 유교 전통에는 부자, 부부, 형제, 친구, 위정자와 신하로 구분한 다섯 가지 신성한 관계가 있는데, 관계마다 지켜야 하는 덕목이 다르다. 친구 관계를 제외한 나머지 네 관계는 수직적인 관계로 권위와 복종이라는 뚜렷한 덕목이 요구된다. '군자의 덕은 바람이요, 소인의 덕은 풀과 같으니 풀은 바람이 부는 방향으로 눕게 마련이다'라는 말에서 알 수 있듯이 위정자가 지켜야 할 엄숙한 의무는 몸소 본보기가 되어 인도하는 일이며, 이것이 어떤 법이나 정책보다 중요하다.

통치에 관한 공자의 이상은 명확히 알려진 바가 없지만, 『논어』에 등장하는 유명한 구절에 따르면 그는 좋은 통치에 필요한 수단으로 강한 군사력, 풍족한 식량, 백성의 믿음을 꼽았다. 부득이하게 이 중 한 가지를 포기해야 한다면 무엇을 먼저 버리느냐는 질문에 공자는 군사라고 답했다. 군사보다는 식량이 더 중요하기 때문이다. 하지만 식량조차도 백성의 믿음보다는 중요하지 않다고 공자는 강조한다. 즉 백성의 믿음이야말로 좋은 정치의 진정한 토대이다. 공자는 농부들이 식량을 충분하게 비축할 수 있도록 세금을 적게 부과하는 방안을 지지했다고도 알려져 있다. 고대 중국과 르네상스 시대 이탈리아는 모두 폭력적인 정치 소요를 겪었지만, 국내 정책에 지대한 관심을 보이고 군대와 관련한 일을 업신여긴 공자와 달리 마키아벨리는 군주라면 무엇보다도 전쟁을 연구해야 한다고 주장했다. 이렇게 극명한 대비를 보여주는 마키아벨리는 뒤에서 자세히 다룰 것이다.

유교의 빛과 그늘

유교는 이후 거의 2000년 동안 중국 통치자들의 공식적인 이념 자리를 지켰고, 유교 경전은 중국에서 공직을 맡기 전 거쳐야 하는 모든 교육의 바탕을 이루었다. 이에 그치지 않고 유교에서 설명하는 학문과 효를 둘러싼 이상은 중국 문화의 참된 근간이 되기도 했다. 이런 면에서는 서양에서 공자에 비견할 만한 인물은 예수뿐이다.

하지만 유교 자체는 특히 도교와 불교를 비롯한 윤리 사상과 종교의 시류를 만나면서 크게 변해 신유교로 재탄생되어 변화를 거듭하고 있다. 중국 근대화가 시작된 19세기 개혁주의자들은 유교가 봉건적이고 가부장적이면서 융통성이 없고 과학적이지 않다고 공격했다. 유교의 입지가 최악으로 떨어졌던 문화혁명(1966~1976) 시기에는 젊은 공산당 간부들이 원로들에게 무척 무례하고 잔인한 태도를 보였다. 문화혁명은 청년들을 끌어모아 원로 중 구태로 돌아가려는 반동분자를 타파하려는 마오쩌둥의 시도에서 시작되었다. 하지만 중국 공산당 지도자들은 문화혁명 중에 드러난 도덕적 혼란을 보면서 중국 사회에 하루빨리 도덕 정신을 다시 심어야 할 필요를 느끼게 되었다. 중국 공산당의 공식 입장은 무신론이기 때문에 하느님이나 기타 신을 지향하지 않고 중국에서 발생한 유교가 도덕 교육의 수단으로 가장 적합하다고 판단했고, 1976년 마오쩌둥이 사망하면서 다시 크게 부흥하게 된다. 중국의 문화, 정치, 사회에는 여전히 유교가 이끈 수천 년의 시간의 흔적이 고스란히 남아 있다.

오늘날 찾아볼 수 있는 공자의 유산에는 무엇이 있을까? 무엇보

문화대혁명 당시

무산계급문화대혁명, 줄여서 문화대혁명으로 불리는 이 운동은 전근대적인 문화와 자본주의를 타파하고 사회주의를 실천하자는 목적으로 일어났다. 전국 각지에서 청년으로 구성된 홍위병이 조직되었고 이들은 마오쩌둥의 지시에 따라 대규모 사상 정화 운동을 펼쳤다.

다도 효를 비롯한 예를 갖춘, 그리고 학식 높은 사람이 통치해야 한다는 이상을 먼저 꼽을 수 있을 것이다. 현재까지 중국 공산당 통치자가 서로에게 건넬 수 있는 최고의 찬사는 '그 사람은 절대 손윗사람에게 결례를 범하지 않는다'이다.

　오늘날 중국은 여전히 '학식 높은 지도자'가 통치하지만, 관료나 통치자를 꿈꾸는 이들은 전통적인 문학과 음악 대신 경제학과 공학을 공부하는 추세다. 현대 중국은 유교에서 말하는 군자가 아니라 테크노크라트와 가부장주의 사상을 가진 엘리트가 통치한다. 이러한 변화를 공자가 직접 본다면 뭐라고 말할까? 한참을 조용히 생각에 잠겨 있다가 파리한 미소를 띠면서 탄식할 것이다.

02

정의를 탐구한 최초의 철학자 플라톤

정의로운 시민이 갖춰져야
정의로운 국가가 탄생한다

Plato, B.C. 427 ~ B.C. 347

고대 그리스의 철학자. 그의 사상은 서양 철학의 원류로 인식되고 있다. 철학자 앨프리드 화이트헤드는 "서양 철학의 역사는 플라톤에 대한 방대한 각주에 지나지 않는다"라고 말했다. 저서로 『국가』, 『소크라테스의 변명』, 『향연』, 『파이돈』 등이 있다.

스승의 죽음을 지켜보다

기원전 399년 아테네의 이목은 소크라테스 재판에 온통 쏠려 있었다. 맨발의 길거리 철학자 소크라테스는 아테네 지도층 사제, 장군, 학자, 예술가, 변호사들에게 자신이 하는 이야기를 제대로 알고 있는지 확인하는 까다로운 질문을 던지는 걸로 악명이 높았다. 사실상 누구도 악랄할 정도로 기발한 소크라테스에게 맞서 자기 생각을 지켜내지 못했다. 소크라테스가 말이 꼬리에서 꼬리로 이어지도록 엮는 통에 그와 대화하는 사람들은 결국엔 당황해서 식식거

독배를 받는 소크라테스
소크라테스는 자신의 가르침이 잘못됐다고 인정하면 사형을 피할 수 있었지만 품위와 위엄을 잃는 일 따위는 하지 않겠다며 독배를 택했다.

Jacques-Louis David, 「The Death of Socrates」, 1787

리거나 수치심에 얼굴을 붉혔다. 특히 저명인사를 비롯한 대부분 사람이 자신이 바보 같아 보이는 데 분개했고, 결국 소크라테스의 가르침에 자신들의 방법으로 맞섰다. 소크라테스를 제거하려는 음모를 꾸민 것이다.

소크라테스는 늙고 가난한 데다 흉측하게 생겼는데도 젊고 부유하고 아름다운 추종자가 많았다. 이들은 이 두려움을 모르는 철학자 앞에서 연장자들이 호되게 당하는 모습에 열광했다. 플라톤은 이 젊은 추종자들 중 한 명이었다. 플라톤은 소크라테스를 도덕적·지적 덕의 전형으로 추앙했지만, 이토록 흠모하던 스승이자 멘토이면서 벗이었던 소크라테스가 결국 아테네 시민의 손에 사형을 선고받는 모습을 참담한 마음으로 지켜볼 수밖에 없었다.

오직 대화로만 전해진 생각

소크라테스가 죽은 이후 플라톤은 직접 들은 소크라테스식 대화를 글로 재구성해 자신이 숭상하던 스승을 기리고자 했다. 플라톤은 30편의 철학적 대화를 썼는데, 대부분 대화에 소크라테스가 주인공으로 등장한다. 플라톤은 직접 글을 남기지 않은 소크라테스를 대신해 그 가르침을 글로 남기려는 시도가 위험할 수 있다는 사실을 잘 알고 있었다. 실제로 소크라테스는 그 어느 것도 '알려' 하지 말라고 강조하기도 했다. 그는 사람들에게 '질문을 건네는 과정'에서 본인이 부정해오던 지식을 찾고자 했다. 소크라테스는 지혜를 사랑하는 사람이라는 의미로 자신을 '철학자'로 칭했는데, 이는 스스로 지식이 있다고 주장하면서 지식을 대가를 받고 가르치던 '소피스트sophist'와 대비하기 위한 호칭이었다.

소피스트

소피스트는 고대 그리스의 특정 종류의 교사를 일컫는 말이다. 그리스어의 원래 의미는 '현자賢者', '알고 있는 사람', '지식을 주고 가르치는 사람'이었으나 플라톤과 아리스토텔레스에 의하여 '궤변가'라는 부정적 의미로 사용되었다.

소크라테스는 왜 대화를 통해서만 가르침을 전했을까? 왜 플라톤은 대화만 글로 남겼을까? 아마도 생각이 글이 되는 순간 책 속 나비 표본같이 경직되고 퇴색된다고 생각했을 것이다. 소크라테스의 대화와 플라톤의 대화편에서는 생각이 생동감 있게 움직이는 것을 볼 수 있다. 소크라테스와 플라톤은 진리는 언어로 정의할 수 없다고 봤고, 플라톤은 진리란 궁극적으로 우리 마음의 눈으로 볼 수 있을 뿐, 말로는 표현할 수 없다고 말했다. 실제 소크라테스는 장난기가 많은 반어적 화법으로 자신의 견해를 반쯤은 숨기고 반만 드러냈다. 플라톤은 소크라테스를 모범 삼아 그 뒤를 따랐기 때문에 오늘날 학자들은 소크라테스의 견해 중 실제 소크라테스의 견해와 플라톤의 시각을 어떻게 구분할지 의견이 분분하다. 우리는 플라톤의 대화편에서 스승 소크라테스가 표현한 견해를 플라톤의 견해라고 가정한다.

철학과 정치가 뒤섞일 때 오는 위험

플라톤의 철학은 소크라테스가 한 말과 플라톤이 극적으로 구성한 이야기를 한데 엮는 데서 탄생한다. 이런 점을 가장 인상 깊게 볼 수 있는 건 소크라테스 재판을 묘사한『소크라테스의 변명』이다. 소크라테스는 재판 과정에서 자신이 불경하고 아테네 청년들을 타락시켰다는 고발 내용에 맞서서 철학은 개인은 물론 도시국가 전체에도 좋은 것이라고 주장한다. 그는 '반성하지 않는 삶은 살 가치가 없다'고 말하며, 아테네는 무기력한 편견과 무지의 상태에서 깨어나지 않는 이상 진정한 번영을 누릴 수 없다고 경고했다. 자신이 아끼는 아테네에 철학이 꼭 있어야 한다고 굳게 믿은 소크라테스는 배심원단이 유죄 의견을 내자 자신은 처벌이 아니라 보상을 받아야 한다고 제안했지만, 이 말을 들은 배심원단은 그에게 사형 선고를 하는 데 동의했다.

플라톤의 대화편에서는 소크라테스를 변론하는 동시에 철학과 정치가 뒤섞일 때 오는 위험을 경고한다. 플라톤은 철학은 개인 신념과 공공정책이 진실을 추구하도록 인도하여 개인과 도시에 모두 진정한 선을 가져다준다고 주장한다. 그는 개인이나 도시가 근거 없는 신념을 바탕으로 행동하는 것은 환상과 무지가 드리운 어둠 속에서 비틀비틀 걷는 것과 마찬가지라고 설명했다. 그러나 그가 묘사한 소크라테스의 운명을 보면 철학이 정치 공동체에 위험으로 작용할 수 있다는 사실 또한 엿볼 수 있다. 정치, 특히 민주주의 정치는 공동 신념이 기반이 되어야 하는데, 여기서 신념이 '진실'인지

보다 모두 '같은' 신념을 품고 있는지가 더 중요한 경우가 많다. 시민들이 자신이 품고 있는 민주주의 신념을 향해 회의적이고 비꼬는 태도를 보이는 게 좋을까? 아니면 철학적인 검증을 버텨낼 수 없는 신념이라고 해도 기꺼이 목숨을 바칠 의향이 있어야 할까? 논쟁은 정치에서 중요한 요소이긴 하지만, 민주국가는 논쟁이 전부인 사회가 아니다. 정치에서는 철학적 고찰 같은 호사가 아니라 과감한 행동이 더 중요한 경우가 많다. 플라톤은 철학과 정치를 두고 두 분야가 비극적으로 대립하는 경우에도 두 분야 모두 온전해야 한다는 점을 줄곧 강조한다.

정의란 무엇인가

위대한 정치사상가라면 자신이 사는 시대와 장소의 편견을 넘어설 수 있을까? 그렇다고 대답하려면 몇 가지 단서가 필요하다. 공자와 아리스토텔레스는 성인이라는 새로운 이상을 제시했다. 이들에게 성인이란 당대 출신이 좋은 귀족들보다 더 우월한 존재였다. 플라톤은 저서 『국가』 5권에서 당대 그가 살던 아테네와는 완전히 반대되는 완벽하게 정의로운 이상향을 제시한다. 플라톤에 따르면 정의로운 국가를 건설하려면 세 차례의 '파도'를 넘어야 한다. 첫 번째 파도는 남녀의 직업 기회의 평등이다. 플라톤은 여성 역시 학자, 운동선수, 군인, 통치자가 될 수 있도록 독려해야 한다고 제안했다. 그는 『국가』 속 대화에 극적으로 표현한 것처럼 이러한 급진적

인 사상에 조롱과 독설이 쏟아지리라는 걸 알고 있었다. 이 이후로
도 24세기 동안 여성은 이러한 기회를 누리지 못했다. 두 번째 파도
는 앞선 파도보다 훨씬 놀랍다. 바로 통치자들이 재산을 소유하거
나 심지어는 가족과도 함께 지내지 못하게 막아 개인적인 부와 자
손 대신 도시 전체를 위한 선을 추구하도록 해야 한다는 것이다. 이
렇게 하면 통치자도 아테네의 군인들처럼 재산을 공유하고 자녀는
공공 보육 시설에서 전문 보육사가 공동으로 양육한다. 마지막 파
도가 가장 충격적인데, 플라톤은 통치자 스스로 철인哲人이 되거나
철인이 통치자가 되지 않는 한 정치의 폐해는 절대 끝나지 않을 것
이라고 주장한다. 앞선 두 파도와 마찬가지로 이 주장 역시 대화편
등장인물들의 조롱을 받는다. 예나 지금이나 철학자들은 정치처럼
매우 실용적인 일에는 형편없다고 평가를 받았다. 이 세 차례의 파
도는 실현 불가능하고 심지어 우스꽝스러워 보일지 모르지만, 플라
톤은 이렇게 급진적인 계획이 철학을 정치로부터 보호할 수 있는
유일한 길이라고 강조한다. 그가 제시한 모습의 '국가'에서라면 소
크라테스가 죽음으로 내몰리지 않았을 것이다.

　이 대화편은 주제가 정치와 윤리의 상관관계, 즉 정의로운 도시
국가와 정의로운 개인 간 상관관계인 까닭에 고대에는 '국가 또는
정의로운 사람Republic or On the Just Person'이라는 제목으로 불리기
도 했다. 플라톤은 정의로운 시민이 먼저 갖춰지지 않으면 절대 정
의로운 도시국가가 탄생할 수 없다고 주장한다. 하지만 이와 마찬
가지로 정의로운 도시가 받쳐주지 않으면 정의로운 시민도 있을
수 없다. 이러한 돌고 도는 관계를 어떻게 끊을 수 있을까? 플라톤

은 10세 이상인 시민은 모두 추방하고 어린이들의 정신과 육체를 제대로 다져 완전히 새롭게 시작해야 한다고 주장한다. 그에 따르면 좋은 시민 교육은 정의로운 사회에서 성장하는 것뿐이다. 그는 정의란 영혼을 구성하는 요소들의 조화라고 공들여 설명한다. 영혼 안에서 욕망과 이상 사이 조화를 이룰 수 없다면 공동체 내 조화를 어떻게 기대할 수 있단 말인가? 우리 자신부터 우리 국가에서 원하는 정의의 모습을 실현해야 한다.

플라톤은 자신이 제시한 이상적인 도시는 존재한 적도 없고 앞으로도 불가능하리라는 점을 알고 있었다. 그래도 이상향에서는 그 모습을 엿볼 수 있고 진정으로 정의로운 사람이 이런 이상향의 시민이자 이 이상향만의 시민이 될 것이라고 주장한다. 우리는 참으로 정의로운 정치 공동체에서 절대 살 수 없을지도 모르지만, 내적 조화를 이루고 모든 사람을 정의롭게 대하다 보면 정의로운 공동체에서 사는 것처럼 살 수는 있다. 플라톤이 우리가 피할 수 없는 정치적 타락을 헤쳐나갈 방안으로 개인의 윤리적 선이라는 이상을 제시한 이유가 여기에 있다.

현실 지식에 기반을 둔 법치

플라톤은 후기 대화편 중 『정치가』에서 정치적인 이상을 새로운 방식으로 설명한다. 이번에는 통치자들은 국가를 법이 아니라 지혜로 다스려야 한다고 강조한다. 플라톤은 국가 통치를 환자 치료에 비유한다. 의사가 의료규칙서에 따라 치료를 하는 것과, 내가 겪고 있는 개별 질병에 관한 지식에 따라 치료를 맞춤화하는 것 중 사람들은 어떤 방식을 원할까? 플라톤은 개별 질병에 일반적인 규칙을 적용하는 건 형편없는 의술이라고 지적하며, 마찬가지로 특정 사례를 일반적인 법에 비추어 살피면 심각한 불의가 빚어질 수 있다고 말한다. 하지만 이와 동시에 만약 의사가 타락했을지도 모른다는 생각이 들면 일반적인 의료 규칙에 따른 치료가 나을 거라고 덧붙인다.

플라톤은 『정치가』에서 덕망이 높은 철학자들이 자유롭게 지혜를 발휘하며 통치하는 이상(최선) 체제와, 통치자들이 신뢰할 만한 덕을 갖추지 않아 이들을 법치로 제한하는 차선 체제를 대비시킨다. 이론상으로 최선인 이상을 목표로 삼고 현실에서는 차선에 안주하기보다는 처음부터 차선 체제를 직접 목표해야 최악의 체제를 맞이할 위험을 피할 수 있다는 게 플라톤의 주장이다. 역설적이지만 철인 통치는 독재자의 통치와 마찬가지로 법의 구속을 받지 않는다. 그에 반해 차선 체제는 철인 통치처럼 완벽하지는 않지만 적어도 독재라는 재앙은 모면할 수 있다.

철학과 정치의 상관관계의 핵심은 과학적 전문 지식이 민주사회에서 담당하는 역할의 본질이다. 플라톤은 여러 대화편에 걸쳐 정의와 통치는 현실에 대한 참된 지식을 근간으로 삼아야 한다고 강조한다. 우리는 오늘날에도 국민주권 이상을 지키는 동시에 공공정책에 과학적 지식을 접목하려는 난제와 계속해서 씨름하고 있다. 가령 통상 분쟁을 해결하기 위해서 미국은 경제학자로 구성된

연방거래위원회를 설립했지만, 낙태와 안락사, 그 외 논란거리가 되는 생명 관련 문제를 두고서는 왜 전문 윤리학자들로 '삶과 죽음 위원회'를 꾸려서 분쟁을 해결하지 않는 걸까? 채굴업 안전을 둘러싼 분쟁과 의료 사고 분쟁은 각각 분야 전문가인 엔지니어와 의사가 아니라 판사와 배심원이 판단하는 걸까? 광업이나 의학에 대해서 아는 게 없는 판사와 배심원단이 내리는 판결을 어떻게 믿을 수 있을까? 플라톤은 전문가들 역시 부패할 수 있음을 인정한다. 이런 이유로 궁극적으로 전문가의 판단이 아니라 현실 지식에 기반을 둔 법치를 옹호한 것이다.

철학적 사고의 지평을 넓히다

오늘날 대부분 분야에서 여성에게도 사회 진출의 기회가 동등하게 주어지기는 하지만 양육 부담으로 이러한 기회를 온전히 누리기 힘든 경우가 많다. 플라톤은 이런 딜레마를 일찍이 예견하며 양성 기회균등은 전통적인 가족 형태를 무너뜨리지 않는 한 불가능할 거라고 주장했다. 그에 따르면 여성이 양육 책임에서 벗어나야만 일터에서 남성과 동등해질 수 있다. 그가 만약 자궁 밖에서 태아를 품을 수 있는 기술을 알았다면, 여성이 양육뿐만 아니라 임신이라는 굴레까지 완전히 벗어던져야 한다고 설파했을 것이다. 그의 제안이 터무니없거나 비도덕적이라고 생각되는 부분은 있지만 항상 가능성 영역에 대한 상상력을 넓혀준다.

철학적 극작가인 플라톤은 놀라울 정도로 다양한 주장을 펼치는 인물을 수없이 많이 창조해냈다. 이런 방식으로 서양 철학 역사를 관통하는 화두를 다방면으로 제시했기에 서양 철학사는 '플라톤 철학의 각주'라고 불리게 되었다.

03

위대한 박식가 아리스토텔레스

정당한 정부는 공동체 전체의
선을 목표로 해야 한다

Aristoteles. B.C. 384 ~ B.C. 322

플라톤의 제자로 소크라테스, 플라톤과 함께 대표적인 고대 철학자로 꼽힌다. 이슬람 철학과 중세 스콜라 철학, 나아가 근대 철학과 논리학에도 지대한 영향을 끼쳤다. 저서로『형이상학』,『니코마코스 윤리학』,『정치학』등이 있다.

아테네의 이방인

아리스토텔레스는 소크라테스의 수제자인 플라톤의 수제자였다. 걸출한 스승들과는 달리 아리스토텔레스는 아테네 태생이 아니다. 그는 그리스 북부 마케도니아에 있는 스타키라라는 마을에서 태어났다. 성인이 된 후부터는 거의 아테네에서 살았고, 이 중 20년은 플라톤이 세운 학당 아카데메이아의 일원으로 지냈다. 그는 아카데메이아를 떠난 후 당시 감수성이 예민한 십대였던 마케도니아의 알렉산더 대왕의 스승이 되었다. 이후 아테네로 돌아와서 리케이온이라는 학당을 세우고 후에 알렉산더 대왕의 금전적인 후원과 더불어 대왕이 이끄는 군대가 전 세계를 정복하며 모은 수천 종의 동식물을 연구용으로 받았다.

알렉산더 대왕이 죽고 그가 이끌던 제국이 무너지면서, 마케도니아와 꾸준히 인연을 이어오던 아리스토텔레스는 말년을 고통스럽게 보내게 된다. 알렉산더 대왕 사망 후 반反마케도니아 정서가 아테네를 휩쓸자 아리스토텔레스가 표적이 된 것이다. 결국 아테네를 떠나기로 한 그는 모국 유보이아섬으로 돌아가면서 '아테네 시민들이 다시 철학을 대상으로 죄를 짓게 두지 않겠다'는 말을 남겼다. 소크라테스 처형을 염두에 둔 말이었다. 이렇게 민주국가 아테네와 불협화음을 빚은 또 한 명의 철학자 아리스토텔레스는 이곳에서 짧은 여생을 평화롭게 마감했다.

현실 세계로 향한 관심

아리스토텔레스는 단테가 '박식한 자들의 스승'이라고 표현했듯 역사상 가장 위대한 박식가였다. 현재까지 남아 있는 저서 30편을 보면 기상학에서 심리학과 정치학에 이르기까지 주제가 방대하다. 이 저서들은 모두 17세기까지 서양 고등교육의 중심이었다. 그는 인간이 탐구하는 거의 모든 영역에 크게 영향을 미쳤고, 생물학, 형식논리학, 문학비평학 등 새로운 지식 영역을 개척하기도 했다. 후에 다루겠지만 중세에는 플라톤과 아리스토텔레스의 업적이 재발견되면서 기독교, 유대교, 이슬람에 지대한 영향을 미치게 된다. 아리스토텔레스의 물리학 이론을 반박하기 위한 코페르니쿠스, 데카르트, 갈릴레오, 뉴턴의 노력은 현대 천문학과 물리학을 탄생시키기도 했다.

형식논리학
올바른 논증의 형식적 구조를 연구하는 학문. 변증법적 논리학 따위의 경험 내용에 관한 논리학에 대립되는 것으로, 경험이나 사실의 내용에는 관여함이 없이 오직 사유의 형식에만 관여한다. 아리스토텔레스 이래, 연역 추리를 중심으로 발전하여 전통적으로는 삼단논법을 중심으로 타당한 사유 형식 일반을 다루었으며, 현대의 기호논리학에서는 이것을 기호의 수학적 연산 체계로 발전시켰다.

라파엘로가 남긴 유명한 16세기 작품 「아테네 학당」에는 플라톤과 아리스토텔레스가 주인공으로 등장한다. 그림 속 플라톤은 지성으로 이해할 수 있는 진실을 뜻하는 하늘을 가리키는 한편 아리스토텔레스는 눈에 보이는 현실 세계를 뜻하는 땅을 가리킨다. 오늘날에도 플라톤은 형이상학자와 수학자처럼 순수한 이론 정립을 통

아테네 학당

라파엘로가 그린 고대부터 르네상스에 이르는 중요한 사상가들이 모두 모여 있는 이 기념비적인 작품 속에서 플라톤과 아리스토텔레스는 한가운데 자리 잡고 있다. 이는 두 인물이 서양 철학의 원류임을 의미한다.

Raphael, 「The School of Athens」, 1509

해 진실을 추구하는 자들의 정신적 지주인 데 반해 아리스토텔레스는 사실 기반 연구에서 진실을 찾는 자들에게 영감을 불어넣는다. 플라톤은 진실은 항상 직관과 반대라고 믿으며 '다수'의 견해를 멸시했다. 반면 아리스토텔레스는 항상 보통 사람들의 관점에서 연구를 시작한 후 심층적인 탐구를 통해 이론을 다듬었다. 이에 아리스토텔레스 철학은 오랫동안 '체계적으로 정리된 상식'으로 묘사됐다.

정치가는 철학자가 되어선 안 된다

플라톤은 정치사상을 통틀어서 철학자가 국가를 다스려야 한다는 가장 반직관적인 주장을 펼쳤다. 정치의 특징은 상반되는 의견 간 충돌인데, 플라톤은 진정한 철학적 지식만이 이에 대한 판정을 내리고 갈등을 해결할 수 있다고 믿었다. 아리스토텔레스는 정치에서 이성이 중요한 부분을 차지해야 한다는 면에서는 플라톤과 뜻을 함께하면서도, 시민들의 구체적인 실천 이성과 철학자들의 추상적인 이론 이성을 구분했다. 이론 이성의 목적은 '무엇을 알 수 있는가?'에 답하는 것이다. 그에 반해서 실천 이성은 '무엇을 해야 하는가?'에 답하는 것을 목표로 삼는다. 시민의 실천 이성은 이론 이성을 바탕으로 얻은 결과에 도움을 받지만, 실천 이성은 경험에 의존하며 이론 이성으로 축소될 수 없다. 철학자가 이론적 지혜의 본보기라면 정치가는 실천적 지혜의 본보기다. 아리스토텔레스는 정치인이 철학자가 되거나 철학자가 정치인이 되어야 한다고 보지 않았다.

인간은 정치를 통해서만 잠재력을 실현한다

아리스토텔레스는 윤리학과 정치학을 선택을 내리는 경험에 바탕을 둔 실천과학으로 봤다. 그에게 정치학이란 윤리학의 한 갈래였다. 그는 저서 『니코마쿠스 윤리학』에서 모든 결정과 선택은 어느 정도의 선善을 목표로 삼는다고 말하지만, 이 주장은 실제로 악한 선택이 많으므로 반론이 제기된다. 이에 아리스토텔레스는 모든 선택은 선택 주체에게 선하게 보이는 것을 추구한다고 다시 명확하게 설명한다. 그에 따르면 정신적으로 병든 사람만이 스스로가 악하다고 생각하는 바를 선택한다. 물론 선하다고 생각했지만 나중에 악한 것으로 판명되는 선택을 하는 실수도 종종 저지른다. 우리가 추구하는 선은 다양하지만, 이 다양한 선에는 위계가 분명히 존재한다. 돈 같은 물질적 선은 다른 선을 얻기 위해서만 추구하는 순전한 수단에 해당하고, 지식이나 우정은 본질적인 즐거움을 위해 추구하는 선에 해당한다. 최고선은 행복이다. 모든 사람은 행복을 다른 어떤 것도 아닌 그 자체로 추구한다. 행복이란 무엇일까? 아리스토텔레스는 행복이란 도덕적이고 지적인 덕으로 이루어진 활동에서 잠재력을 실현하는 일이라고 설명한다. 행복은 행복한 감정이 아니라 인간의 번영이다.

하지만 인간은 도덕적이고 지적인 탁월성을 향한 잠재력을 홀로 실현할 수 없다. 가족, 마을, 학교, 도시가 필요하다. 아리스토텔레스는 『정치학』에서 모든 공동체는 선을 추구하기 위해 만들어지고, 정치란 모든 시민이 도덕적이고 지적인 덕을 이룰 수 있도록 사회생활을 조율하는 기법이라고 말한다. 하지만 그가 꿈꾸는 이상적인 도시국가(폴리스polis)가 정치 기법의 작품이라면, 이는 인간 본성의 산물이기도 하다. 아리스토텔레스는 인간은 천생 정치적 동물이라고 주장한다. 인간은 정치 기법을 통해서만 타고난 잠재력을 실현할 수 있다는 말이다. 생물학자이기도 한 아리스토텔레스는 벌과 개미의 행동을 보면 알 수 있듯 인간이 유일한 사회적·정치적 동물이 아니라는 사실을 인정했다. 하지만 인간은 이성적 언어 구사력이 있기에 모든 동물 중에 가장 정치적이라고 주장한다. 그에 따르면 다른 동물은 기쁨과 고통을 표현할 수 있지만, 선과 악, 옳고 그름은 따질 수 없다.

정치체제를 이해하는 방법은 그 구성 요소, 즉 시민을 분석하는 것이라고 아리스토텔레스는 말한다. 그의 관점에서 시민이란 직접 통치하고 통치받기 위해 공직을 기꺼이 맡을 의향이 있고 그럴 능력을 갖춘 사람이다. 이런 시각에 따르면 어린이와 노인은 완전한 시민이 아니다. 아리스토텔레스가 말하는 정치는 공동체가 직면한 사안을 둘러싼 숙고와 논의, 의사 결정 과정에 모든 시민이 적극적으로 참여하는 일이다. 그는 정치 공동체를 선한 인간사에 관해 합의를 이룬 이성적인 사람들의 연합체라고 정의했다. 그가 강조하는 폴리스는 시민들이 도덕적이고 지적인 탁월성을 달성하는 과정에서 서로를 돕는 등 상호 발전을 도모하는 사회이다. 그가 제시한 이상적인 정치체는 시민이 만 명뿐이고 교회와 대학이 섞인 혼합정이었다.

정치학계의 생물학자

아리스토텔레스는 동식물 유기체를 속屬과 종種으로 분류한 업적으로도 유명한데, 이런 명성에 걸맞게 그리스 헌법 158종을 수

집하고 분류했다. 정치학계의 생물학자였던 셈이다. 그는 우선 정치체제를 올바른 체제와 타락한 체제로 나눴다. 플라톤의 뜻을 계승해 올바른 체제는 통치자가 공동체 전체의 선을 목표로 삼는 체제, 타락한 체제는 통치자들이 자신에게 좋은 것만을 추구하는 체제로 정의했다. 또한 통치자는 한 명일 수도 있고 소수나 다수일 수도 있다고 주장하며 교차 분류를 수행했다. 따라서 타당한 정치체제는 한 사람이 통치하는 군주정이 될 수도 있고, 최고의 소수 귀족이 통치하는 귀족정, 다수가 통치하는 혼합정도 될 수 있다. 하지만 이러한 체제가 타락하면 군주정은 참주정, 귀족정은 과두정, 혼합정은 중우정으로 변질할 수 있다. 아리스토텔레스는 정치체제를 윤리적이면서도 과학적으로 분류하고자 했다. 그는 타당한 정치체제가 부당한 정치체제에 우선하는 게 당연하다고 주장한다. 건전하고 올바른 것이 무엇인지 먼저 이해해야 해당 기준에서 벗어나고 타락하는 것을 알

참주정
고대 아테네에서 귀족과 평민의 대립을 이용하여 독재권을 행사한 참주에 의한 정치체제.

과두정
소수의 사람이나 집단이 사회의 정치적·경제적 권력을 독점하고 행사하는 정치 체제.

중우정
이성보다 일시적 충동에 의하여 좌우되는 어리석은 대중이 주도하는 정치체제.

수 있기 때문이다. 정의로운 왕이 어떤 모습인지 알아야 폭군을 알 수 있다는 논리이다. 『정치학』에서 그는 정치체제의 형태를 결정짓는 건 통치자의 수가 아니라 통치자가 대변하는 계층이라고 설명한다. 이런 기준에 따르면 귀족정은 귀족이 귀족을 위한 정치를 펼

치는 체제이고, 중우정은 빈민이 빈민만을 대변하며 통치하는 체제이다. 아리스토텔레스는 중간계급이 통치하는 혼합정을 가장 이상적으로 본 것으로 판단된다. 그는 중간계급이 부유층이나 빈민층보다 온건하면서 과격성은 덜하다고 봤다.

아리스토텔레스가 정치를 바라보는 관점은 현실적이었다. 그는 사실상 모두가 타락한 정치체제에서 살고 있다는 전제하에, 정치의 핵심은 부패한 정부가 더 악화하지 않도록, 그리고 가능하면 점진적으로 나아지도록 시도하는 것이라고 강조했다. 참주정을 혼합정으로 바꾸려 노력하는 대신 참주정을 군주정으로, 중우정을 혼합정으로 개혁하자는 것이다. 폭군을 향한 일침에서는 우리가 나중에 다룰 마키아벨리가 언급하는 모든 극악한 책략을 나열한다. 그러나 마키아벨리와는 다르게, 폭군은 제명대로 사는 경우가 거의 없기 때문에 무력과 부정 수단에 의지하지 말라고 경고했다. 대신 노년을 누리고 싶다면 통치 방식을 부드럽게 하고 선한 왕의 모습을 보여야 한다고 조언한다.

민주주의에 근본적 질문을 던지다

아리스토텔레스의 정치사상은 천성적으로 노예로 타고나는 사람이 있다는 주장으로 노예제도를 이상화하고 여성은 절대 시민이 될 수 없다고 강조하면서 민주주의를 비판했다는 이유로 현대적 관점에서는 무시되는 경우가 더러 있다. 하지만 아리스토텔레스는 고대 아테네와 남북전쟁 전 미국에서 자행된 노예제 형태처럼 정복과 강압에 의한 노예제를 강하게 비난했다. 게다가 유언장을 통해 자신의 노예를 풀어주었다. 그에 반해 토머스 제퍼슨은 소유하던 노예를 끝까지 풀어주지 않았고, 존 로크는 노예를 소유한 적은 없지만 노예 거래를 적극적으로 장려했다.

아리스토텔레스는 우리가 생각하는 민주주의에 관해서 어려운 질문을 던져보라고 요구한다. 그는 공직자를 임명하는 방식 중 가장 민주적인 방식은 추첨이라고 말한다. 선거는 결국 가장 뛰어난 인물을 뽑는 것이 목적이기 때문에 귀족정 방식이라고 설명한다. 만약 민주주의의 진짜 의미를 빈민이 통치하는 제도라고 간주한다면, 미국식 체제는 오늘날 일부 정치학자가 판단하듯 과두정에 가깝다.

아리스토텔레스는 시민의 자격을 토론, 의사 결정, 전쟁, 통치에 적극적으로 참여하는 성인 자유인에 국한했다. 오늘날 민주주의는 출생지를 기준으로 시민권이 부여되는 광범위한 개념이다. 하지만 아리스토텔레스가 말한 민주주의는 한층 집중적인 개념으로 모든 시민이 군대와 다른 공직에 몸담아야만 한다. 아리스토텔레스의 사상을 따라가다 보면 우리가 현재 실천하고 있는 민주주의에 이르는 길에서 무엇을 잃었고 무엇을 얻어왔는지 파악할 수 있다.

04

기독교 신앙의 수호자 아우구스티누스

정치는 인간의 죄악을
통제하기 위한 필요악

Augustinus. 354~430

로마의 주교이자 성인. 기독교 역사상 가장 큰 영향을 끼친 신학자로 고대 문화 최후의 위인인 동시에 중세 문화의 선구자라 평가받는다. 마르틴 루터, 장 칼뱅과 같은 종교 개혁가들에게도 큰 영향을 미쳤다. 저서로 『고백록』, 『삼위일체론』, 『신국론』 등이 있다.

로마의 함락과 기독교의 위기

410년, 제국의 이름을 그대로 딴 수도였던 로마는 이미 수도로서의 지위를 잃은 상태였다. 서로마 제국의 수도는 라벤나로 옮겨졌고, 동로마 제국은 콘스탄티노플을 중심 도시로 두고 있었다. 하지만 막상 야만적인 고트족이 '영원한 도시'라 불리던 로마를 에워싸고 약탈을 시작하자, 여전히 로마를 정신적 지주이자 상징적 중심지로 여기던 동서 로마 제국은 안팎으로 큰 동요와 혼란에 빠졌다. 로마 역사에서 외세 침입은 619년 만에 처음이었고, 소위 '중세 암흑기'가 유럽 전역을 뒤덮어 버리기 직전의 상황이었다.

충격을 받은 로마인들은 역사에 남을 만한 패전을 계기로 그 원인과 결과를 고찰하기 시작했다. 잘 알려진 대로 콘스탄티누스가 312년 개종한 이래 로마 황제는 대부분 기독교인이었는데도 오랜 시간 이교

로마 약탈

성직자이자 신학자인 히에로니무스는 이 사건을 두고 "전세계를 수탈해온 로마가 외적에게 수탈당하다니"라고 기록했다.

Joseph-Noël Sylvestre, 「The Sack of Rome in 410 by the Vandals」, 1890

도가 주를 이룬 로마 엘리트층에서는 로마의 함락을 기독교의 부흥 탓으로 돌리는 목소리가 일었다. 따지고 보면 모든 인간의 평등과 인류애를 주창한 예수를 중심으로 발생한 기독교는 온건함과 겸손함을 장려한다. 게다가 기독교인 대부분이 평화주의자이자 세금 반대론자였다. 이교도들은 이러한 새로운 기독교적 가치관이 로마가 품고 있던 용맹성과 애국심을 저해했다고 주장했다.

『신국론』 집필로 기독교를 수호하다

기독교는 정말로 로마 제국의 비극적 몰락을 초래한 원인일까, 아니면 단순히 책임을 돌리기 쉬운 만만한 희생양이었을까? 히포(오늘날의 알제리 안나바)의 주교이자 초기 기독교 교회에서 가장 중요하고 영향력 있는 신학자였던 아우구스티누스는 이러한 질문에 답하고자 그 유명한 『신국론』을 집필하기 시작했다. 로마 제국 영역인 북아프리카 출생으로 로마 시민인 그 역시 제국의 멸망에 깊은 상처를 입었다. 『신국론』은 고트족의 침탈이 시작된 직후 쓰이기 시작해 또 다른 고트족 부대가 성곽 도시 히포를 공격해 초토화하기 직전에 완성됐다.

아우구스티누스는 『신국론』에서 로마의 몰락으로 촉발된 기독교를 향한 비난에 수많은 논박으로 맞선다. 예를 들면 그는 로마의 주요 철학자 키케로Cicero, B.C. 106~B.C. 43가 예수 탄생 이전에 이미 공화국의 부패를 경고했다고 지적한다. 게다가 기독교인은 모두 천국

의 시민인 동시에 지상 나라 시민이
기도 하다고 설명한다. 둘 다 하느님
이 세운 나라이므로 기독교인은 종
교인으로서나 시민으로서나 로마
제국의 제도를 지킬 의무가 있다. 기
독교와 이교 간 애국주의도 형태가

키케로
로마의 정치인이자 작가. 공화정의 이
상을 지키기 위해 평생을 바쳤으며, 수
많은 저작과 탁월한 웅변술을 통해 철
학의 대중화를 도모하였다.

다를 수밖에 없다. 아우구스티누스는 로마 역사가들의 저술을 폭넓
게 해설하면서 과거 위대한 로마 정치인과 장군들을 움직인 동기
는 영예, 지배, 부와 피비린내를 향한 갈망이었다는 사실을 증명하
고자 했다. 다시 말해 역사를 살펴본 결과 이교도들의 덕목은 겉보
기에 화려한 악덕 행위에 지나지 않았다는 것이다. 그는 기독교 시
민들은 이와 달리 평화와 정의를 향한 열망 같은 보다 숭고한 동기
를 바탕으로 행동한다고 주장한다.

플라톤 비판

아우구스티누스는 플라톤주의자이면서도 플라톤을 신랄하게 비
판했다. 『국가』에 등장하는 소크라테스는 자신이 그리는 이상향은
지상에 결코 존재할 수 없다고 인정하면서 '이상향의 본보기는 천
상에 있고 정의로운 사람은 천상의 도시를 기준 삼아 살 것이다'라
고 말한다. 플라톤은 이미 '두 국가' 관점을 제시한 셈이다.

아우구스티누스는 자신의 어린 시절을 회상하면서 이웃의 과수

원에서 배를 훔친 일을 떠올렸다. 플라톤의 심리 이론에 따르면 아우구스티누스의 악행은 식욕이라는 육체적 욕구가 이성을 이긴 결과일 것이다. 그렇지만 아우구스티누스는 자기는 물론 함께 있던 친구들도 훔친 배를 먹지 않았다고 회상하며 육체가 악의 근원이라는 플라톤의 주장이 틀렸음을 깨달았다. 그는 자신이 저지른 범죄를 이해하는 데 필요한 열쇠를 성서 속 아담과 이브가 에덴동산에서 추방된 이야기에서 찾았다. 이브가 금단의 열매를 따 먹은 것은 배가 고팠기 때문이 아니라 '하느님처럼 되고 싶었기' 때문이다. 악은 교만이라는 정신적 외고집에서 비롯한다. 실제로 정신적 외고집이 육체적 욕구를 타락시킬 수 있다. 강간이나 폭식, 폭음이 그 예다. 하지만 육체를 악의 원인으로 지목하는 건 창조주를 비난하는 것과 같다. 아우구스티누스는 육체가 아닌 정신이 악의 근원이라면, 이성적이고 철학적인 확실한 규율을 가진 철인왕이 사회의 타락을 막을 수 있다는 플라톤의 기대에는 근거가 없다는 것을 깨닫게 된다. 플라톤식 통치자도 여느 사람과 마찬가지로 교만이라는 정신적 외고집을 겪을 수 있는 것이다.

정치적 현실주의자

이렇듯 아우구스티누스는 기독교 맥락에서는 이상주의자였지만 정치적으로는 현실주의자였다. 인간의 악은 깊이 뿌리박혀 있어서 이성적인 인간의 규율로는 통제할 수 없다는 그의 관점대로라면 덕을 갖춘 통치자를 기대하는 건 말이 안 된다. 그에 따르면 정치는 신이 창조한 인간의 선한 본성에서 시작되지 않는다. 에덴동산에는 정치가 없었다. 전쟁, 처벌, 노예제 등의 요소를 모두 아우르는 정치는 인간의 죄악성을 다스리기 위한 필요악이다.

　세속 정치를 향한 아우구스티누스의 암울한 현실주의 관점은 알렉산더 대왕과 해적의 일화를 소개하는 태도에서 명백하게 드러난다. 거대한 함대를 이끌던 알렉산더 대왕이 해적선 한 척과 마주쳤다. 알렉산더 대왕이 "무슨 생각으로 바다에서 남을 괴롭히느냐?"라고 묻자 해적은 "폐하가 전 세계를 괴롭히는 이유와 같습니다. 단지 저는 배 한 척으로 그 일을 하기에 해적이라 불리고, 폐하는 대함대를 거느리고 일하는 까닭에 황제라고 불리는 점이 다를 뿐입니다"라고 말했다. 아우구스티누스는 '제국은 결국 커다란 규모의 해적이고 해적은 작은 제국이나 다름없다'라며 해적의 손을 들어준다.

　아우구스티누스가 정치 공동체를 전통적 의미에서 벗어나 새롭게 정의한 것에서 그의 정치적 현실주의를 엿볼 수 있다. 그는 '옳음에 대한 공동의 이해로 단결한 사람들의 연합체'라는 키케로의 정치체 정의를 인용한다. 안타깝게도 이교도 정치체는 정의를 진정으로 이해한 적이 한 번도 없었으므로 키케로의 정의에 따르면 진정한 정치체가 없었다. 아우구스티누스는 이어 '열망하는 대상에 대한 공동의 합의를 바탕으로 연대하는 이성적인 존재의 집합'이라고 정치체를 보다 현실적으로 정의했다. 하지만 이런 정의는 너무 현실적이어서 이교도 정치체뿐 아니라 범죄 조직까지 아우를 수 있다.

인간의 법과 영원법의 차이

아우구스티누스의 정치 현실주의의 유래는 사도 바울Paulus, 미상의 「로마인들에게 보낸 편지Letter to the Romans」에서 찾아볼 수 있다. 해당 편지에서 바울은 정부는 선한 사람이 아니라 악한 사람들에게 공포의 대상이며 악행을 저지르는 사람들을 향한 하느님의 분노를 정부가 실행으로 옮긴다고 말한다. 이 설명에 따르면 정부의 임무는 도덕적·지적 덕목을 함양하는 게 아니라 단순히 악인을 벌하는 일이다. 아우구스티누스는 저서 『자유의지론』에서 선은 인간의 선한 의지에 달렸다고 말한다. 선은 올바른 이유로 올바른 일을 행하는 것이다. 하지만 로마 시민법은 겉으로 드러나는 행동에만 닿을 뿐, 행위자의 동기까지는 미치지 못한다. 따라서 인간의 법은 외면의 행동만을 규제하고 하느님의 영원법은 우리가 품은 의도와 동기의 가장 깊은 곳의 선함을 판단한다. 인간의 법이 막을 수 있는 건 범죄뿐이지만, 영원법은 모든 죄악을 막을 수 있다. 따라서 인간 정치체는 덕과 정의를 끌어내고자 시도하는 대신 그저 평화를 목표로 삼으면 된다. 평화야말로 모두가 추구하는 대상이기 때문이다. 후에 등장하는 토머스 홉스는 평화 확보가 시민정부의 궁극적인 목표라고 말하며 아우구스티누스의 생각을 계승한다. 아우구스티누스는

사도 바울

초기 기독교의 사도로 신약성경의 주요 부분인 바울로 서신을 저술했다. 기독교 최초로 이방인에게 복음을 전한 전도자인 그는 처음엔 예수를 믿는 자들을 앞장서서 박해하였으나, 예수의 음성을 들은 이후 회심하여 이후 기독교의 초기 신앙에 막대한 영향을 끼쳤다.

진정한 평화란 '질서의 조화, 즉 개인의 영혼 내면이 조화롭고 민족 간 정의가 구현된 상태'라고 설명했다. 하지만 그저 갈등이 멈춘 상태를 뜻하는 시민적 평화만 확보되어도 적어도 교회는 진정한 평화를 구축하는 일을 할 수 있게 된다.

세속 정치의 초석을 마련한 기독교 신학자

아우구스티누스는 『신국론』에서 자기 자신을 사랑하는 것이 지상 나라의 근본인 한편, 하느님을 향한 사랑이 하느님 나라의 바탕이라고 주장한다. 또한 기독교회는 하느님 나라를 대표하고, 이교도 제국은 지상 나라를 대표한다고도 강조한다. 하지만 이러한 이분법이 완벽한 건 아니라고 덧붙인다. 기독교회 밖에도 하느님 나라 구성원이 있고, 마찬가지로 기독교회 안에도 지상 나라 구성원이 있다. 아우구스티누스는 지상의 나라인 로마가 기독교화해서 '기독교 로마 제국'이 건설되는 꿈을 잠시 꾸었노라고 말한다. 하지만 결국 기독교 제국이 존재할 수 있다는 생각을 완전히 떨쳐버리게 되었다. 기독교 사회는 단 하나만 존재할 수 있고, 그게 바로 교회라는 게 결론이었다. 기독교인은 종교적 다원성을 갖춘 정치체가 기독교회의 독립성을 존중한다는 전제 아래 이러한 정치체에서 사는 법을 익혀야 한다. 아우구스티누스가 그리는 이상적인 정치체는 분명히 기독교인 정치가가 이끄는 형태이지만, 기독교 정치 공동체라는 이상은 부정했다.

어떻게 기독교 신학자가 세속적인 정치 개념의 초석을 마련할
수 있었는지를 이해하려면 아우구스티누스의 정치사상의 중심인
밀과 잡초에 관한 성서 속 이야기를 떠올려볼 필요가 있다. 한 일꾼
이 농장 주인에게 밭에서 자라는 밀 사이사이에 잡초가 함께 자라
고 있는데 잡초를 뽑아야 하느냐고 물었다. 주인은 잡초를 뽑아버
리면 밀을 해칠 거라며 '밀과 잡초가 함께 자라도록 내버려 두고 나
중에 모두 수확한 후 밀에서 잡초를 골라내면 된다'라고 말한다.

아우구스티누스는 이 이야기가 누가 하느님의 나라에 속하고 누
가 지상 나라에 속하는지 인간은 구분해낼 수 없다는 의미를 담고 있
다고 해석했다. 하느님만이 우리 영혼의 사랑의 본성을 구분할 수 있
기 때문이다. 따라서 기독교인과 비기독교인을 구별하려는 정치적
행위는 득보다는 실이 더 많을 것이다. 우리는 하느님이 직접 세상의
마지막 날 진정한 신국을 세울 수 있도록 종교적 다원성을 지닌 공동
체에서 밀과 잡초가 함께 자라도록 두어야만 한다. 아우구스티누스
자신도 사실 이러한 종교적 관용 원칙을 늘 지키지는 못했다. 그는
잘 알려졌다시피 로마 정권이 북아프리카 이교도에게 법적, 정치적
박해를 가하는 것을 마지못해 허용했다. 이는 중세와 근대 초기에 걸
쳐 유럽에서 자행된 훨씬 끔찍한 종교 박해의 위험한 전례로 남았다.

기독교 이상과 애국주의

아우구스티누스는 기독교인은 올바른 정부에 복종해야 하는 종교

적 의무가 있어서 좋은 시민이 될 거라고 주장했다. 기독교인은 이교 도처럼 개인의 영예를 향한 욕망 없이 공동선을 추구한다는 설명이 다. 하지만 아우구스티누스의 기독교 이상은 많은 사람이 시민 덕성 의 핵심으로 간주하는 충성심을 폄하하는 경향이 있다. 그는 가령 '인 간 삶이 얼마나 짧은지 생각해보면 정권이 우상 숭배를 강요하지 않 는 한 어떤 정권 아래 사는지가 중요한가?'라고 질문하지만 물론 공 화정치나 민주정치를 옹호하는 사람들 관점에서는 매우 중요한 문제 이다. 미국을 건국한 애국자들이 아우구스티누스의 관점을 따랐다면 미국은 여전히 영국의 식민지 신세를 벗어나지 못했을 것이다.

아우구스티누스는 전쟁을 두고도 '누가 죽든 피를 흘리는 건 인 간이라는 사실에는 변함이 없는데 그게 우리 동포인지 적인지가 왜 중요한가?'라고 묻는다. 애국자들에게는 매우 중요하다. 우리가 만약 아우구스티누스의 조언을 따랐다면 우리 민족을 위해 싸운 전사자뿐만 아니라 적군 전사자들을 위한 기념비까지 세웠을 것이 다. 하느님의 나라 관점에서 보면 확실히 정권 간 차이는 하찮고 모 든 전쟁은 인간의 전쟁일 뿐이다. 하지만 지상 나라의 시민 덕성에 는 한층 좁은 의미의 충성심이 필요하다.

그렇다 하더라도 인간의 최고선으로 널리 존중받던 정치를 단순 한 필요악으로 끌어내린 아우구스티누스의 관점은 현대의 정치 관 점에도 계속해서 영향을 미치고 있다. '가장 좋은 정부는 최소한으 로 통치하는 정부다'라는 토머스 제퍼슨의 말이나 '인간이 천사라 면 어떤 정부도 필요하지 않을 것이다'라는 제임스 매디슨의 말에 서도 아우구스티누스의 목소리를 들을 수 있다.

2부 중세

05

가장 위대한 이슬람 철학자 알 파라비

답은 쿠란의 지혜와
고대 그리스 철학 모두에 있다

Al-Farabi. 872~950

이슬람 세계의 존경받는 철학자. 아라비아어·페르시아어·터키어를 비롯하여 수십 개 국어에 능통하였다고 한다. 아리스토텔레스를 기초로 하고 신플라톤학파를 주축으로 삼는 철학 체계를 세웠기 때문에 아리스토텔레스에 이어 제2의 스승으로 경칭되었다. 저서로는 『이지론理智論』, 『이상도시론理想都市論』 등이 있다.

철학자의 소명을 갖고 태어난 사람

알 파라비는 언제나 칙칙한 망토를 입고 나타나 '덕망을 갖춘 자는 이 세상에 나타난 불행한 이방인으로 그에겐 삶보다 죽음이 낫다'와 같은 냉소적 발언을 일삼았다. 수년간 그의 후견자를 자처했던 알레포의 왕자도 이런 모습에 결국 인내심을 잃고, 그와는 어울리기 힘들다는 판단을 내렸다.

형편없는 사교 능력과 후줄근한 옷차림에서 보이는 금욕주의는 알 파라비의 소명이 철학자였음을 보여주는 진정한 증표였다. 그는 금전적 이익이나 정치적 권력에는 전혀 관심을 두지 않았는데, 너무 소박하게 산 나머지 직접 쓴 저서 이외에는 그에 대한 어떤 것도 남아 있지 않다. 이 덕분에 그는 사상가로서 자유와 독립성을 누릴 수 있었다. 일반적으로 이맘Imam이란 단어를 들으면 무슬림 성직자를 떠올리는데, 알 파라비는 철학자만이 진정한 이맘이 될 수 있다는 대담한 주장을 펼쳤다.

이맘
아랍어로 '지도자', '모범이 되어야 할 것'을 의미한다. 일반적으로는 무슬림에게 가장 중요한 의무 중의 하나인 예배 때 신도들을 지도하는 역할을 맡는 사람을 가리킨다.

알 파라비는 870년 오늘날의 카자흐스탄에 위치한 파랍에서 태어났다. 어린 시절을 다마스쿠스에서 보냈고, 수십 년을 바그다드에서 살았으며, 80세의 나이에 알레포에서 생을 마감했다. 그는 오늘날 무슬림 철학자 중 최고로 칭송받으며, 중세 기독교, 유대교, 이슬람교 철학자들에게는 아리스토텔레스를 잇는 '두 번째 스승'으로 존경받았다. 알 파라비는 고대 그리스 통치자의 이상인 철인왕 개념을 이슬람 정치체제라는 극단적으로 새로운 맥락에 접목하려 노력했다. 알 파라비의 소박한 겉모습 뒤에는 대담한 스승의 모습이 숨어 있었던 것이다.

종교적 원리주의와 회의적 이성주의 사이에서

아브라함 계통의 종교
아브라함에게 기원을 두고 공통된 철학을 가진 종교를 뜻한다. 유대교, 기독교, 이슬람교, 드루즈교, 바하이 신앙 등이 여기 속한다.

철학은 항상 종교의 위협을 받아왔다. 소크라테스가 죽음에 이르게 된 이유 중 하나도 신성모독이었다. 아브라함 계통의 종교Abrahamitic religions가 등장하면서 종교가 철학에 가하는 공격은 더욱 거세졌는데, 아브라함계 종교는 철학 없이 신성한 계시만으로 진리에 도달할 수 있다 믿었기 때문이다. 성서나 쿠란에 진리가 담겨 있다면 철학자가 던지는 질문은 더는 필요가 없어진다.

모든 아브라함계 종교에는 오직 성서만이 신뢰할 수 있는 진리의 원천이라고 주장하는 종교적 원리주의자가 존재한다. 세속적 철학자가 던지는 불완전한 인간의 질문을 어찌 감히 신의 계시와 비교할 수 있겠는가! 반면 이성주의자도 존재해서 철학만으로도 진리로 인도된다고 믿으며 성서 속 신화와 전설의 신뢰성에 의구심을 품는다. 알 파라비는 원리주의자도 회의적 이성주의자에도 속하지 않았다.

철학과 종교를 중립적 입장에서 비교하는 일이 가능할까? 종교의 주장은 철학적 이성으로만, 철학자의 주장은 종교적 믿음으로만 판단해야 할까? 일부 중세 철학자는 성서가 진리라는 가정 아래 철학자의 관점이 성서에 부합하는지를 판단하고자 했다. 이성에 대한 믿음을 기반으로 성서를 이성의 시각에서 판단하려 한 철학자도 있다. 알 파라비 역시 진리를 판단하는 잣대로 철학을 사용했고, 다양한 논리를 통해 선지자 무함마드가 얻은 신의 계시가 철학적 잣대를 충족하는지를 보여주고자 했다.

알 파라비는 종교적 원리주의와 회의적 이성주의의 사이에서 절충점을 찾고자 노력했다. 쿠란에 쓰인 신의 계시에 담긴 지혜와 고대 그리스 철학의 합리적 지혜를 모두 가치 있게 보았다. 이러한 입장은 '이슬람 인본주의'라고 할 수 있는데, 이슬람교도와 인본주의자 양쪽에서 공격받았다. 알 파라비는 어떻게 이슬람과 철학 사이에서 균형을 이룰 수 있었을까? 그는 무함마드를 철학자처럼, 플라톤의 대화를 성서처럼 대했다. 즉, 무함마드는 신의 계시의 철학적 기반을 이해했고, 플라톤의 문헌은 쿠란처럼 최대한 신중하게 해석해야 한다고 주장했다. 물론 수사적 관점에서 플라톤의 대화편은 쿠란과 상당히 다르다. 그러나 이는 플라톤과 무함마드의 독자가 다르기 때문일 뿐, 둘의 관점이 다르다는 뜻은 아니다. 플라톤 역시 '모든 것의 척도는 인간이 아닌 신'이라고 말한 바 있다. 어쩌면 플라톤은 고대 그리스어를 사용한 무함마드였는지도 모른다.

이슬람계 신플라톤주의를 창시하다

앞서 본 것처럼 아리스토텔레스는 정치철학을 비롯해 플라톤 철학의 핵심적 면모를 부정했지만, 신플라톤주의자들은 아리스토텔레스 사후 플라톤과 아리스토텔레스의 생각을 통합해 균형을 찾고자 했다. 알 파라비는 이슬람계 신플라톤주의의 창시자로, 이러한 사상 통합에 일생을 바쳤다. 그는 '제2의 아리스토텔레스'로 칭송받았지만, 정치사상은 사실 아리스토텔레스보다는 플라톤을 닮았다. 실제로, 아리스토텔레스의 유명한 저서 『정치학』은 현대에 들어서야 아랍어로 번역되었다. 알 파라비는 『정치학』의 존재를 분명히 인지하고 있었지만, 자신의 사상에는 반영하지 않았다. 이러한 그의 정치적 플라톤주의는 이후 이슬람 정치사상의 운명을 바꾸는 중요한 역할을 했다.

앞서 살펴보았듯 플라톤과 아리스토텔레스는 철학적 지식과 정치의 관계를 보는 관점에서 크게 달랐다. 아리스토텔레스는 철학자의 이론적 지혜와 정치인의 실용적 이성을 구분하여 대비했다. 좋은 통치자에겐 이론적 지혜가 아닌 실용적 지혜가 있어야 하며, 정치인이 철학자여야 한다거나 철학자가 통치해야 한다고 생각하지 않았다.

반면 플라톤은 이론적 지혜와 실용적 지혜를 명확히 구분하지 않았다. 그는 이론적 지혜를 통달한 자, 즉 철학자가 국가를 통치하기 전까지는 정치의 악행을 멈출 수 없다고 말했다. 물론 실용적 경험이 정치에 중요하다는 점은 인정했기에 철인왕은 통치하기 전에 실용적 경험을 습득해야 한다고 주장했다.

   알 파라비는 둘 사이에서 플라톤의 손을 들었다. 알 파라비는 정치적 공동체의 이상적 통치자는 반드시 이론적 지혜와 실용적 지혜를 둘 다 갖춰야 한다고 주장했다. 철인왕은 기하학, 물리학, 천문학, 음악, 형이상학, 논리학에 통달해야 한다. 알 파라비는 인간사에 대한 실용적 지식은 반드시 우주의 본질과 우주 속 인간의 역할을 설명하는 진리에 기반을 두어야 한다고 믿었다. 그의 윤리와 정치사상은 우주, 영혼, 육체, 정치체의 구조를 비교하는 구체적 비유들을 주로 다뤘다. 그에 따르면, 정치적 위계질서는 우주와 인간의 영혼에서 찾아볼 수 있는 위계질서를 그대로 따라야 한다. 예를 들면, 하나의 신이 우주를 다스리듯 정치체도 한 명의 철학자가 다스려야 하며, 인간의 육체를 이성이 다스리듯 사회도 철학이 다스려야 한다. 플라톤과 아리스토텔레스처럼 알 파라비 역시 인간 사이의 불평등이 자연스러운 현상이라고 말했다. 나라를 다스릴 운명을 지니고 태어난 자가 있는 한편, 노예로 태어난 자도 있다는 설명이다.

   플라톤처럼 알 파라비 역시 현실 세계의 정치체제가 이상과 비교해 턱없이 부족함을 인지하고 있었다. 그도 그럴 것이 철학자가 통치한 적이 한 번도 없었기 때문이다. 알 파라비는 진리에 대한 사랑이 아니라 부나 명예, 정복이나 쾌락에 대한 욕망에 전념했던 통치자들이 통치할 때 어떠한 무지와 악을 자행하고 실수로 물들고 변절했는지를 빠짐없이 다뤘다. 그는 정부를 개혁하려는 노력에는 반드시 철학을 기반으로 삼은 정책이 있어야 한다고 주장했다. 통치자 스스로가 철학자는 못 되더라도 적어도 철학자의 목소리에 귀 기울일 수는 있기 때문이다.

선지자와 철학자의 결정적 차이

알 파라비의 천재성은 바로 철학자 혼자서는 통치할 수 없음을 깨달은 것이다. 철학자는 일반 대중과는 너무 동떨어져 있기에 정치를 효과적으로 펼칠 수 없다. 철학은 종교, 법, 수사학, 문학, 음악의 힘을 빌려야만 진리의 요구에 맞게 대중의 행동을 지도할 수 있다. 대부분 사람은 추상적인 생각이나 논리적인 설명을 이해하지 못한다. 시각적 이미지나 말로 풀어낸 이야기가 있어야만 진리에 다가갈 수 있는 것이다. 신학자, 율법학자, 예술가, 작가, 음악가들은 모두 각자의 방식으로 대중이 철학의 진리에 다가설 수 있도록 돕는다. 알 파라비 역시 플라톤처럼 시인으로서 철학적 진리에 아름다운 옷을 입히곤 했다.

알 파라비가 플라톤의 철인왕 개념을 옹호한 것은 실질적으로는 선지자의 권위에 대한 도전과 같았다. 모세, 예수, 무함마드는 백성을 다스릴 통치자로 성스럽게 '임명'된 자이다. 이 선지자들은 모두 인간사를 다룬 경험과 실용적 지혜를 갖추었지만, 철학자로 불릴 만한 면모는 전혀 갖고 있지 않았다. 알 파라비의 말처럼 진정한 정치적 권위가 철학을 기반으로 한다면 선지자들의 권위는 어떻게 설명할 수 있을까?

19세기 독일 철학자 프리드리히 니체는 기독교를 '대중을 위한 우매한 플라톤주의'로 비난한 바 있다. 알 파라비는 이슬람교가 대중을 플라톤의 진리에 한층 가까워질 수 있게 도왔다고 높이 평가했다. 그에게 진정한 선지자란 자신의 이성적, 도덕적 기질을 완벽히 갈고닦음으로써 신성한 사고에 가까워진 자를 의미했다. 이러한 훌륭한 지적 덕목에 대한 보상으로 신은 선지자에게 철학적 지식을 통째로 선사한다. 일반 철학자들은 고된 질의와 논쟁을 통해 지혜에 조금씩 다가서야 하지만, 선지자들은 신으로부터 철학적 지식을 곧바로 전달받는다. 따라서 선지자가 성서에 기록한 것은 결국 신이 보여준 철학적 원리에 대한 자세한 설명이다. 성서가 인간의 행동을 지도하기 위해서는 일반 대중이 성서에 접근할 수 있도록 그들이 이해할 수 있는 이야기와 계명을 활용해야 했다. 그러나 이러한 성서 속 이야기와 계명은 사실 신의 계시를 통해 선지자들이 깨달은 철학적 진실의 논리적 기반에서 출발한다.

성서와 그 속에 담긴 종교적 율법은 선지자의 철학적 지식을 기반으로 삼기 때문에 성서를 해석하고 이를 인간사에 적용하는 일은 반드시 철학자의 통제를 거쳐야 한다. 알 파라비가 철학자만이 진정한 이맘이 될 수 있다 주장한 이유도 바로 이런 맥락이다. 모든 종교적 진리는 추상적 원리를 기반으로 하며 오직 선지자와 그의 제자, 즉 철학자만이 이를 이해할 수 있는 것이다.

제국 정치를 꿈꾸다

알 파라비는 플라톤의 철인왕 이상을 아브라함계 종교의 선지자적 통치자에 적용한 것과 더불어, 플라톤과 아리스토텔레스의 '덕을 갖춘 도시국가'라는 이상을 중세 제국에 적용했다. 플라톤과 아리스토텔레스는 공통의 도덕적, 지적 덕목으로 단결된 시민들로 구성된 작은 공동체를 이상적 정치체로 보았다. 실제로 고대 그리스에서 시민 교육에 전념하는 조직은 시민 5000명에서 1만 명 정도로 규모가 매우 작아야 했다. 알 파라비는 이러한 이상이 국가 전체, 심지어는 다수의 국가로 구성된 제국으로도 확장될 수 있다고 최초로 제안한 정치사상가였다. 그리고 '공통의 언어, 인종, 종교, 문학, 음악을 통해 국가가 단결되는가?'라는 질문으로 정치의 기반이 국가라는 생각을 널리 알린 선구자였다. 이슬람에서 국가란 특정 인종 및 문화를 갖는 공동체와 이슬람 국가 모두를 뜻한다. 알 파라비는 이미 이슬람 제국 통일의 꿈이 실패로 돌아가는 것을 직접 봤지만, 다수의 국가로 구성된 제국이 덕을 갖춘 정치체가 될 수 있다는 생각은 끝까지 지켰다.

『정치학』에서 아리스토텔레스는 국가와 제국은 규모가 너무 크고 다양성이 크기 때문에 공통의 덕목을 공유하는 공동체가 될 수 없다고 말한다. 교육적 정치체는 반드시 공통의 언어, 종교, 문학, 학교, 문화를 공유해야 한다. 아리스토텔레스는 통치하거나 통치받을 기회가 없었던 시민이 어떻게 시민적 덕목을 갖출 수 있겠냐고 반문한다. 그는 정치에서는 규모가 중요하며 국가나 제국은 악행과 전제정치로 빠질 운명을 지녔다고 말했다. 그러나 알 파라비는 실용적 통찰을 동원해 통치자가 고유의 언어, 종교적 관습, 문학을 지닌 서로 다른 국가들을 다스리면서 어떻게 덕을 갖춘 제국을 만들 수 있을지 고심했다.

종교적 인본주의의 길을 열다

알 파라비가 우리에게 남긴 업적은 무엇일까? 만약 이슬람 학파 내에서 철학적 질의를 영예로운 위치에 두는 것이 목표였다면 적어도 중세 시대에는 그의 노력이 성공을 거두었다고 할 수 있다. 그러나 그의 목표가 이슬람 종교와 정치에서 철학이 핵심적 위치를 차지하도록 만드는 것이었다면 크게 성공을 거뒀다고 할 수는 없다. 유대교와 같이 이슬람교는 근본적으로 율법의 종교로 최고의 권력은 항상 율법자에게 돌아갔다. 이슬람에서는 신학이나 철학이 아닌 율법학이 최고의 학문으로 꼽혔다.

중세 이슬람의 정치철학이 아리스토텔레스보다는 플라톤을 닮은 데는 알 파라비의 영향이 컸다. 이 사실이 중요한 것은, 아리스토텔레스가 꿈꾼 이상과는 별개로, 아리스토텔레스의 『정치학』이 민중이 통치하는 민주정을 뒷받침하는 논리를 많이 담고 있었기 때문이다. 어쩌면 아리스토텔레스의 정치사상을 아랍어로 접할 수가 없었기 때문에 중세 이슬람 철학자들 사이에서 민주정이 필요하다는 주장이 한 번도 등장하지 않았던 것은 아닐까? 실제로 19세기 이전까

무바라크 이집트 대통령의 독재에 반대하는 시위대

이슬람교를 믿고 아랍어를 쓰는 아랍권은 오랜 기간 민주화 물결을 비켜갔다. 현재 아랍권의 권위주의 정권은 민주주의를 향한 시민들의 열망에 거센 도전을 받고 있다.

지는 이슬람 세계에서는 민주정을 주창한 논리가 거의 등장하지 않았다. 오늘날 이슬람 세계에서 민주주의적 제도를 도입하기가 무척 어려운 것이 혹시 이 때문은 아닐까?

점점 많은 것이 변할수록 변하지 않는 것도 많아지는 법이다. 중세 시대의 이슬람은 종교적 원리주의자와 회의적 이성주의자로 양분되었는데, 오늘날 이슬람 세계의 모습도 이를 꼭 닮았다. 20세기 세속적 인본주의자들은 무지와 가난이 사라짐에 따라 종교도 자연스럽게 사라질 것으로 예측했다. 그러나 아직 종교는 힘을 잃을 기

미가 보이지 않는다. 알 파라비는 종교적 원리주의와 세속적 인본
주의 사이의 절충점을 찾으려 한 선구자였다. 그의 이슬람식 인본
주의는 후에 모세스 마이모니데스의 유대교 인본주의와 토마스 아
퀴나스의 기독교 인본주의를 위한 길을 열어주었다. 두 철학자는
각자 다른 방식으로 이성의 빛을 통해 종교를 개혁해야 하며 이성
에는 반드시 종교적 빛이 담겨 있어야 한다고 주장했다. 중세 이래
종교적 원리주의자, 세속적 파시스트, 공산주의자들은 심각한 정치
적 폭력성을 드러냈다. 알 파라비, 마이모니데스, 아퀴나스는 모두
온건하고 온당한 정치를 위해선 종교적 인본주의가 이를 뒷받침하
는 기초가 되어야 한다고 믿었다. 역사는 아직 이들이 틀렸음을 증
명하지 못했다.

06

제2의 모세를 꿈꾼 마이모니데스

심장은 신앙의 고향인 예루살렘에
두뇌는 철학의 고향인 아테네에

Moses Maimonides, 1135~1204

중세 유대교 철학자. 유대인 사회와 이슬람 세계 모두에서 존경받는 철학자이다. 유대인 사회의 법적 분쟁을 중재한 위대한 랍비로서 유대인 공동체의 존경받는 지도자이기도 했다. 총 14권으로 구성된 그의 저작 『미슈나 토라Mishneh Torah』는 아직까지도 탈무드 법을 편찬할 때 중대한 규범적 권위를 지닌다.

개종이냐 순교냐

1160년대 초반, 모로코 페스에 살던 유대인 랍비 모세스 마이모니데스는 끔찍한 딜레마에 빠져 있었다. 스페인 남부와 아프리카 북부 마그레브에 새로이 자리 잡은 광신적인 알모하드 왕조가 모든 기독교인과 유대인에게 이슬람교로의 개종과 죽음 중 하나를 택하도록 강요했기 때문이다. 당시 한 역사가

알모하드 왕조
12세기경 모로코 지역에서 발흥하여 13세기까지 북아프리카 지역에서 세력을 형성한 무어인들의 왕조.

에 따르면 마이모니데스는 이슬람교 예배를 드리며 쿠란을 공부하고 모스크에 나가는 등 개종을 가장했다. 그리고 유대교를 용인하는 안전한 카이로로 이주한 뒤 마그레브에서 여전히 탄압받고 있는 유대교 신자들에게 편지로 조언을 전했다. 일부 유대인은 신앙을 저버리기보다는 순교를 택했으나 실상 대다수는 진심이든 아니든 이슬람교로 개종하고 있었다. 마이모니데스는 순교는 때로 탄복할 만한 행위일 수 있으나 꼭 필요한 것은 아니라고 간곡하게 설파하면서, 유대교 신앙을 부인하지 않으면서도 이슬람교 율법의 요건을 충족할 수 있다고 주장했다. 그러나 동시에 유대인은 이슬람으로 개종한 후에도 집을 떠나 유대교가 용인되는 땅으로 여정을 떠날 의무가 있으며 신이 그들을 저버리지 않을 것이라 주장했다. 마이모니데스를 위선자라고 비난할 수는 없다. 말과 행동이 정확하게 일치했기 때문이다.

제2의 모세를 꿈꾸다

성서에 등장하는 최초의 유대인 입법자인 모세의 이름을 딴 모세스 마이모니데스는 오늘날 가장 위대한 유대인 철학자이자 법학자로 널리 추앙받고 있다. 그러나 그의 포부는 더 컸다. 유대교 전통 율법 전체를 폐지하고 이를 자신의 법으로 대체함으로써 제2의 모세가 되고자 했다. 이런 포부가 선을 넘었다고 여긴 유럽의 유대교 전통주의자들은 그의 글을 금지하고 서적을 불태우기도 했다.

마이모니데스는 1138년 스페인 코르도바에서 태어났다. 코르도바는 당시 유럽에서 가장 크고 부유한 도시로 이슬람교와 유대교 가르침의 중심지였다. 두 세기에 걸쳐 계몽적이고 관용적인 성격의 이슬람교 세력의 통치권이었던 덕분에 유대교, 기독교, 이슬람교의 신자들이 학술과 예술을 교류할 수 있는 메카가 형성되어 있었다. 이름난 학자의 아들로 태어난 마이모니데스는 어린 시절 유대교 율법과 이슬람교 철학을 빠르게 흡수했다. 그러나 스페인 유토피아는 오래가지 않았다. 그가 겨우 열 살이 되었을 무렵 기독교와 유대교를 억압하는 알모하드 왕조가 들어섰기 때문이다. 이후 마이모니데스는 가족과 함께 18년간 안달루시아의 도시들과 북아프리카 지역 국가들을 전전하다 결국 카이로에 정착했으며, 몇 해 지나지 않아 유대교 율법인 토라를 함께 공부했던 아버지를 여의었다. 그는 코르도바를 떠난 후부터는 지적 공동체를 누려본 적이 없었다. 카이로에서 30년간 행복하게 살았고 종국에는 그곳에서 술탄 살라딘의 주치의로도 활약했음에도 마이모니데스는 자신을 늘 스페인 사람으로 여겼다.

유대인 출신 정치철학자가 거의 없다는 점보다는 오히려 한 명이라도 있다는 점이 더 놀랍다. 정치철학이란 결국 통치술에 대한 실용적인 학문이다. 그런데 유대인은 역사의 대부분을 국가 없는 민족으로 살면서 외부인의 통치를 받았다. 이런 이유에서 유대인 정치사상은 대체로 유대 민족 내부의 정치에 초점을 맞추고 있다. 비유대인 정치체 내에서 어떻게 지역 공동체를 유지할 것인가. 여러 정치체에 퍼져 살아가는 민족 내부에 어떻게 국가적 정체성을 함양할 것인가. 유대인에게는 고유한 정치 공동체가 없을지 몰라도, 자체적인 법과 법정, 권한이 있었다.

그런 면에서 마이모니데스는 뛰어난 유대인 정치 지도자의 본보기였다. 그는 카이로에 당도하고 얼마 지나지 않아 이집트 유대인 공동체 전체의 수장으로 추대되었다. 이집트 내 유대인의 삶을 돌볼 책임뿐만 아니라 다른 유대인 공동체, 특히 인근 레반트 지역의 공동체와 긴밀한 관계를 유지할 책임이 있는 자리였다. 물론 마이모니데스가 육군이나 해군을 통솔하거나 나라를 다스리는 등 완전한 정치적

레반트 지역
역사적으로 근동의 팔레스타인(고대의 가나안)과 시리아, 요르단, 레바논 등이 있는 지역.

권력을 행사한 것은 아니었다. 하지만 그는 세금을 징수하고 빈곤층을 위한 구제책을 마련하고 종교 예배를 개혁했으며 항소 법원의 수장을 맡아 이집트뿐만 아니라 레반트 전역에서 일어나는 분쟁을 해결하는 데 이바지했다. 재임 기간은 몇 년에 그쳤지만, 대부

분 주요 철학자들과 비교해 정치 경험은 한층 풍부하게 쌓았다.

그리스 철학과 유대교 전통의 공통점을 찾다

마이모니데스는 전대의 알 파라비와 후대의 토마스 아퀴나스와 마찬가지로 종교적 원리주의와 이성적 회의주의 사이에서 중도를 찾고자 했다. 이슬람교도 알 파라비의 신플라톤주의와 기독교도 토마스 아퀴나스의 신아리스토텔레스주의 사이의 가교가 되었다고 할 수 있다. 마이모니데스를 설명할 때 '그의 심장은 신앙의 고향인 예루살렘에, 두뇌는 철학의 고향인 아테네에 있었다'는 표현을 하곤 한다. 사실 그는 아리스토텔레스를 이용해 유대교를 폄하하고 유대교를 이용해 아리스토텔레스의 철학을 폄하한다는 비판을 받아왔다. 학계에서는 그의 충성심이 궁극적으로 어느 쪽으로 향하고 있는지 여전히 의견이 분분하다. 그러나 마이모니데스 자신은 큰 갈등이 없었다. 유대주의가 이미 내재적으로 아리스토텔레스주의와 통하고 아리스토텔레스의 철학이 내재적으로 유대교와 통한다고 보았기 때문이다. 아리스토텔레스는 신에 대한 지적인 사랑이 인간 탁월성의 정점이라고 주장하지 않았던가. 마이모니데스에 따르면 이는 곧 유대교 율법의 핵심이기도 하다.

마이모니데스는 성서 신앙은 생래적으로 이성적 이해를 요구한다고 주장했다. 신에 대한 믿음은 필연적으로 '신은 누구인가?' 그리고 '신이 선하고 강력하다면 왜 세상에 이다지도 많은 악이 존재하는가?'와 같은 철학적 질문을 초래한다. 성서 기반 신앙은 언제나 이런 식의 비판적 자기성찰을 요구한다. 히브리인 선지자들은 성서의 율법과 약속을 가차 없이 비판하고 분석했다는 점에서 이미 철학자의 전신이다. 성서 율법을 유대교 관점에서 해설하는 행위 자체가 특정한 율례statutes를 뒷받침하는 보편적 도덕 원칙을 규명하는 데 초점이 맞추어져 있다. 그렇기에 마이모니데스는 그리스 철학과 유대교 전통이 완전히 유리되어 있지는 않다고 보았다.

　신앙은 이해를 필요로 한다고 주장한 마이모니데스는 인간이 할 수 있는 이해의 정점을 구현한 것이 아리스토텔레스라고 생각했다. 아리스토텔레스는 신이 눈에 보이는 형상이 아니고 심지어 감정도 없는 순수한 사고라고 주장했다. 마이모니데스는 성서의 하느님 또한 신성을 어떤 방식으로든 눈에 보이게 표현하면 우상숭배라고 꾸짖는다는 점에서 마찬가지라고 보았다. 그러나 성서의 하느님이 순수한 사고라면 왜 성서에서는 하느님의 '오른팔'이라거나 신이 '보좌'에 앉아 있다거나 '분노'한다는 식으로 인간 같은 묘사를 하는 것인가? 이에 대해 마이모니데스는 대부분 사람은 눈에 보이지 않는 신성한 존재를 이해할 정도의 지적 능력을 갖추지 못해 신을 인간의 방식으로 상상한다고 설명했다. 또한 아리스토텔레스와 마찬가지로 덕은 그 자체가 보상이고 악덕은 그 자체가 형벌이라고 보았다. 그러나 하느님은 사실 감정이 없지만, 대부분 사람이 하느님의 분노를 두려워하지 않는다면 덕을 추구하거나 악덕을 피하지 않을 것이라고 설명했다. 마이모니데스는 유머로 잘 알려진 인물은 아니지만 이런 말을 남겼다. "하느님이 분노하신다고 생각한다면 하나님이 분노하게 할 위험을 무릅써야 한다!"

철학을 통해 성서를, 성서를 통해 철학을 분석하다

학계에서는 마이모니데스가 유대교 율법 해석 면에서는 순수하게 유대교적이지만 철학 면에서는 완전히 아리스토텔레스주의적이라는 견해가 있다. 그러나 마이모니데스가 율법적 측면에서 아리스토텔레스주의적이고 철학적 측면에서 유대교적이라는 주장도 쉽게 제기할 수 있다. 아리스토텔레스는 부모를 공경해야 한다거나 빚을 지면 갚아야 한다는 등의 법은 자연스러운 것, 즉 보편적으로 합리적이라고 보았고, 신에게 어떤 동물을 희생물로 바칠 것인가 같은 법은 관습에 따르는 것으로 정치체에 따라 다를 수 있다고 보았다. 마이모니데스는 이러한 아리스토텔레스의 관점을 활용해 모세 율법을 분석했다. 그에 따르면 모세 율법에는 자연스럽고 합리적인 법과 관습적인 법이 섞여 있는데, 살인과 도둑질을 금하는 법은 전자에 속하고 어떤 동물 몇 마리를 신에게 바칠지를 정하는 법은 후자에 속한다. 아리스토텔레스는 인간이 자연법의 합리적 목적을 이해할 수 있으나 모든 관습법의 합리적 목적을 이해할 수는 없다고 주장했다. 마이모니데스도 견해가 같았다. 살인과 도둑질을 금하는 등의 여러 성서 율법의 경우 우리가 합리적 목적을 분간할 수 있으나, 우유와 육류를 같이 먹어서는 안 된다거나 양털과 모시를 섞어서는 안 된다는 등의 율법은 합리적 목적을 결코 알 수 없다고 보았다. 정리하자면 자연적 율법은 하느님과 더불어 합리적 이성이 요구하기 때문에 따르는 것이고, 관습적 율법은 오직 하느님이 요구한다는 이유만으로 따르는 것이다. 이런 관점에서 보면 아리스토텔레스의 철학이 유대교 율법에 대한 훌륭한 지침이 된다는 것이 마이모니데스의 견해였다.

마이모니데스는 이처럼 아리스토텔레스를 이용해 전통적 유대주의를 다시 보았지만, 또 유대교 신앙을 활용해 아리스토텔레스 철학을 수정하기도 했다. 아리스토텔레스에 따르면 모든 진정한 덕은 지나침과 결여라는 양극 사이의 중용이다. 예를 들어 아리스토텔레스는 자기 존중이 과해서 나타나는 악덕인 오만과 자기 존중이 부족해서 나타나는 악덕인 겸손 사이의 중용이 자기 존중의 덕이라고 보았다. 그러나 마이모니데스는 성서를 바탕으로 인간이 아무리 겸손하더라도 그것이 과할 수는 없다는 주장을 펼쳤다. 어느 정도이든 자부심을 가지는 것은 곧 하느님을 부정하는 것이기 때문이다. 말하자면 성서가 아리스토텔레스에게 어떤 덕은 중용이 아닌 극단에 있다는 가르침을 준다는 주장이었다. 또 가장 논란이 큰 지점은 세계가 영원하다는 아리스토텔레스의 주장에 반대하며 합리적 이성만으로는 세계가 영원한 것인지 창조된 것인지를 증명할 수 없다고 논파한 점이다. 마이모니데스는 이처럼 다양한 방식으로 철학을 통해 성서 신앙을 재조명한 것과 마찬가지로 성서 신앙의 시각을 활용해 철학자들의 주장을 수정하고자 했다.

모세야말로 진정한 철인

  아리스토텔레스는 철학자의 지적 완벽성을 정치가의 도덕적 완벽성과 구분했다. 그 후 알 파라비는 진정한 선지자는 지적 완벽성과 도덕적 완벽성 모두를 실현함으로써 철학자나 정치가보다 높은 위치를 점한다고 주장했다. 또한 선지자는 모든 사람에게 진실을 전하도록 반드시 추상적 진실을 생생한 수사로 표현해낼 수 있어야 하기 때문에 철학자의 지적 완벽성에 시인의 구상적 완벽성까지 겸비해야 한다고 보았다. 마이모니데스도 이를 계승하여 지적 완벽성과 구상적 완벽성을 구분함으로써 알 파라비의 선지자 이론을 더욱 발전시켰다. 지적 완벽성만으로는 철학자가 만들어지고, 구상적 완벽성만으로는 정치가가 만들어진다. 결과적으로 선지자만이 철학자의 지적 완벽성과 정치가의 구상적 완벽성을 동시에 가진다는 것이다. 결국 선지자만이 철인왕이 될 자격이 있으며, 그렇다면 선지자 모세가 진정한 플라톤 관점의 통치자가 된다. 알 파라비와 마찬가지로 마이모니데스도 선지자는 신이 임의로 기적적인 힘을 선사한 누군가가 아니라 자신의 지적, 도덕적 덕을 갈고닦음으로써 신성을 획득하는 사람이라고 주장했다. 신이 그런 사람에게 계시를 내리지 않는다면 오히려 그것이 놀라운 일일 것이라는 해석이다. 다만 알 파라비와 다른 점이 있다면 알 파라비는 무함마드를 진정한 선지자로서 모세와 예수에 견주었지만, 마이모니데스는 모세만이 궁극의 선지자이자 입법자라고 주장했다는 점이다.

  모세 율법에 대한 수 세기에 걸친 해설을 책으로 엮은 탈무드에는 율법을 어떻게 실생활에 적용할지를 둘러싼 랍비들의 논쟁과 표결, 결정 사항이 집대성되어 있다. 마이모니데스는 이 방대한 율법서를 원칙에 따라 체계화함으로써 논리적으로 견고한 분류를 해내려는 대담한, 또는 오만하다고도 할 수 있는 시도를 감행했다. 유대교 율법 전체를 체계화하고자 한 전무후무한 시도였다. 이렇게 만들어진 14권 분량의 『미슈나 토라』는 많은 법률가의 참여로 가능했던 유스티니아누스 황제의 로마법 편찬이나 프랑스 근대법의 모범이 된 나폴레옹의 민법전 편찬에 비견될 수 있는 업적이다.

유스티니아누스 황제와 나폴레옹의 법전은 이전의 법률, 판결, 해설 등을 폐지하고 대체하기 위해 공식적으로 제정된 것이었다. 반면 마이모니데스는 유대교 공동체의 새로운 법을 제정할 만한 정치 권한이 없었다. 그래서 그의 저작은 유대교 율법에 대한 단순한 해설 또는 논리적 요약 정도로 제시되었다. 그러나 그때나 지금이나 대다수의 유대인 법률가들은 마이모니데스가 탈무드 법 전통 전체를 폐지하고 자신의 새로운 법으로 대체하려고 했던 것은 아닌가, 그렇게 함으로써 제2의 유대인 입법자이자 새로운 모세가 되고자 했던 것은 아닌가 의심한다. 사실 '미슈나 토라Mishnah Torah'라는 이름 자체가 '(모세) 율법의 반복'이라는 뜻을 지니고 있다.

유대교 정치적 공동체를 재창시하다

마키아벨리는 정치체제의 창시자와 후대의 개혁가를 대비하면서 개혁가를 재창시자로 명명했다. 미국 역사에 이러한 구분을 적용하면 미국 정치체제를 창시한 건국의 아버지들과, 인종 평등과 강력한 정부라는 원칙에 따라 미국이라는 국가를 급격하게 개혁하고 재창시한 에이브러햄 링컨을 대비할 수 있다. 마키아벨리에 따르면 재창시자는 체제를 본연의 원칙으로 돌려놓음으로써 체제를 개혁하는데, 이는 링컨이 미국을 '모든 인간은 평등하게 창조되었다'라는 원칙으로 돌려놓음으로써 국가를 개혁한 것과 맥을 같이한다.

이와 유사하게 과거 모세가 정치적 공동체로서 고대 이스라엘의 창시자라면 마이모니데스는 그 재창시자가 되고자 했다. 모세가 이스라엘 백성의 금송아지 숭배를 맹렬하게 응징한 것처럼 마이모니데스도 신을 형상화하는 우상숭배를 강력하게 비난했다. 성서 속 모세가 이스라엘 백성의 종교를 새로운 율법을 통해 바로잡으려 했듯 제2의 모세인 마이모니데스도 그러한 시도를 한 것이다. 마이모니데스가 탈무드 전통을 폐지하지는 못했지만, 그가 제시한 규범은 유대교 율법을 해석하고 적용하는 방식을 영원히 바꾸어놓았다. 그리고 민간 차원에서 이루어지는 성서의 형상화를 완전히 막지는 못했지만, 철학에 대한 종교적 비판뿐만 아니라 종교에 대한 철학적 비판의 포문을 열어주었다.

오늘날 이스라엘이라는 국가는 과학과 철학에서만 진실을 구하는 세속적 인본주의와, 종교적 율법에서만 진실을 구하는 종교적 원리주의로 깊이 양분되어 있다. 명망 높은 유대교 랍비이자 위대한 철학자였던 마이모니데스는 종교적 계시에서뿐만 아니라 자연적 합리성의 측면에서도 진실을 구하고자 했다. 이스라엘은 또한 주변 이슬람 국가들과 갈등을 겪고 있다. 마이모니데스는 유대인 사상가로서 아랍어로 철학 저술을 하면서 유대교와 이슬람교 사이에 다리를 놓았다. 그의 업적은 서로 다른 전통과 신앙을 아우르는 정중한 담화의 성격을 띠고 있으며, 이를 통해 가장 다루기 어려운 갈등에 대해서도 희망을 던지고 있다.

07

논리와 이성으로 신을 증명한 토마스 아퀴나스

과학과 성서는
상충하지 않는다

Thomas Aquinas. 1225~1274

기독교의 저명한 신학자이자 스콜라 철학자. 또한 자연 신학의 으뜸가는 선구
자이며 로마 가톨릭교회에서 오랫동안 주요 철학적 전통으로 자리 잡고 있는
토마스 학파의 아버지이기도 하다. 저서로는 『신학대전』, 『대이교도대전』 등이
있다

무엇도 꺾지 못한 종교에 대한 신념

1244년 19세이던 토마스 아퀴나스는 당시 막 설립된 도미니코회의 수도사가 되기로 한다. 나폴리에서 함께 지낸 학우들과 선생님들은 이 귀족 청년이 허름한 수도사 의복을 입을 모습에 큰 충격을 받았다. 아퀴나스의 어머니는 아들의 이런 결심에 크게 반대했고 큰 토지를 다스리는 영주가 될 것을 고집스럽게 권

도미니코회

1206년 성 도미니코가 복음을 전하고 이단을 물리치려는 목적으로 세운 교단. 초창기에는 청빈을 중요시하여 탁발 수도사로서 생활했기 때문에 거지 수도회, 탁발 수도회 등의 별칭을 가지고 있었다. 엄격한 생활과 학문 연구, 설교, 교육 등에 힘써왔으며 작은 형제회Order of Friars Minor와 함께 주요한 수도회이다.

유했다. 신성로마제국 황제를 섬기는 기사였던 형제들은 아퀴나스가 마음을 바꾸기를 바라는 마음에 그를 납치해서 거의 2년 동안 로카세카에 있는 가족 소유 성에 감금했다. 심지어는 그의 순결을 시험에 들게 하려고 감금한 방에 젊은 여성을 들여보내기도 했다. 하지만 어떤 수를 써도 청년 아퀴나스의 종교적 사명을 향한 신념은 꺾이지 않았고, 가족도 마침내 그의 뜻을 받아들였다.

성에 갇혀 있는 동안 철학과 신학 관련 책은 읽을 수 있었던 아퀴나스는 프랑스 파리와 독일 쾰른에서 정규교육 과정을 다시 밟았다. 이후에는 탁월한 신학자이자 철학자로서 프랑스 국왕 루이 9세와 몇몇 교황의 절친한 친구이자 고문이 되었다. 아퀴나스는 저서 『신학대전』에서 자녀에 대한 부모의 권한이 제한되어야 한다고 주장한다. 즉, 부모는 다 큰 자녀의 결혼 결심이나 종파 선택에 반

대할 권리가 없다는 것이다.

기독교 인본주의를 탄생시키다

중세는 종종 '권력의 시대'라고 불리지만 대립하는 권력 주체가 여럿 있었기 때문에 '다양한 권력의 시대'라고 부르는 편이 더 맞다. 13세기 지적인 면에서 가장 큰 권력을 행사하던 두 주체의 뿌리는 각각 아테네와 예루살렘에서 찾아볼 수 있다. 중세 유럽은 고대 그리스에서는 플라톤과 아리스토텔레스의 철학과 과학을, 고대 이스라엘에서는 기독교 등 성서 기반 종교를 계승했다. 사실 아리스토텔레스의 저서는 유대교와 이슬람교 관점의 해설이 잔뜩 달린 채 12세기에야 서유럽에 도달했다. 청년 시절 쾰른으로 떠난 아퀴나스는 아리스토텔레스 학파로 선구적인 과학자이자 철학자였던 알베르투스 Albertus Magnus 밑에서 공부하면서 아리스토텔레스의 과학과 철학을 성서 기반 종교의 가르침으로 종합하겠다는 일생의 과업을 시작하게 된다. 실제로 서양 문명의 가장 큰 특징은 헤브라이즘과 헬레니즘의 결합에서 나온다.

아테네 유래 철학과 예루살렘 기반 종교 간 상충하는 주장들은 중세

헤브라이즘
고대 히브리인의 사상·문화 및 그 전통으로 보통 유대교와 기독교 전통을 통틀어 이르는 말.

헬레니즘
기원전 334년 알렉산더 대왕의 동방 원정에서부터 기원전 30년 로마의 이집트 병합 때까지 그리스와 오리엔트가 서로 영향을 주고받으면서 생긴 현상.

유대교, 이슬람교, 기독교에서 격렬한 논쟁거리였다. 알 파라비와 마이모니데스의 사상을 이어받은 아퀴나스는 하느님은 인간의 이성과 성서 속 계시를 모두 창조했다고 주장했다. 따라서 우리가 '자연이란 교과서'에서 과학으로 배우는 것은 원칙적으로 성서에서 신앙심으로 배우는 것과 배치되지 않는다. 과학에서 가르치는 것이 성서의 가르침과 상반된다면 우리가 둘 중 하나를 잘못 알고 있을 수 있다는 의미이다. 아퀴나스는 아리스토텔레스의 학문에서 제시하는 진리가 성서 속 진리와 일맥상통한다는 사실을 증명하는 데 지적 활동 전체를 바쳤다. 아테네와 예루살렘을 통합하려는 그의 노력은 세속적 인본주의와 종교적 원리주의 사이에 '기독교 인본주의'라는 제3의 영역을 탄생시켰다. 기독교 인본주의가 가장 위세를 떨친 예로는 13세기 스콜라 철학과 이탈리아 르네상스를 들 수 있다.

아퀴나스는 물리학과 생물학부터 윤리학, 심리학, 신학까지 수천 가지 논쟁에서 성서에 대한 믿음과 그리스 철학이 공존할 수 있다는 관점을 개발했다. '신앙은 이성을 망치거나 대체하는 것이 아니라 완성한다'가 기본 철칙이었다.

자연적 덕과 초자연적 덕

아퀴나스의 기독교 인본주의가 도덕과 법의 영역에 어떻게 작용했는지 잠시 살펴보자. 아퀴나스는 그리스 철학에서 도덕적 덕목 이론을 발견했고, 그중에서도 특히 정의, 지혜, 용기, 중용을 '자연적 덕'이라고 분류했다. 성서에는 '덕'이라는 단어가 등장하는 건 아니지만 모든 인류 문명에서 쓰인 여느 글들과 마찬가지로 이러한 기본 가치를 확실히 다루고 있다. 문화권을 막론하고 현자들은 인간 사회는 이런 덕목을 함양하는 구성원에게 달려 있다고 한목소리로 말해왔다. 구성원 중 이러한 덕목을 실천하는 사람이 충분히 존재해야만 우리는 평화롭게 공존할 수 있으며, 정의, 지혜, 용기, 중용을 바탕으로 행동할 때 개인의 삶도 나아진다.

아퀴나스는 성서의 특징이라고 할 수 있는 덕목도 추렸다. 바로 믿음, 소망, 사랑이다. 그는 이러한 덕목은 '초자연적 덕'이라 명명했다. 이성만이 아니라 성서 속 계시에 대한 믿음이 뒷받침해야만 발견할 수 있는 덕목이기 때문이다. 오늘날 세속적 인본주의자들은 올바른 인생을 영위하는 데는 자연적 덕만 있으면 된다고 주장한다. 한편, 종교적 원리주의자들은 인간은 초자연적 성서 덕목만 있으면 된다고 설파한다. 아퀴나스는 양쪽 모두가 필요하다고 주장한다. 믿음, 소망, 사랑은 정의, 지혜, 용기, 중용을 대체하는 게 아니라 보완한다는 것이다. 실제로 광신도의 가장 큰 특징은 정의, 지혜, 용기, 중용은 전혀 필요 없고 믿음, 소망, 사랑만 있으면 된다고 믿는다는 점이다. 자연적 덕이 없으면 초자연적 덕은 맹목적이다. 반대로 초자연적 덕이 함께하지 않는 자연적 덕은 엄격하고 혹독하다.

천부적 양심과 성서 율법 간의 관계

아리스토텔레스의 저서뿐만 아니라 6세기에 유스티니아누스 황제가 편찬한 고대 로마법전 역시 11세기에 서유럽에서 재발견되었다. 볼로냐에 세워진 유럽 최초 대학교는 설립 목적 자체가 로마법 연구였다. 세속적인 통치자와 교황 모두 로마법을 참고해 법률 제정에 나섰다. 로마법을 이성적인 인간 법의 본보기로 여긴 아퀴나스는 로마법이 성서에 담긴 하느님의 계율과 조화를 이룰 수 있음을 입증하려고 노력했다. 그는 이성에 기반한 인간의 법과 하느님의 계율 모두 하느님의 영원법에서 유래한다고 설명한다. 인간은 하느님의 영원법에 직접 가닿을 수 없기에 인간의 양심이라는 자연법과 성경에 담긴 계율을 통해 간접적으로만 이해할 수 있다는 설명이다. 아퀴나스에 따르면 모든 인간은 선천적으로 선과 악을 구분할 수 있는 양심이 있다. 그리고 하느님은 구약에 담긴 모세의 율법과 신약에 담긴 예수의 계시 등 성서 전반에 기본적인 도덕적 진리를 드러낸다. 인간에게 선천적인 양심이 있다면 왜 성서 율법이 필요한 걸까? 아퀴나스는 인간의 양심은 오류에서 완전히 벗어날 수는 없다고 설명한다. 우리의 양심은 특정 판단에서 실수를 범할 수도 있고 문화의 영향으로 일부 타락할 수도 있다. 따라서 성서 율법은 양심을 견제한다. 동시에 하느님의 법을 보는 우리의 해석에도 오류가 있을 수 있기에 천부적 양심의 견제가 필요하다. 이런 식으로 하느님은 인간에게 천부적 양심과 성서 율법이라는 서로 독립적으로 작용하는 도덕 길잡이 두 개를 내린 것이다.

세계 최초의 대학인 볼로냐대학

신성로마제국 시대에 설립된 볼로냐대학은 처음엔 교회법과 민법 두 개의 학부가 존재했다. 볼로냐대학처럼 유럽 역사상 최초 대학교들은 모두 로스쿨이었다. @Gaspa

물론 인간사는 매우 복잡해서 양심이나 성서보다 구체적인 안내가 필요하다. 우리의 양심은 잘못을 저지른 사람이 벌 받아야 한다고 말하지만, 입법자들이 여러 범죄와 그에 따른 결과를 세부적으로 정의해야 한다. 우리 양심은 조심해서 운전하라고 말할 수 있지만, 도로에서는 자세한 규칙이 필요하다. 비슷한 관점에서 보면 인간이 만든 기독교 교회의 법은 성서에서 볼 수 있는 보다 일반적인 원칙에서 비롯되었다. 가령 성서는 안식일을 지키라는 정도로 말하지만, 인간이 만든 교회법은 주일 미사에 꼭 참석하라는 등의 구체적인 지침을 담고 있다.

아퀴나스는 인간 입법자들은 자연법(양심)의 보편적인 원칙을 인간 법에 들어갈 구체적인 규칙으로 다듬으려면 실용적인 지혜를 활용해야 한다고 말한다. 이런 식으로 타당한 인간 법이라면 그 법이 기인하는 기본적인 도덕 원칙까지 찾아볼 수 있으므로 우리에게는 양심에 따라 인간의 법에 복종해야 하는 의무가 생기는 것이다. 그러나 부당한 법은 도덕 원칙을 어긴 법이고 도덕적인 힘도 가질 수 없다.

종교와 과학을 둘러싼 멈추지 않는 질문

마틴 루서 킹Martin Luther King, 1929~1968 목사가 감옥에서 보낸 편지들을 엮어 널리 읽힌 저서 『버밍햄 감옥에서 보내는 편지Letter from a Birmingham Jail』에서 킹 목사는 시민 불복종 운동을 정당화하면서 아퀴나스의 말을 다음과 같이 인용한다.

마틴 루서 킹
미국의 침례교 목사이자 인권운동가, 흑인 해방 운동가, 권리 신장 운동가, 기독교 평화주의자로, 미국 내 흑인의 인권운동을 이끌었다. 1964년 노벨평화상을 받았다.

"토마스 아퀴나스의 말을 빌리자면 타당하지 않은 법이란 영원법과 자연법에 뿌리를 두고 있지 않은 인간 법이다" 킹 목사는 인종 간 종속관계를 강제하는 인간의 실정법은 인간의 존엄을 해치고, 따라서 자연법과 배치된다고 주장한다.

14세기 단테가 발표한 서사시 『신곡』은 아퀴나스 사상의 영향을 받아 기독교 인본주의를 극적으로 그려낸 작품으로 평가된다. 이 작품에서 단테는 인간의 자연 이성을 상징하는 고대 로마의 시인 베르길리우스의 안내로 지옥과 연옥의 섬뜩한 광경을 보는 여정에 나선다. 베르길리우스는 단테를 천국 문 앞까지 인도하지만, 천국에 들어가려면 기독교 덕을 상징하는 베아트리체라는 여인의 안내를 받아야 한다. 자연 이성은 꼭 필요한 것이고 인간으로서의 여정에서 우리를 매우 먼 곳까지 데려가 주지만, 영생으로 향하는 마지막 관문을 통과하려면 믿음, 소망, 사랑이 필요하다는 의미이다. 예루살렘이 아테네의 업적을 보완하듯, 베아트리체는 베르길리우스의 공적을 완성한다.

눈살을 찌푸리게 하는 세속적 인본주의와 종교적 원리주의 간 극렬한 갈등을 목격하는 현대인들에게 아퀴나스의 사상은 그 어느 때보다 시사하는 바가 크다. 미국 기독교 집단을 비롯한 많은 기독교인은 다윈의 진화 이론이 창세기의 천지창조와 양립할 수 없다고 주장한다. 아퀴나스는 하느님이 단 6일 만에 천지를 창조했다는 이야기는 문자 그대로 읽어서는 앞뒤가 맞지 않는다고 지적한다. 태양은 4일째까지 만들어지지 않았기 때문이다. 따라서 성서에서 말하는 '일日'은 우리가 흔히 말하는 하루일 수 없다. 성서는 제대로 해석하면 과학에 배치되지 않는다. 또한 오늘날 많은 세속적 인본주의자가 현대 과학이 하느님의 존재를 부정했다고 주장한다. 과학은 관찰과 실험을 거쳐야 하는 실증적인 문제만 다루는데 어떻게 이런 부정이 가능하단 말인가? 과학 역시 잘못 해석될 수 있다. 심지어 과학자도 과학을 잘못 이해할 수 있다.

수 세기에 걸쳐 격렬한 논쟁이 벌어지긴 했지만, 아퀴나스는 여전히 믿음과 이성, 즉 종교와 과학은 인간의 몰이해만 아니면 대립할 일이 없다고 강조한다. 하느님은 자연이라는 교과서에서 하나를 가르친 다음 이를 성서에서 부정하지 않는다.

|||||||||||||||||||||||||||||||||||||||||||||||||||||||||||||||||||||||||||||||||||||||||||||

3부 근대

|||||||||||||||||||||||||||||||||||||||||||||||||||||||||||||||||||||||||||||||||||||||||||||

08

냉정한 현실주의자 니콜로 마키아벨리

정치는 도덕으로부터
구별된 고유의 영역이다

Niccolò Machiavelli. 1469~1527

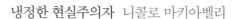

르네상스 시대의 사상가이자 정치철학가. 레오나르도 다빈치와 함께 르네상스
인의 전형으로 알려져 있는 그는 정치의 문제를 플라톤이나 아리스토텔레스,
키케로 등이 이야기하는 도덕·윤리학적인 이상주의, 원칙론의 영역에서 분리
하고 현실 세계로 가지고 내려옴으로써 근대 정치학을 탄생시킨 원류로 평가
받고 있다. 저서로는 『군주론』, 『로마사 논고』 등이 있다

시골로 추방당한 정치 중독자

지금으로부터 500년 전, 이탈리아 르네상스가 한창이던 시절에 전직 공무원이자 현재 무직인 한 남자가 피렌체 남쪽 근교의 작은 마을 산탄드레아의 소박한 시골 농장 서재에 앉아 통치의 기술에 대해 자신이 아는 모든 것을 글로 쏟아붓고 있다. 그의 희망은 피렌체의 새로운 통치자에게 이 글을 바치고 자신이 열렬히 사랑한 일자리를 되찾는 것이다. 하지만 새로운 군주는 무명의 추방당한 관리가 가진 통치에 대한 견해 따위에 전혀 관심이 없었고 그의 원고는 처참하게 무시당한다.

이 남자, 니콜로 마키아벨리의 글은 그가 죽은 지 5년이 흐른 뒤에야 비로소 '군주론'이라는 제목으로 세상에 나왔다. 마키아벨리는 외교관으로서 또 공무원으로서 14년 동안 쉼 없이 조국 피렌체에 절대적으로 헌신하며 일했다. 피렌체를 대표해 유럽 왕궁과 외교관저를 방문했고 교황, 통치자, 절대군주를 만났다. 마키아벨리는 자신의 조국을 이토록 사랑했지만, 메디치 가문이 피렌체를 점령하는 과정에 그가 할 수 있는 일은 사실상 없었다. 그는 즉시 직위를 박탈당하고 체포되어 고문을 당한 후 추방당했다. 그는 팔을 등 뒤로 결박해 건물 지붕 위에 설치된 도르래에 매달아 공중으로 높이 들어 올린 후 뚝 떨어뜨려 탈골

메디치 가문
14세기부터 17세기까지 300년간 피렌체를 지배한 가문이다. 피렌체를 예술과 인문주의가 융성한 환경으로 만들어 르네상스의 탄생과 발전을 이끌어내는 데 큰 역할을 했다.

을 유발하는 고문 방식인 스트라파도를 여섯 번이나 당했다. 그는 의연하게 이를 받아들였으며 심지어 이에 관해 재미있는 소네트도 몇 편 썼다. 새로운 피렌체 군주의 숙부이며 교황으로 추대된 레오 10세가 특사를 보내 대사면을 받아 간신히 처형은 면했으나 그는 딱히 이 일에 원한을 품지는 않은 것으로 보인다. 르네상스 정치판에서 고문은 '공정한 게임'의 일환이었으며, 그는 『군주론』에서 고문을 더 심하게 옹호하기도 했다. 하지만 그가 도저히 참을 수 없었던 것은 짜릿함으로 가득한 정치판의 생생한 삶에서 밀려나고 영혼보다 더 사랑했던 도시에서 쫓겨난 것이었다. 그는 도시의 삶이 주는 끊임없는 자극과 위험, 흥분이 절실하게 그리웠고 시골의 일상은 미치도록 지루했다. 그는 지루함을 떨치기 위해 읽고 썼고, 전원생활의 무기력함에서 주의를 돌리기 위해 개똥지빠귀를 쫓고 여관 주인들과 소일거리를 즐기며 시간을 보냈다.

피렌체 정치의 중심지이자 자신의 일터였던 베키오궁이 감질나게 가까운 거리에 있었지만, 유배 중인 마키아벨리는 달의 어두운 반대편에서 사는 편이 더 나았을 것이다. 그는 조카에게 사랑하는 피렌체에서 떨어져 지내니 몸은 비록 건강해도 다른 곳은 다 병들었다고 고백했고, 친구에게는 추방 생활로 자신이 썩어 들어간다고 불평했다. 로마의 부유한 권력가에게 아주 적은 보수만 받겠으니 자문 역할을 맡길 수 있겠냐는 제안도 보냈다. 조국에 봉사하고자 하는 일념이었다. 말년에 잠깐 정치적으로 부활하는 듯했으나 매우 제한적인 역할을 맡았을 뿐이다. 그의 황금기는 이미 끝난 후였다. 알려진 바로는 마키아벨리가 임종 시 말한 마지막 소원은 천국에

서 선한 이, 정의로운 이들과 함께 영원한 무료함을 견디느니 차라
리 지옥에서 고대의 뛰어난 사상가들, 통치자들과 함께 정치를 논
하며 지내는 것이었다 한다.

『군주론』의 냉혹한 매력

엄밀히 말해 마키아벨리는 철학자도 아니었고 특출하게 체계적
인 사상가도 아니었다. 『군주론』은 엄정한 철학 논문이 아니나 한
편으론 그 덕에 인기가 쉽게 식지 않은 면도 있다. 그러나 마키아벨
리가 보여준 정치적 삶의 본질에 대한 날카로운 성찰과 놀라운 과
감함, 그리고 독창성으로 『군주론』은 위대한 정치사상서 중에서도
손꼽히는 수작의 위치를 오랫동안 누려왔다.

마키아벨리는 이름 자체가 형용사로 쓰이는 몇 안 되는 저자 중
의 한 명으로, 일반적으로는 통치자에게 거침없는 권력 추구 과정
에서 윤리 따위는 무시해버리라고 충고한 냉혹한 현실주의자로 알
려져 있다. 『군주론』은 살인과 기만, 전쟁 등을 통치자가 권력을 유
지하고 영광을 얻기 위한 정당한 수단이라 용인하고 있으니, 이와
같은 평가가 근거 없지는 않다. 마키아벨리는 세월을 견디는 국가
와 제국을 세워 영예로움을 얻은 정치가는 그 누구보다 높이 샀지
만, 권력을 얻은 후 짧고 잔인한 통치를 시행한 독재자는 비난했다.
그러면서도 정치사에 흔하디흔한 실패보다는 차라리 영예롭지 않
은 권력이 훨씬 낫다고 평가했다. 역사상 무수한 정치인, 정치가, 통

치자가 실패했는데, 이들은 정치적 삶의 혹독한 진실을 제대로 이해하지 못했거나 혹은 이해했더라도 제대로 대처할 의사나 능력이 없었기 때문에 권력을 잃었다.

마키아벨리는 플라톤이나 아우구스투스처럼 독자에게 상상 속의 공화국을 보여주기보다는 자신이 코앞에서 목격한 실제 정치의 냉엄한 현실을 보여준다. 물론 플라톤, 아리스토텔레스, 아우구스투스도 정치 현장을 가까이서 관찰했고 그 야만적 실체를 이해했다. 아리스토텔레스는『정치학』에서 독재자가 권력을 유지하는 방법을 목록으로 만들었는데 이 목록에는 마키아벨리가 추천한 책략이 모두 포함되어 있다. 차이는 아리스토텔레스와 같은 고대의 지식인들은 잔인성과 비도덕성은 결국 자기를 파괴하게 되리라 봤지만, 마키아벨리는 그것이 자기를 지키는 성질이라고 판단한 것이다. 마키아벨리의 관점에서 보면 어설픈 잔인성이란 이탈리아 르네상스기에는 종종 단명을 수반한 정치적 실패로 귀결된다. 때는 이탈리아 르네상스의 절정기였고 그는 용서라고는 모르는 정치의 모습을 두 눈으로 똑똑히 목격했다. 당시는 미켈란젤로와 체사레 보르자 Cesare Borgia, 1475~1507의 시대, 우아한 문화와 저열한 정치가 혼재하는 시대였다.『군주론』이 동시대인들을 가장 경악시킨 부분은 마키아벨리가 당시에는 흔했던 이런저런 정치적 책략을 제시해서가 아니라 적수

체사레 보르자
르네상스 시대 이탈리아의 전제군주이자 교황군 총사령관. 아버지이자 교황인 알렉산데르 6세의 지원으로 중부 이탈리아의 로마냐 지방을 정복해 지배했다. 잔인한 책략으로 유명했으며, 마키아벨리는 그를 이상적인 모델로『군주론』을 집필했다.

의 가문을 몰살하는 등의 전략을 옹호하며 뻔뻔할 정도로 직설적인 문체를 사용한 것이다.

정치는 폭력의 경제다

그렇기는 하지만 마키아벨리가 단순히 정치를 하려면 내키지 않더라도 윤리의식을 한쪽 구석에 치워놓고 결과를 얻어야 한다고 주장한 것은 아니다. 늘 혹독한 실전 정치 상황에서 통치자는 선과 선 혹은 선과 악 사이에서 고민하기보다는 악과 또 다른 악 중 하나를 선택해야 하는 경우가 많다. 이런 비극적인 상황에서는 비록 잔인하고 역겨울지라도 최악보다는 차악을 고르는 것이 윤리적으로 옳은 선택이다. 이는 정치 윤리의 고전적인 딜레마로서 현재는 '더러운 손의 문제The Problem of Dirty Hands'라 불린다. 더러운 손의 문제를 맞닥트린 정치인은 비록 정도의 차이는 있겠으나 어느 하나 도덕적 비난을 면치 못할 악 중 하나를 선택해야 한다. 마키아벨리는 『군주론』 탈고 후 『로마사 논고』를 쓰며 이를 언급한다. 태도는 아주 명료하다. '행위가 그 사람을 비난하더라도 그 행위의 결과가 그 사람을 용서한다'는 것이다. 마키아벨리의 관점에서 더 심각한 악을 막기 위해 기꺼이 차악(기만, 고문, 살인 등)을 저지를 단호한 통치자는 존경과 존중을 받아야 한다. 마키아벨리는 흔히 생각하듯 비도덕 혹은 부도덕한 인물이 아니라 목적이 수단을 정당화한다 생각한 윤리적 결과론자였다. 정치적 목적을 달성하기 위해 윤리를 한쪽으로 치워두는 것이 아니라 추구하는 목적의 관점에서 도덕성을 재정의해야 한다고 주장한 것이다. 정치에서 수단으로 까탈을 부리면 목적 달성이 멀어지기 십상이었는데, 마키아벨리에게는 이 것이야말로 진정 중요한 문제였다.

『군주론』에도 썼듯 이러한 진실은 그가 토스카나의 피스토니아라는 도시를 방문했을 때 명백해졌다. 당시 피렌체의 속주였던 피스토니아는 두 숙적 가문으로 양분되어 내전이 발발하기 직전이었다. 피렌체는 양 진영을 중재하기 위해 마키아벨리를 파견했다. 마키아벨리는 상황이 이미 악화할 대로 악화했으니 필요하면 피렌체가 유혈사태까지 각오하고 무력으로 개입해야 한다 보고했다. 그러나 야만적이라는 평판을 얻을까 두려워한 피렌체의 정치가들은 그의 제안을 받아들이지 않았다. 마키아벨리가 두려워한 상황은 곧 현실이 되었고, 피스토니아는 거대한 혼란에 빠져 엄청난 폭력 사태와 파괴로 고통받았다. 상황은 피렌체인들이 마키아벨리의 충고를 받아들여 조기에 잔인하게나마 개입했을 경우 발생했을 폭력과 파괴보다 심각했다. 피렌체의 무력 개입은 이 경우 차악의 선택일 수 있었다. 철학자 카이 닐슨Kai Nielsen,1926~의 '악과 또 다른 악 중 하나를 골라야만 할 때 절대 틀릴 수 없고 언제나 올바른 것은 차악을 선택하는 것이다'라는 주장을 눈여겨볼 만하다. 때에 따라서는 비록 그 성격은 혐오스럽지만 최악을 막아준다는 면에서 선이라는 결과를 낳는 선택을 하는 것이 도덕적으로 옳은 일이고 심지어 의무이기도 하다. 이것이 바로 마키아벨리가 통치자가 더 악한 결과를 막기 위해 악행을 신중하게 시행했다면 '잔인성이 적절히 사용됐다'라고 한 이유이다. 악행으로 악행을 예방하는 것이 군주의 측은지심이다. 마키아벨리식 정치는 일종의 폭력의 경제로, 성공적인 군주는 악행을 적절한 시점에 적절한 정도로 시행해 국가를 보전하고 차악을 신중히 사용해 최악을 통제한다.

현실 정치의 관점으로 미덕을 재정의하다

마키아벨리가 『군주론』에서 보여준 중요한 독창적 사고 중 하나는 미덕을 재정의한 것이다. 그는 무자비함, 교활함, 기만 그리고 전통적인 기준에서의 악행을 서슴없이 저지르는 과감함 등을 정치적 성공으로 가는 자질과 기술이라 보았다. 그가 부정한 미덕의 전통적인 개념은 고대 로마의 정치가 키케로가 『의무론』에서 기술한 개념이다. 이 책은 르네상스인들이 가장 많이 읽고 필사한 라틴어 고전으로, 키케로는 도덕적으로 선한 통치자만이 성공적인 통치자라 주장했으며, 선함이란 지혜, 정의, 절제, 용기라는 기본 미덕 네 가지와 함께 정직을 실천하는 것이라고 설명했다. 키케로는 사리사욕과 책략이 윤리적 선함과 상충한다는 믿음은 오류일 뿐 아니라 공적인 삶과 도덕성이 심각하게 부패한 결과라 생각했다. 르네상스 시대 유럽의 이러한 이상적인 정치관은 살아생전의 죄와 부정이 사후 하느님의 처벌로 이어진다는 기독교적 믿음으로 공고해졌고 기본 미덕에는 세 가지 종교적 미덕인 믿음, 소망, 사랑이 더해졌다. 마키아벨리는 키케로와 기독교도들의 윤리관이 완고하고 비현실적이며 득보다는 실이 많은 생각이라 보았다. 늑대가 우글거리는 정치라는 불완전한 세상에서 양처럼 순진하게 이상적인 도덕성을 고집하면 재난을 부르게 마련이다. 마키아벨리에게 인간은 '배은망덕한 변덕쟁이이며, 거짓말을 일삼는 사기꾼이고, 위험은 겁내지만 이득은 탐하는 욕심쟁이'이다. 그러니 그에 걸맞게 대해야 한다. 마키아벨리의 정치는 강한 남자인 '마초'의 정치로, 이런 정치에서는 어떤 독창성을 보여주거나 세월을 견뎌낼 성과물을 창조하지 않고 권력 유지만을 목적으로 버텨낸 자보다, 새로운 체제를 수립하려 시도하는 자, 즉 가장 과감한 도박꾼이 제일 큰 보상을 쓸어간다. 마키아벨리는 기독교가 설파하는 성스러운 하느님의 섭리를 버리고 운명 혹은 운이라는 속세의 개념을 취했다. 그가 볼 때 운은 여성적이고 미덕은 남성적이다. 『군주론』에서 그는 운을 여성으로 묘사한 것으로 악명이 높은데, 진정 남자다운 남자가 상황에 의지를 개입하려면 무력으로 이 운을 굴복시켜야 한다고 썼다. 전통적으로 운은 여성적('행운의 여신')으로 표현되었지만 주로 무해한 장난꾸러기 정도로 묘사되었다. 마키아벨리의 손에서 이 여성은 변덕스럽고 사악한 여신으로 변신한다. 여신은 남자의 계획을 뒤집어엎어 혼돈과 불행으로 빠트리며 즐거워한다. 기독교가 하느님의 뜻에 복종하라 설교했다면, 마키아벨리는 미덕을 갖춘 통치자라면 손에 피를 묻힐 각오로 과감하고 단호하게 자신의 의지를 어느 정도는 운명에 반영해야 한다고 주장했다.

정치가 언제나 불완전한 세상에서 이루어지는 일이라면

　마키아벨리는 더러운 손이 현실 정치의 피할 수 없는 부분이라 당당히 기술하고 더러운 손이 가진 찜찜한 윤리적 함의를 서슴없이 받아들인 서양 최초의 저자 중 한 명이다. 그는 이를 부정하는 정치인은 현실 감각이 없을 뿐 아니라 시민을 더 큰 악과 불행의 구렁텅이로 불필요하게 끌어들인다고 주장했다. 이는 오늘날 우리도 한 번쯤 마음에 새겨봄 직한 주장이다. 정치인이 종종 완벽한 세상에서라면 옳지 못하다 평가받을 행위를 저지르면 우리는 비난하고 싶은 충동을 느끼곤 한다. 하지만 정치라는 세상은 과거 그 어느 때도 완벽하지 않았고 앞으로도 절대 완벽하지 않을 것이다. 전쟁 중에는 선을 위해 악을 행해야 할 때가 발생하는 것처럼 정치는 마키아벨리에게 일종의 전쟁이었다. 그러나 치열한 이탈리아 르네상스 시대 정치에서 그가 필수라 보았던 전략을, 법치와 언론의 자유가 보장되어 정부가 끊임없이 검시, 검열당하고 공격받으며 정치가의 행동이 대중에게 낱낱이 공개되는 현대의 열린 사회, 민주주의 사회에 적용하기는 쉽지 않다. 물론 정치인은 여전히 거짓말을 하고 부패를 저지르며 전쟁을 일으키고 심지어 들키지 않고 넘어갈 기회도 많지만, 마키아벨리 시대 이래 악행에 뒤따르는 대가는 비교할 수 없이 커졌다.

　세상이 변했으니 당연히 『군주론』 내용 중에도 이제는 유효하지 않은 주장도 있다. 이는 그 어떤 정치사상서도 마찬가지이다. 그 설득력을 시대를 거슬러 고스란히 보전하는 책은 사실상 없다. 그러나 모든 정치사상서가 시대와 상황을 초월하는 뛰어난 통찰과 충고를 담고 있는 것은 아니다. 이를 성취한 예외적으로 뛰어난 작품 중에서도 『군주론』은 분명 최고의 작품 중 하나이다.

09

평화를 사랑한 절대주의자 토머스 홉스

평화를 보장하는 방법은
오직 전능한 군주에서 비롯된다

Thomas Hobbes. 1588~1679

영국의 정치철학자. 17세기 근대 정치과학 설립기의 대표적 철학자이자 최초의 민주적 사회계약론자이다. 교황의 권력을 강도 높게 비판한 대표작『리바이어던』을 출판한 이후 이단 혐의를 받아 모든 영어 저작의 출판금지처분을 받기도 했다. 『리바이어던』은 사회계약 이론을 확립하고 서구 근대 정치철학의 토대를 구축했다고 평가받는다.

공포와 함께 태어난 철학자

토머스 홉스가 50대 중반이던 1642년에 발발한 영국 내전은 그의 인생을 결정한 중요한 사건이었다. 이전의 그는 주목받지 않고 평화롭게 살며 귀족 가문에 교육과 자문을 제공하는 재야의 학자였다. 하지만 올리버 크롬웰Oliver Cromwell, 1599~1658과 그 추종자들이 찰스 1세의 권위에 반기를 들면서 영국이 내전 상황으로 빠지자 홉스의 평화로운 삶도 위기에 처했다. 홉스는 사태의 냄새를 감지하자마자 영국이 언제 어떻게 끝날지 모르는 분쟁의 나락으로 떨어지기 전에 안전한 프랑스로 피신했다. 이미 이전에 유럽을 발기발기 찢어놓고 유례없이 초토화한 30년전쟁(1618~1648)을 일부 겪었고 겁까지 많았던 그는 비슷한 사태가 전개되는 동안 영국에서 얼쩡거릴 마음이 전혀 없었다.

올리버 크롬웰
영국의 군인이자 정치가. 청교도혁명에서 왕당파를 물리치고 공화국을 세우는 데 큰 공을 세웠다. 1653년에 통치장전을 발표하고 호국경에 오른 후 엄격한 청교도주의에 의한 독재정치를 단행하였다.

공포는 홉스의 삶과 저작을 관통하는 주제이다. 아리스토텔레스는 인간이 본래 정치에 이끌리게 마련이며 열정적으로 정의를 추구한다고 봤다. 홉스는 자연 상태를 둘러싼 두려움이 인간을 정치로 몰아간다고 믿었다. 인간은 정치 이전의 야만적 상태에서 비명을 지르며 뛰쳐나와 공포에서 우리를 보호해주는 그 어느 국가의 품에라도 뛰어든다. 홉스는 열정이 이성을 지배하고 공포는 우리가 가진 열정적 감정 중 가장 강력하다고 주장했다. 그는 스페인 무적함대가 영국 침공을 시작한 바로 그해에 태어났다. 1588년 4월 5일 아침 홉스의 어머니는 '스페인의 영국 침공 소식에 놀라서 분만을 시작했다'라고 전해지는데 이에 홉스는 자신이 공포라는 쌍둥이 형제와 함께 태어났다 여겼다.

크롬웰이 애초에 홉스가 지지했던 왕당파를 물리치고 스스로 호국경Lord Protector의 자리에 오르자 홉스는 슬그머니 프랑스 망명 생활을 정리하고 돌아와 새로운 정권과 우호적 관계를 형성했다. 그러나 크롬웰 사후 새로운 왕 찰스 2세가 영국으로 돌아와 왕좌를 회복하면서 다시 곤란한 처지에 놓였다. 망명 생활 동안 왕정 지지를 철회한

호국경
원래 영국에서 왕권이 미약하였을 때, 왕을 섭정하던 귀족에게 붙이던 호칭이었다. 잉글랜드와 스코틀랜드 왕정의 역사에서 호국경이 왕을 보좌한 경우가 여러 차례 있었다. 그러나 영국에서 왕정이 일시 폐지된 이후인 1653년, 통치장전을 통해 호국경은 잉글랜드 연방의 최고통치자의 직위로 규정되고 올리버 크롬웰이 호국경이 되어 기존 왕의 자리를 차지했다.

데다 17세기 영국에서는 불온한 사상이었던 무신론자라고 알려져 집중 공격을 받게 된 것이다. 그는 비정통적인 정치 견해로 다수의 분노를 샀고 주변에 적이 많았다. 의회가 나서 그를 이단으로 조사하기 시작했으나 홉스의 옛 제자였던 새로운 왕이 예전 스승에 대한 애정으로 그를 보호해주었다. 결과적으로 홉스는 위험한 시대에 목숨을 잃을까 두려움에 떨며 여생을 보냈고 위태로운 상황도 몇 차례 겪었으나 91세까지 무사히 살아남았다. 파란의 17세기에는 보기 드물게 장수한 것이다.

이성이 아닌 군주의 권력이 우리를 구원하노니

홉스는 비록 성격은 소심했지만, 작품 속에서는 놀라운 지적 용기를 보여주며 당시 지배적이었던 여러 사상에 의문을 제기했다. 예를 들어 뿌리 깊이 종교적이고 도덕적인 시대를 살았음에도 불변의 도덕적, 종교적 진실을 발견할 가능성에 대해서는 극단적으로 회의적이었다. 홉스에 의하면 이성적 사고로 객관적인 도덕적 진실을 발견하는 것은 불가능한데 이는 누군가 이야기하는 올바른 이성은 사실 자신의 이성이기 때문이다. 홉스는 사람들이 자신이 좋아하는 것은 '선' 혹은 '정의'라 부르고, 좋아하지 않는 것은 '악' 혹은 '부정'이라 부른다고 보았다. 그는 자연 상태의 정의 혹은 이성에 호소했던 고전적 사상가들과 달리 법적인 협약에서 답을 찾았다. 그리고 권리, 선, 정의라는 도덕의 언어를 파운드 혹은 쿼트quart(1리터에 해당하는 영미권의 부피 단위) 등 자의적인 계량 단위의 언어에 비유했다. 절대적인 파운드 혹은 쿼트는 실제 존재하지 않기 때문에 이성으로 이들을 정의할 수 없다는 설명이다.

그러한 순수한 계약의 영역에서는 계약의 진실성 여부보다 계약에 의한 합의가 존재한다는 사실 자체가 중요하다. 홉스에게는 도덕적, 종교적 혹은 정치적 이견이 정리되었는지가 중요했고, 객관적으로 얼마나 올바르게 합의가 이루어졌는지는 중요하지 않았다. 누구든 파운드와 쿼트 혹은 무엇이 선이고 정의이며 권리인지를 마음대로 정의할 권력을 지니면 군주가 되는 것이다. 조금이나마 평화로운 사회를 누리고자 한다면 인간의 지식이 극히 제한돼

『리바이어던』의 표지 이미지

이 유명한 표지에는 인간이 뭉쳐서 만들어낸 거대한 인간형의 존재가 산 너머에서 도시를 굽어
보는 모습이 그려져 있다. 이는 홉스가 국가를 "인조인간", 즉 인간이 만들어낸 거대한 인간적인
존재로 기술한 것을 형상한 것이다. 그에 비해 리바이어던이 들고 있는 지휘봉과 검 및 그 머리
는 독자적인 부분으로 이루어져 있는데 이는 정체, 즉 리바이어던이 단순한 인민의 집합체와는
구분되는 독자적 성질을 갖고 있으며, 지휘봉과 검으로 상징되는 공권력과 머리로 상징되는 정
치적 지도를 인민이 따라야 한다는 것을 상징한다.

있다는 점을 인정해야 한다. 이성은 폭력적인 도덕적, 종교적, 정치적인 무력 분쟁에서 우리를 구제할 수 없으며 오직 군주의 권력만이 우리를 구제할 수 있다. 홉스는 누구 혹은 무엇이 통제하는지보다 통제가 존재한다는 것에 더 관심이 있었다. 통제가 없다면 혼란과 죽음만이 있을 뿐이다.

선이 아닌 삶 자체라는 개념에 주목하다

홉스가 제시한 혁신적인 정치 이론 개념은 권리가 선에 우선한다는 주장이다. 플라톤과 아리스토텔레스의 고전 이론은 행복하고 번영하는 인간 삶을 위해 어떠한 선이 필요한지 규정하는 것이 최우선 과제라 보았다. 선이 규정된 후에야 비로소 선을 누릴 우리의 권리를 정의의 관점에서 정하는 것이다. 홉스는 이러한 선에 대해 회의적이었고 그래서 선이 권리에 우선한다는 고전적인 시각을 거부했다. 그의 주장은 인간의 선이나 미덕에 대해 합의를 이루는 것은 불가능하지만 모두가 합의할 최악의 상황은 딱 하나, 바로 폭력적인 죽음이라는 것이다. 이를 기초로 그는 성서에 등장하는 바다괴물의 이름을 따서, 전능한 국가를 뜻하는 『리바이어던』을 쓴다. 그러나 그가 실제 선과 권리의 우선순위를 뒤집은 것은 아니다. 그가 거부한 것은 고전적인 선이라는 개념이 또 다른 선, 즉 삶 자체라는 개념보다 우선한다는 시각이었다. 홉스가 우리에게 말하고자 하는 바는 다양한 해석이 존재하고 사실 절대 합의에 도달하지는 못할 도덕적 가치와 같은 선보다는 모두가 합의한 '삶'이라는 선이 우선한다는 것이다. '단지 삶이 아니라 선한 삶이 가치 있는 것이다'라 말한 소크라테스와 정반대의 관점이다.

　이러한 양도할 수 없는 자연권인 삶은 정부가 없으면 위험에 노출된다. 내가 나의 생명을 보호하는 데 필요한 행동이 다른 이들에게는 위협이 될 수 있고 반대의 경우도 마찬가지이다. 나에게는 방어가 타인에게는 공격일 수 있다. 내가 상대의 의도를 의심해 선제 공격을 가할 수 있고 나를 의심하는 상대가 나를 공격할 수도 있다. 서로에 대한 경외심을 유지해줄 군주주권이나 국가권력 없이는 모두가 자신 외의 타인을 두려워하고 결국 폭력적 분쟁으로 치달을 수 있는 아슬아슬한 상황이 지속된다. 더욱이 홉스는 인간이 태생적으로 사회부적응자일 뿐 아니라 타인을 통제하고 지배하려는 자연적 욕망이 있다고 보았다. 우리는 비사회적a-social이기만 한 것이 아니라 반사회적anti-social인 존재이며 만족을 모르는 탐욕스러운 존재로서 영광과 권력을 향한 '죽어서야 사그라들' 욕망이 있다는 것이다. 즉 바로 우리의 자연 상태가 분쟁의 연속이고, 그 속에서 우리는 폭력적 죽음에 대해 끊임없이 두려워하며 살게 된다. 만약 인간이 정치가 존재하기 이전의 자연 상태, 즉 질서를 부여하고 평화를 유지할 절대권력의 정부가 없는 상황에서 재량껏 살게 되면 문명의 선함을 성취하지 못함은 물론 목숨을 잃을까 두려움에 떨며 살 것이다. 지속적이고 참아내기 힘든 타인에 대한 공포와 불신 속에서 우리는 '고독하고, 불운하며, 고약하고 혹독하고 심지어 짧은' 삶을 살게 된다. 합리적인 사람이라면 누구나 굳이 이런 삶을 원할 리 없다. 합리적인 사람이라면 모두 어떤 대가를 치르더라도 이 상황에서 도망치려 할 것이다.

권위주의적 정치 이론의 자유주의적 정수

홉스는 17세기 영국을 내전 사태로 몰아간 종류의 폭력적 분란에서 우리를 구제할 목적으로만 군주의 권위가 성립된다고 보았다. 군주는 원인이 무엇이든 분쟁이 발생하면 이를 종식할 모든 권력을 지녀야 하고 바로 그 권력만을 지녀야 한다. 이 경우 원론적으로는 논란을 일으킬 만한 언사와 표현, 대학, 교회, 가족, 기업과 도시를 지배하는 군주의 권위에 그 어떤 제약도 없다. 그러나 홉스는 종교적, 도덕적 혹은 정치적 논의가 폭력적 논란으로 번질 위험이 없다면 국가권력이 상황에 개입할 근거는 없다고 보았다. 그에게 자유는 전제조건이었으며 오직 우리의 삶을 위협할 때만 통제 대상이 될 수 있다. 그리고 통제 여부를 판단할 권리와 책임은 전적으로 군주에게 있다. 군주는 이론적으로는 절대적이지만 평화를 유지할 목적으로만 개인의 삶에 개입할 뿐, 그 외에는 개인이 나름의 선을 나름의 방법으로 추구하도록 둔다. 홉스의 강력한 국가는 거대 국가일 필요도 없다. 덩치가 너무 크면 힘이 약해질 수 있다. 이로 인해 자유주의와 권위주의의 상당히 독특한 혼합체가 탄생할 수 있다.

게다가 자기 보전이라는 자연권 관점에서는 군주의 명령에 불복하는 것 또한 정당한 행위일 수 있다. 홉스가 처방하는 극단적인 정치적 해결책의 목적은 반목하는 자연 상태의 개개인에게 중재자와 판사를 제공해 평화를 유지하는 것이므로, 우리를 타인으로부터 혹은 군주 자신으로부터 안전하게 지켜주지 못하는 군주라면 이에 복종하는 것이 이치에 맞지 않는다. 예를 들어 군주가 정당하게 나를 체포하라는 명령을 내렸을 때 내가 체포를 피하고자 시도하는 일도 정당한 행위이다. 홉스에 따르면 그래서 군주가 체포 시 무장 병사를 보내는 것이다. 내가 명백한 죄를 저질러서 군주가 사형을 선고하면 나는 사형을 피하고자 노력하는 것이 합당하다. 절대권력 체제하의 그 누구도 자신의 신체를 보전할 권리를 포기할 리가 없기 때문이다. 사형선고를 받은 범죄자가 사형을 피하려 노력하는 것은 사실 가장 합리적인 행동이다. 생명이야말로 인간이 추구하는 가장 소중한 선이기 때문이다. 소크라테스는 친애하는 아테네 시민들이 자신에게 사형선고를 내린 후에도 탈출을 거부했는데 홉스는 이를 이성적인 사람의 행동이라 보기 힘들었을 것이다. 홉스는 또한 군주가 나를 군인으로 징집해 공동의 적과 싸우기를 명령한다면 내가 거부해도 정의를 위배하지 않는다고 믿었다. 군주의 지배에 나를 맡긴 것이 애초에 생명을 지키기 위함이지, 위험에 빠트리기 위함이 아니기 때문이다. 여기서 다시 우리는 권위주의적 정치 이론의 자유주의적 정수를 볼 수 있다. 홉스는 자신이 정의한 대상이 자연적인 이기성을 정치체제 속에서 극복할 것이라 예상하지도 요구하지도 않았다. 공공의 선에 헌신하는 열렬히 애국적인 시민 정신을 이상으로 보았던 마키아벨리와는 달랐다. 이러한 독특한 사고 탓에 홉스가 이야기하는 군주의 권위는 절대적으로 절대적이지만은 않은 듯하다.

홉스는 인류가 평화를 얻을 유일한 방법으로 거의 전능에 가까운 군주, 리바이어던이라는 국가를 제시했다. 그가 제안한 고도로 권위주의적인 정치체계는 결과적으로는 절대권력이라는 점에서 같지만, 하느님이 아니라 통치를 받는 쪽의 동의에 근간을 두고 있다. 홉스는 합리적인 사람이라면 누구나 안정적 정치 질서로 평화와 안전을 보장해줄 통치자의 품에 자신을 맡기는 데 동의할 것이라 확신했다. 그 반대의 선택지가 전쟁이기 때문이다. 만인의 만인에 대한 투쟁이 모든 가능한 상황 중 최악이다. 그렇다면 이를 피하려고 치러야 할 대가가 그 외 소중한 모든 것을 포기하고 절대권력을 지닌 통치자의 지배를 받는 것이라 할지라도 비싸다고 할 수 없다. 홉스는 극단적으로 보이는 문제에 극단적인 정치적 해결책을 제시했다. 내전을 겪으며 정치의 본질로 돌아갔고 거의 절대적인 권력을 지니고 그 권력을 통해 평화 유지와 백성 보호라는 궁극적 목적을 달성할 군주가 필요하다 깨달았다. 홉스가 볼 때 시민 질서의 붕괴를 예방하려면 그 정도의 권력이 필요했다. 평화와 안전은 다른 선이 존재하는 데 필요한 사전 조건이며 따라서 여타의 선을 누리기 전에 먼저 확보되어야 할 선이다. 근대 철학자 버나드 윌리엄스Bernard Williams, 1929~2003가 작품에서 언급했듯 합법적 국가가 최우선으로 답할 정치적 질문은 어떻게 질서와 안전을 확보하느냐이다. 그 외 것은 모두 차후의 일이다.

아리스토텔레스는 사상 최악의 스승

홉스의 정치학에서는 이상적 가치의 비중이 거의 없다. 홉스는 이상적 가치가 기존 질서와 체제에 대한 불만을 키우고 분쟁 혹은 내전으로까지 이어질 불화를 조장하기 때문에 극도로 위험하다고 생각했다. 이것이 바로 그가 아리스토텔레스를 '사상 최악의 스승' 이라 경멸한 이유이다. 아리스토텔레스는 인간이 선천적으로 정치 적인 존재라 여겼으며 미덕과 행복을 정치적 삶의 중심에 두고 미 흡한 형태의 정부와 선한 형태의 정부를 구분했다. 여성의 공공 참 여도 배제했다. 그의 이론은 영향력이 대단했지만, 홉스에게는 단 지 오류일 뿐 아니라 부재 시 무질서를 초래할 강력하고 안정적인 정부의 수립을 저해하는 생각일 뿐이었다. 홉스는 아리스토텔레스 가 무지한 무정부주의자이며 정의와 미덕에 대한 아리스토텔레스 의 생각이 완벽하지 못한 모든 것에 불만을 조장해 세상을 위험에 빠트린다고 보았다. 홉스는 또한 서구의 역사에서 남성과 여성을 동등하게 취급한 최초의 철학자 중 하나이다. 그가 볼 때 여성이 군 주가 되지 못할 이유가 없다.

죽음을 둘러싼 서로 다른 생각들

오늘날처럼 테러에 취약한 시대에는 당연히 많은 이가 홉스의 정치적 견해에 쉽게 공감할 것이다. 테러의 위협, 혹은 최소한 테러에 대한 인식이 늘어날수록, 사람들은 국가의 최우선 과제인 안전을 위해 자유와 사생활 같은 다른 선을 포기할 준비가 된다. 홉스는 견제가 없는 정치권력을 옹호하는 자신의 주장에 폭력적 죽음을 향한 이성적이고 분별 있는 두려움을 지닌 사람만이 공감할 것이라는 점을 알고 있었다. 하지만 목적을 위해 목숨을 바칠 각오가 되어 있는 사람들은 죽음을 최고의 악이라 여기지 않는 것도 알고 있었다. 여기에서 홉스의 주장에 대한 반론이 제기될 수 있지만, 홉스는 이런 반론이 비합리적이라고 말할 뿐 답은 주지 않는다. 홉스주의적 관점으로는 합리적이지 못한 이가 많다. 그들은 신념을 위해 기꺼이 살인하고 기꺼이 목숨을 바치고자 한다. 이 사람들이 홉스의 리바이어던을 옳은 길이라 인정하게 만들 방법은 무엇일까?

10

근대 헌법의 바탕을 이룬 존 로크

정당성 없는 국가권력에
복종할 의무는 없다

John Locke. 1632~1704

영국의 철학자이자 정치사상가. 계몽철학 및 경험론 철학의 원조로 일컬어진다. 자연과학에 관심을 가졌고, 교육에 많은 관심을 보여 소질을 본성에 따라 발전시켜야 한다고 주장했다. 저서로 『인간오성론』, 『통치론』 등이 있다.

피신으로 완성한 철학

토머스 홉스가 영국 내전의 소용돌이를 피해 프랑스로 피신하고 한 세대가 지난 뒤 존 로크도 비슷한 이유로 영국을 버리고 네덜란드로 피신했다. 당시 그는 의학자로서 옥스퍼드에서 연구원으로 살고 있었다. 그곳에서 후에 대법관에 임명되는 섀프츠베리 백작1st Earl of Shaftesbury, 1621~1683의 주치의이자 비서직을 맡았다.

하지만 섀프츠베리 백작은 잉글랜드와 스코틀랜드를 지배하는 스튜어트 왕조에 반기를 들었고, 이로 인해 자신뿐만 아니라 충실한 심복인 로크까지도 왕권의 의심을 받게 된다. 국왕과 그의 형제를 암살하려는 시도에 가담했던 백작은 대역죄로 몰려 투옥됐다 풀려난 후 결국 프로테스탄트의 나라인 네덜란드로 피신했고 얼마 후 그곳에서 세상을 떠났다. 잉글랜드에 남겨진 로크는 강력한 후원자이자 보호자를 잃었다. 긴장감이 높아진 정부는 로크를 궁지로 몰아넣기 시작했다. 비록 로크가 암살 시도에 직접 가담하지는 않았지만 친왕조 성향의 옥스퍼드대학이 그를 향해 올가미를 죄어왔다. 대학 측은 '비난받을 만한 교리' 목록을 발표하고 로크가 해당 교리들을 지지했다고 주장했다. 마침내 로크는 영국 해협을 건너 상대적으로 안전한 네덜란드로 피신해야 할 때가 왔다고 결론지었다.

로크가 피신하자 그의 충성에 대한 의심이 커진 정부는 옥스퍼드대학 학장에게 그를 즉각 해임할 것을 요구하는 서한을 보냈고, 옥스퍼드는 이를 소명하라며 로크를 소환했다. 상황 판단이 빨랐던 로크는 직접 가는 대신 서한으로 응했고, 모든 혐의에 대한 결백을 주장했다. 하지만 잉글랜드 왕이 네덜란드 정부 측에 잉글랜드 왕조의 권위를 저해하는 죄로 영국에서 추방할 요량으로 작성해 보낸 주요 인물 블랙리스트에도 로크의 이름이 추가됐다.

1688년에 프로테스탄트 성향의 네덜란드 총독 윌리엄이 가톨릭 성향의 잉글랜드 왕을 전복하기 위한 군대를 이끌게 되고 이에 잉글랜드 왕이 피신하면서 상황은 로크에게 긍정적인 방향으로 전개된다. 윌리엄이 왕위에 오르고 이제 고국으로 귀환하는 편이 더 안전해진 로크는 고국으로 돌아와 자유, 종교적 관용, 제한된 헌법 정부를 옹호하는 책과 논고 등 다양한 집필 활동을 펼친다. 그의 사상은 후에 미국 헌법 제정자들에게 지대한 영향을 미쳤고, 이들은 후에 영국의 군주와 분쟁을 벌이게 된다. 또한 제한된 정부, 자연권, 자유와 사유재산을 둘러싼 로크의 사상은 18세기 말에 정립된 미국의 정치체계에도 상당한 영향을 미쳤다. 따라서 오늘날 우리가 사는 세상은 미국 중심의 세상이며 사실 그만큼 로크 사상에 기반한 세상이다.

정부 없이도 살 수는 있다

선대의 홉스와 마찬가지로 로크는 정부가 없는 경우의 삶을 가정하는 것으로 정부의 본질에 대한 사유를 시작했다. 그가 가정한 자연 상태는 비관적이고 겁이 많았던 홉스가 상상한 것처럼 참을 수 없는 만인에 대한 만인의 투쟁 상태가 아니다. 중도적인 로크는 홉스가 가정했던 '정부가 없는 상태의 악몽 같은 인간의 상황'을 무정부적이고 끊임없이 두려운 상황이 아니라 불안정하고 불편한 자연의 상태로 봤다. 그는 정부가 없는 삶은 이상과는 거리가 멀지만 힘들게나마 참을 수 있는 정도라고 봤다. 그에 따르면 인간은 천부적으로 자유롭고 자신의 신체에 대한 천부적 소유권을 가지고 있지만(즉 아리스토텔레스의 신념과는 반대로 천부적인 노예란 없다는 뜻), 정부가 부재할 때 이기적인 인간이 상호작용하는 자연 상태에서 필연적으로 발생하는 분쟁과 갈등을 중재하는 공동의 권력은 존재하지 않는다. 따라서 우리의 자유와 생명은 자연권을 보호하기 위해 정부가 집행하는 법체계 없이는 위험에 처할 수밖에 없다. 이런 이유로 로크는 이러한 상태를 견딜 수는 있지만, 인간의 자연권을 감시하고 보호하는 제한된 정부를 세워야 한다고 주장했다.

개인의 사유재산에 집중하다

로크의 정치사상의 가장 큰 특징은 개인들이 정부를 설립하는 주된 이유는 바로 자연 상태에선 항상 위험에 빠지는 '자신의 재산을 보전'하는 것이라는 주장이다. 그가 말한 '재산'에는 개인의 생명도 포함된다. 로크의 추론에 따르면 원래 하느님은 '공동의 세상을 모든 인류에게 주었고' 따라서 그 누구도 자신의 신체 외에는 천부적으로 소유하지 않는다. 하지만 하느님은 또한 인간에게 노동으로 세상을 다스리고 삶을 위해 세상을 개선하라고 명령했다. 청교도인 로크는 '게으름을 피워서는 안 된다'라고 설교했다. 이 세상은 근면 성실하고 합리적인 자들의 쓸모를 위해 존재한다. 인간은 자연 상태에서는 쓸모없는 일에 노동을 더해 이를 유용한 산물로 만들어 부와 복지를 늘릴 수 있다. 이로써 이들은 천부적인 인류의 '공동 세습재산의 일부'에서 이를 활용하기 위해 노동한 '개인의 사유재산'으로 탈바꿈한다. 로크는 인간은 이런 방식으로 자신이 제조한 모든 것들을 정당하게 소유한다고 믿었다. 하지만 인간의 생명과 자유라는 사유재산은 개인의 소유물을 존중하지 않는 자들로부터 스스로 보호해야 하는 자연 상태에선 매우 위험하다. 로크는 정부란 이렇게 위험한 상태의 자연권을 보호하기 위한 법, 사법, 권력 체계를 갖추고 우리의 재산을 보존하기 위해 설립됐다고 주장했다. 범죄자를 처벌하고 자연법을 집행하기 위해서 개인은 스스로 개인의 권리를 정부에 넘겨야 하고, 법에 복종하는 대가로 정부는 개개인이 독립적으로 행동할 때보다 정의를 더욱 공평하고 효과적으로 베풀 수 있다. 이것이 바로 정부의 근원이자 목적이다.

　로크가 생각한 사유재산의 신성함의 예외는 바로 굶주림처럼 긴급한 욕구로, 필요 이상으로 물질을 가진 다른 사람의 것을 어쩔 수 없이 훔치게 될 때이다. 그는 '하느님은 인간이 다른 인간의 자비에 기대어 먹고자 한다면 굶지 않도록 하셨다'라는 주장으로 이 생각을 뒷받침했다. 따라서 만약 스스로와 가족을 먹여 살리기 위해서, 개인이 먹을 수 있는 양 이상을 가진 자로부터 빵 한 덩이를 훔쳐야 한다면 정당하게 훔칠 수 있다. 그 외의 경우 도둑질은 잘못된 행동이며, 이를 방지하고 벌하는 것은 정부의 책임이다. 이런 예외는 오늘날 전 세계에서 볼 수 있는 빈곤층 문제에 매우 급진적인 시사점을 던진다. 현재 매년 수백만 명이 굶고 있으며, 이렇게 굶주림에 직면한 상황이라면 부자들이 가진 여유분에 대해 정당한 권리를 요구하는 것이 허용되기 때문이다. 선진국에서 개발도상국으로 부를 급진적으로 이전하는 것이 정당하다고 암시하는 듯하다.

우리에겐 반역할 권리가 있다

홉스와 마찬가지로 로크는 정부란(아리스토텔레스의 주장대로) 자연스러운 것 또는 천부적인 것이라기보다는 인간의 이익을 보호하기 위해 합의를 기반으로 만든 인간의 창조물로 보았다. 하지만 그는 홉스가 주장한 전제군주제보다는 권한이 제한된 입헌군주제를 선호했다. 국가가 부재한 상황의 삶은 홉스가 두려워한 것처럼 못 참을 정도는 아니기 때문에 로크는 자연 상태에서 우리가 서로를 희생양으로 삼는 상황보다 폭정이 더 심각할 수도 있는 상황에서 그런 군수에게 스스로 완전히 복종해야 할 이유는 없다고 봤다. 따라서 국가를 성립하는 계약에는 조건이 있다. 로크는 홉스보다 문제를 덜 극단적으로 보았기 때문에 해결책 또한 그러했다. 우리의 생명, 자유, 재산을 보호하는 것이 역할인 군주가 이런 것들을 보호하지 않는다면 당초에 군주를 세우게 된 계약을 깨는 것이고, 이런 경우 우리는 이 군주에게 더는 복종할 의무가 없다. 다시 말해, 정치 사회의 피통치자들은 통치자에게 반역할 권리가 있다. 이 주장에 마음을 뺏긴 미국 건국의 아버지들은 이를 바탕으로 조지 3세가 자신들의 전통적인 권리를 빼앗고 정부와의 계약을 위반한 폭군이라고 주장했다. 미국의 피통치자들과 전쟁을 선언한 것은 바로 왕 자신이므로 왕에게 복종하지 않아도 된다고 강조했다.

로크는 홉스와 마찬가지로 정부는 피통치자의 합의에서 정당성을 부여받는다고 믿었다. 이런 믿음은 선대 철학자들의 믿음을 기준으로 보면 급진적인 변화였다. 로크와 홉스는 정치란 인간이 자신들이 처한 상황을 개선하기 위해 서로 맺은 계약을 바탕으로 설립된 인위적인 창조물이라고 믿었다. 홉스의 시각에서 왕이라는 형상으로 나타나는 군주란 자신의 재량에 따라 민주적인 입법기관을 폐지 또는 중단할 수 있는 국가의 최고 권력이다. 당연히 다른 권력에 응하는 군주는 군주가 아니며, 군주 없이 우리는 다시 참을 수 없는 전쟁의 상태로 놓이게 된다고 생각했다. 하지만 로크는 군주 권력에 복종하기보다는 선출된 입법기관이 필요하다고 봤다는 점에서 홉스와 달랐다. 로크는 정부를 해체하는 것이 사회를 해체하는 일이라고 믿었던 홉스에도 동의하지 않았다. 홉스에 따르면 국가에 대한 반역은 필연적으로 가장 최악의 결과인 사회의 와해로 이어진다. 하지만 로크는 사회의 유지에 국가가 필요한 것은 아니라고 생각했기 때문에 홉스와 비교해 정치적 반역은 덜 위험한 명제라고 판단했다.

종교와 정치의 분리

홉스와 로크가 살았던 17세기 유럽은 끊임없는 종파 갈등과 폭력의 시대였다. 로크는 『관용에 관한 편지』라는 영향력 있는 저술로 시대의 갈등을 해소하는 데 이바지했다. 예상 가능한 대로 홉스는 종교적 차이를 해소하는 유일한 방법은 모든 국민이 단일한 국교(영국의 경우 성공회)에 순응하는 것이라고 했다. 한편 로크는 권력과 신앙의 결합을 반대하는 만큼 종교와 정치의 분리를 주창했다. 국가는 신앙을 강제하지 말고 대신 종교적 다양성을 수용해야 한다는 설명이다. 영혼을 돌보는 일은 종교의 책무이지, 국가의 책무가 아니다. 이는 헌법으로 종교와 국가 사이에 법적으로 선을 그은 토머스 제퍼슨 등과 같은 미국 건국의 아버지에게 로크가 남긴 교훈이다. 하지만 로크는 자신의 사상으로 많은 이에게 중대한 영향을 미치는 동시에 굴레를 하나 덧붙였다. 약속, 규약, 맹세는 하느님에 대한 믿음 없이는 불가능하므로 무신론자는 용납할 수 없다는 주장이 그 예다. 또한 필연적으로 국가에 대한 충성이 가톨릭과 교황에 대한 헌신으로도 나눠질 것을 우려한 그는 자신이 공언한 관용에서 로마 가톨릭을 배제했다. 관용이 아예 없는 것보단 조금이라도 있는 것이 낫지만, 로크의 관용은 아주 제한적인 형태의 관용이었다.

자유주의가 나아갈 길

권리, 재산, 거래, 종교적 관용 등 오늘날 정치계에서 일상적으로 사용하는 대부분 용어는 17세기 존 로크의 저술에서 찾을 수 있다. 비록 그 이후 합법적인 국가에서의 운신 폭이 상당히 넓어졌지만, 그가 주창한 자유주의 핵심은 인권, 종교적 자유, 헌법 정부의 형태로 남아 있다. 그가 놓친 점은 제한 없이 축적된 재산에 대한 절대적인 권리가 다른 주요 권리와 자유에 위협을 가할 수 있다는 점이다. 그는 산업주의와 산업화 이후 자본주의가 도래하기 전에 살았던 터라, 규제되지 않는 거대 시장이 무제한으로 자라날 때 어떤 왜곡과 잘못된 영향을 가져올 수 있는지 예측하기 어려웠을 것이다. 로크의 시대 이후 자유주의는 서서히 변화하는 자본주의의 성격에 맞춰 시장 문제를 수정하고 자기 부양 능력이 없는 이들에게 복지를 제공하는 식으로 국가의 역할을 확대했다. 하지만 로크는 국가의 힘은 개인에게 위험을 가할 수 있기에 제한되어야 한다고 생각했다. 오늘날 서구 민주주의 국가들에서 한창 논란이 되는 주제는 정부와 시장 중 어느 쪽이 더 위험한가이다. 정부와 관련한 답은 17세기 로크에게서도, 폭정의 위험을 최소화하기 위해 18세기에 헌법을 제정한 미국 건국의 아버지들에게서도 찾을 수 있다. 하지만 폭군과도 같은 시장이 떠안고 있는 위험은 어떠한가? 이 질문에 대한 답은 반드시 다른 곳에서 찾아야 한다.

11

회의로 무장한 휴머니스트 데이비드 흄

이성은 신과 정의에 대해
아무것도 알려주지 않는다

David Hume. 1711~1776

스코틀랜드 출신의 철학자이자 경제학자이며 역사가이다. 서양 철학과 스코틀랜드 계몽주의의 대표자로 평가받는 그는 인간 본성 및 그 근본 법칙과 그에 의존하는 여러 학문의 근거를 해명하려 힘썼다. 저서로 『인성론A Treatise of Human Nature』, 『영국사History of England』 등이 있다.

못 말리는 회의주의자

데이비드 흄이 태어난 스코틀랜드는 18세기 계몽주의의 주요 중심지 중 하나이자 칼뱅파 교회가 자리 잡은 신실한 종교적 사회였다. 스코틀랜드 계몽주의의 핵심 인사였던 흄은 경제학자이자 막역한 친구인 애덤 스미스Adam Smith, 1723~1790를 비롯한 영향력 있는 철학자, 과학자 무리를 주도적으로 이끌며 종교적 관용과 과학 및 무역을 옹호했다. 그는 철학과 종교에 대한 회의론적 시각으로 악명이 높았는데 하느님의 존재, 기적, 영혼의 불멸성과 원죄에 대해 의문을 제기한 탓에

애덤 스미스
영국의 정치경제학자이자 윤리철학자. 고전경제학의 대표적인 이론가로 경제학의 아버지로 간주되며, 저서 『국부론』은 사실상 근대 경제학의 출발점으로 평가받는다. 시장의 자기통제를 강조한 '보이지 않는 손' 개념의 주창자로 잘 알려져 있다.

18세기 스코틀랜드의 문화 전쟁에 휘말려 대가를 치르기도 했다. 『새뮤얼 존슨 전Life of Samuel Johnson』을 쓴 스코틀랜드 전기 작가 제임스 보즈웰James Boswell, 1740~1795에 의하면 흄은 누군가가 종교인이라는 이야기를 들으면 그 사람을 몹쓸 사람으로 단정했다.

이런 사실들을 보았을 때 흄이 에든버러대학교 철학 교수 자리에 후보로 나섰을 때 스코틀랜드 성직자들의 강건한 반대에 부딪힌 것도 놀라운 일이 아니다. 결국 성직자들의 반대로 흄은 교수직을 얻지 못했다. 몇 년 후 흄은 애덤 스미스가 떠나 공석이 된 글래스고대학교의 철학 교수직에 또 한 번 도전했으나 종교계의 적들은 다시 그의 학문적 야망을 꺾었다. 종교계는 보즈웰이 '위대한 무

교도'라 부른 흄을 반대하는 운동을 지속해서 펼쳤다. 이러한 움직임은 스코틀랜드 교회가 홉스를 교수형에 처하게 할 뻔한 무신론자라는 혐의를 흄에게도 적용해 그를 교회에서 파문하고 심지어 기소까지 하려는 목적으로 그의 무교도식 저작을 조사하며 절정에 달했다. 흄을 규탄하는 탄원서에는 그가 종교를 타락시키고 결국 도덕성을 타락시킨다며 비난했는데 이는 아테네인들이 소크라테스의 죄목으로 나열한 내용과 유사하다. 하지만 흄은 무신론자가 아니었으며 무신론자라고 주장한 적도 없었다. 그는 종교적 회의론자로서 신의 존재를 강하게 의심했으나 이성의 힘으로 신의 존재를 확실히 긍정 혹은 부정하는 것이 가능하다고 생각하지 않았다. 그는 분명 성직자의 존재에는 반대했으며 그의 눈에 조직화한 종교, 특히 기독교와 이슬람교 같은 교조적인 유일신교가 인류 역사에 미친 부정적인 영향을 전방위적으로 비난했다. 교회는 결국 해당 탄원서를 철회했고 이후 흄은 비교적 평화를 누리게 되었다. '자연에 관한 연구는 우리를 신에 대한 지식으로 이끈다'고 믿은 자연종교를 반박하는 책의 출간을 신중하게 보류하는 일이 있었지만 말이다. 해당 저서 『자연종교에 대한 대화Dialogues Concerning Natural Religion』는 오늘날 많은 철학자가 흄의 역작이라 평가한다. 자연종교는 현재는 지적 설계론intelligent design이라 불리며 지지자와 반대파 간 여전히 격렬한 논쟁이 벌어지고 있다.

철학자에서 역사학자로

흄의 책 중 가장 잘 알려진 것은 그가 20대 때 쓴 『인성론』이다. 그러나 예나 지금이나 대다수 학술 서적이 그렇듯 『인성론』은 초기에는 독자들의 관심을 거의 끌지 못했고 흄은 이에 크게 실망했다. 그는 책이 '인쇄기에서 이미 죽어서 태어났다'라고 한탄했으며, 한 친구에게는 광신도들 사이에서 작은 동요조차 일으키지 못했다고 불평했다. 광신도들의 적대적 반응으로 최소한 문제작이라도 되지 않을까 기대했던 것이다. 사실 앞서 보았듯 종교적 광신도들은 두 번이나 흄의 교수직 진출을 막을 정도로 뜨겁게 반응했었다. 흄은 역사 쪽으로 방향을 돌려 6권짜리 『영국사』를 저술했다. 이 책은 그가 프랑스 주재 영국 대사의 보좌관 신분으로 파리에 도착했을 때쯤에는 어마어마한 베스트셀러가 되어 있었고, 평생 프랑스를 지극히 사랑했던 흄은 살롱의 주요 인사이자 축배의 주인공이 되어 사상적 지도자들, 작가들과 친교를 즐겼다. 이들은 온화한 천성, 선한 품성에 너그럽고 친절한 성격을 가진 이 풍채 좋은 스코틀랜드인을 '르 봉 흄le bon Hume', 즉 '성격 좋은 흄'이라는 애칭으로 불렀다. 프랑스 철학자 볼테르Voltaire, 1694~1778는 『영국사』를 두고 '언어를 막론하고 아마도 사상 최고의 작품'이라며 찬사를 보냈다. 하지만 영국 정치가 호레이스 월폴Horace Walpole, 1717~1797은 다섯 차례 파리

볼테르
18세기 프랑스의 작가이자 대표적 계몽 사상가. 비극 『오이디푸스』로 당대 큰 명성을 얻었고, 철학 소설 『캉디드』는 지금까지도 큰 인기를 끌고 있다. 사후 팡테옹에 안치되었다.

를 방문하며 쓴 「파리 저널Paris Journals」에서 '프랑스인들이 왜 데이비드 흄에게 경의를 표하는지 믿을 수 없다'라며 언짢아했고, 흄이 구사하는 프랑스어는 '그의 영어만큼이나 알아들을 수 없는 수준'이라고 빈정거렸다. 흄은 영어와 프랑스어 모두를 능숙하게 구사했으나 강한 스코틀랜드 억양 때문에 그를 헐뜯는 무리와 따르는 무리 양쪽에서 놀림거리가 되곤 했다. 철학사상 가장 중요하고 영향력 있는 작품 중 하나로 평가받는 『인성론』과는 달리 『영국사』는 요즘에는 그다지 읽히지 않는다. 하지만 당시 흄 자신의 『영국사』 평가는 현재 사람들의 의견과 사뭇 다르다. 그는 철학자보다는 역사학자로 알려지기를 바랐으며 심지어는 『인성론』이 결함 있는 작품이라며 거리를 두기도 했다.

회의론자들의 영웅

『인성론』은 회의적인 시각이 상대적으로 덜했던 플라톤 등의 전통적 철학자들과 달리 삶과 사유의 모든 측면에서 이성의 역할을 의심했다는 점에서 막대한 영향력을 지녀왔다. 흄은 이성이 삶의 의미 있는 목적과 질문에 대해 침묵한다고 보았고 이성을 통해서는 신, 정의, 윤리 혹은 아름다움에 대해 그 어떤 실질적인 지식도 얻을 수 없다고 생각했다. 그는 심지어 '나의 손가락이 상처 입느니 전 세계가 멸망하는 게 더 낫다고 생각해도 이성에 어긋나지 않는다'라고 결론지었다. 그는 앞으로 살펴볼 헤겔처럼 누군가에게는 괴기스러워 보일 정도로 이성과 철학의 허세를 과도하게 부풀린 이성의 신봉자가 아니라, 이런 경향을 공격하는 회의론자들의 지적 영웅이다. 『인성론』은 거대하게 부푼 이성의 거품을 터트리고자 했던 날카로운 바늘이다.

흄은 이성을 나약하고 수동적인 기능이라 보았고 인간 행위에 역동을 제공할 능력이 없고 우리의 사유를 우리가 추구해야 할 목적으로 안내해주지도 못하는 '정념의 노예'로 묘사했다. 그는 우리의 정신이 빈 서판이고 그 위에 감각 인상sense impression이 새겨진다고 생각했다. 우리는 개념에 대해 태생적인 지식이 없고, 우리의 이성은 감각 인상을 비교하고 그 관계를 추론하는 역할만을 맡을 뿐이다. 또한 흄은 하느님은 존재가 불가능하고 성서의 역사적 신뢰성이 떨어진다는 점을 생각하면 하느님이 도덕적 지식의 원천일 수 없다고 믿었다.

그는 논리적 자연주의자였던 아리스토텔레스와는 달리 자연적 사실에서 도덕적 가치를 도출하는 것이 논리적으로 가능하다는 믿음도 거부했다. 『인성론』에서 가장 유명한 주장은 가령 '그 사람은 여성이다'와 같은 기술적 명제에서 '따라서 그녀는 투표권을 허락받아서는 안 된다'와 같은 규정적 명제로 순식간에 비약할 수 있다는 사실을 묘사한 부분이다. 사실에서 가치를 도출하는 이런 비약 과정에는 틈을 메꿔줄 연결 고리가 빠져 있다. 오늘날 '…이다'에서 '…해야 한다'로 넘어가는 지적 비약은 종종 자연주의적 오류 혹은 흄의 법칙이라고 불린다.

도덕의 근원은 하느님도 이성도 아니다

비록 사실에서 가치를 도출하는 것이 논리적으로 타당한지에는 회의적이었지만 흄은 도덕적 감정의 존재를 태생적인 심리로 설명했다. 그는 도덕적 감정이 인간 본래의 공감력에서 자연적으로 발생한다고 보았다. 홉스와 달리 흄은 우리가 태생적으로 이기적이지만 다른 이의 고뇌와 같은 감정을 이해하는 것에서 시작하여 스스로 그 감정을 느끼게 된다고 믿었고, 이 과정을 공감으로 불렀다. 도덕적 선함과 악함에 대한 우리의 태생적인 감각은 타인에게 공감하는 이 본능적 성향에서 비롯된다. 흄과 동시대인인 루소도 이 부분에서는 견해가 같았는데, 루소는 이 성향을 연민이라 불렀다. 흄에 따르면 우리는 자신뿐 아니라 타인에게도 이득을 주는 행위와 특징을 자연스럽게 받아들이는데, 이게 바로 태생적 공감력 때문이다. 흄은 공감하는 감정이 우리 본성의 일부로서 자선, 친절함, 인간애 등 자비심이라는 태생적 미덕의 원천이며 도덕의 근원은 하느님도 이성도 아니라고 보았다. 태생적 경향과 습관이라는 개념은 우리가 우리를 도덕적으로 이끄는 본성에 무의식적으로 의지한다는 것이며 하느님이나 이성에 기댈 필요가 없다는 것이다. 이런 설명은 아리스토텔레스의 윤리적 자연주의와 매우 유사한 듯하지만, 아리스토텔레스가 규정적으로 설명한 것과는 달리 흄은 순수하게 기술했을 뿐이다. 인간의 도덕적 행위는 관찰 가능한 현상이고 흄은 그에 정당성을 부여한 것이 아니라 설명했다. 이러한 도덕적 행위가 옳다고 주장한 것이 아니라 단지 자연적이라 이야기한 것이다. 만약 그러한 행위가 우리의 본성이라는 이유로 정당하다 결론지었다면 스스로 흄의 법칙, 자연주의적 오류를 범하는 격이 되었을 것이다.

흄은 자연적 동기에서 비롯되지 않은 정의 등의 가치를 인위적 덕이라고 불렀고, 이러한 인위적 미덕이 역사적으로 자연적 덕을 보완해왔다 생각했다. 인류는 재화의 희소성과 나한테 소중한 것부터 챙기려는 인간의 성향으로 빚어지는 사회적 분쟁 같은 현실적인 문제를 인위적 덕을 적용해 해결해왔다. 타인에 대한 자비심이라는 자연스러운 감정은 사실 혈연과 우정으로 연결된 가까운 소수의 사람에게만 발휘되는 반면, 본능적인 자기 선호는 만족할 줄 모르고, 끝도 없으며, 보편적이고 사회에 직접적으로 파괴적인 영향을 미친다. 따라서 인류는 개인의 재산권을 존중하고 약속을 지키는 등의 공평한 정의의 법칙을 고안했고 이를 통해 편파성을 완화하고 또 제어했다. 정부란 상상할 수 있는 모든 발명품 중 가장 정제되고 치밀한 발명품 중 하나로 우리의 정념을 교정하는 유용한 기능을 수행하고 이로써 집단생활이 원활하게 돌아갈 수 있다.

어디에서도 환영받지 못한 철학자

흄은 금욕, 단식과 참회 등 기독교의 수도사식 미덕과, 마키아벨리와 루소 같은 고전적인 국가론자들이 선호한 엄격한 스파르타식 미덕 양쪽 다 마땅치 않았다. 그는 우리 본성의 굴곡을 부드럽게 다듬어주는 미덕을 선호했다. 이러한 미덕은 우리를 경직시키기보다 부드럽게 풀어주어 삶을 더 편안하고 쾌적하게 만든다. 흄의 온화한 기질과 완벽하게 일맥상통하는 시각이다. 철학적으로는 급진주의자였던 그는 정치적 급진주의는 받아들이지 않았다. 모든 것에 회의적인 시각을 지녔던 그는 야심 찬 정치체계와 과제를 근본적으로 의심했다. 그는 사회가 불완전하고 인간 이성에 한계가 있음을 현실적으로 인정했고, 그의 정치적 견해는 그의 기질과 사상 모두에 맞지 않는 정치적 이상주의와 과격한 혁명보다는 실용적인 개혁, 유연하고 점진적인 변화 쪽으로 더 기울었다. 회의론자의 한 사람으로서 흄은 신앙이나 이성에 근거해 정당성을 확보한 정치 이론을 경계했다. 그는 심각한 독재 및 압제 상황에서만 저항이 정당성을 얻는다고 보았으며 쉽게 체제 전복을 시도해서는 안 된다 생각했다. 통치자와 사회 체제가 부당하게 압제를 펼치거나 백성을 착취하지 않고 평화를 유지하는 한 백성은 복종해야 한다. 흄은 보수적인 정치가이자 철학자인 에드먼드 버크의 등장을 예견한 듯, 개혁을 추구하는 지도자라면 누구나 '최대한 고대 구조에 혁신을 맞추고, 헌법을 지탱하는 주요 기둥과 지지대 전체를 보존해야 한다'고 경고했다. 이런 보수주의적 시각 때문에 토머스 제퍼슨은 흄을 토리주의자로 낙인찍었고 자신이 설립한 버지니아대학교에서 『영국사』를 금서로 지정했다. 영국의 휘그당 또한 같은 시각으로 『영국사』

토리주의자
왕정을 지지했던 영국의 보수주의자를 일컫는 말로, 미국 독립혁명 시기에는 독립 반대파를 토리주의자라 불렀다.

를 바라보았고 토리주의적 정치선
전으로 간주했다. 휘그당의 반대 진
영인 토리당 역시 『영국사』를 정치
선전으로 여겼으며 흄을 원칙이 없
는 기회주의자로 치부했다. 이러니
흄이 "영국인, 스코틀랜드인, 아일
랜드인, 휘그당, 토리당, 교인, 비교
인, 자유주의자, 종교 옹호론자들이
이유는 다르지만, 분노로 대동단결

휘그당과 토리당
휘그당은 절대군주제가 아닌 입헌군주
제를 지지한 영국의 정당으로 부르주아
계급이 주요 지지 기반이었으며 현재
영국 노동당의 전신이다. 토리당은 그
반대 진영으로 절대군주제에 대한 지지
로 시작했으나 명예혁명 시기에 입헌군
주제를 받아들였다. 현재 영국 보수당
의 전신이다.

하여 나를 비난하고 반박하고 혐오한다"라고 한탄한 것도 놀랄 일
은 아니다. 그가 자신의 전반적인 정치적 입장에 대해 "사물에 대한
나의 견해는 휘그주의적 원칙에 좀 더 부합하고 인간에 대한 설명
은 토리주의적 사고에 부합한다"라고 선언한 것도 상황에 크게 도
움이 되지는 않았다.

건강한 회의론이 주는 교훈

흄은 자신이 태어난 18세기 에든버러의 비교적 점잖고 도시화된
사회를 지지했다. 그는 예의 바른 사교, 여가, 배움, 무역, 및 상업을
통해 인간 본성이 온화해지고 인간다움이 고양되어 우리가 겸손함
과 자제력을 갖추게 되며 이와 함께 삶의 기쁨이 배가되고 광신주
의와 분쟁이 방지된다고 믿었다. 다음 장에서 살펴볼 루소는 이들

이 반대 작용을 한다고 보고 이런 가치를 부정했다. 흄은 언론의 자유와 종교적 관용, 민간 무역에 찬성했고, 정확히 민주주의라고 볼 수는 없지만 참정권의 확대, 절충된 형태의 균형 잡힌 헌법과 정치 권력의 분산을 옹호했다.

그는 에든버러와 파리에서 어울려 지낸 계몽주의 철학자들이 주장한 인간적 가치에 많은 부분 동의했다. 하지만 그러면서도 이성의 힘과 중요성을 의심했던 철학적 급진주의자로서 '이성의 시대 Age of Reason'에 제시된 여러 이론을 뒤집었다. 이성에 대한 비판적 시각, 정념과 감정에 대한 강조 그리고 정념과 감정이 인간 행위의 궁극적인 동기이자 인간이 추구하는 목적에 대한 믿음의 근간이라는 그의 주장은 이성의 시대를 비판하는 이들의 마음을 사로잡았다. 이러한 회의론적 시각을 지닌 흄은 정치적으로 매우 조심스러웠으며 심지어 보수적이기까지 했으나 절대 반동적이지는 않았다. 그는 특정 역사적 상황에서 도출한 추상적 개념을 근거로 정치 이론을 수립하면 최선의 경우라면 아무런 효과도 나타나지 않고 최악의 상황에는 위험을 초래한다고 경계한 보수주의의 전통과 시각을 같이했다.

18세기 이전이나 이후나 우리의 역사는 안타깝게도 이성에 대한 흄의 비판적 견해를 반박할 증거를 제시하지 못했다. 또한 같은 맥락으로 인간이 태생적으로 공감력과 자비심을 지녔으며 무역과 상업을 통해 한층 인간다운 삶이 가능해지고 문화가 발달한다는 증거 또한 제시하지 못했다. 이들 문제에서는 흄의 회의론이 흄 자신마저 부정해버린 듯도 하다. 인간의 천부적인 절제와 고매함에 대한 흄의 믿음은 인간의 어리석음과 잔인함 앞에서는 무색해지기 쉽다. 그러나 그의 건강한 회의론과 지적 겸손함은 정치가 범하기 쉬운 최악의 오류에서 멀어지도록 안내하는 길잡이가 될 수 있다.

12

프랑스혁명의 사상적 지주 장 자크 루소

복종해야 할 법을
스스로 만드는 자가 시민이다

Jean-Jacques Rousseau, 1712~1778

프랑스의 사상가이자 소설가. 인간의 자유와 평등을 주장했던 그의 사상은 프랑스혁명과 민주주의 발전에 큰 영향을 주었다. 또한 책을 통해 당시 사회와 종교를 비판하며, 어린이들은 자연 속에서 교육을 받아야 한다고 주장했다. 저서로 『인간 불평등 기원론』, 『사회계약론』 등이 있다.

방랑자에서 역사상 가장 중요한 사상가로

어머니는 루소를 낳다 죽었고 시계공인 아버지는 겨우 열 살이
던 루소를 버렸다. 이런 아픔을 지닌 제네바 출신 루소는 서른 살이
되던 1742년 파리로 건너갔다. 책을 많이 읽어 박식했지만 정규교
육은 거의 받지 못했던 그는 가진 것도 없고 출간된 저술도 없고 이
름도 알려지지 않은 상태로 파리에 도착했다. 하지만 그로부터 36
년 후 생을 마감할 때까지 그는 베스트셀러 소설가이자 인정받는
오페라 작곡가로 우뚝 섰고 교육, 윤리, 음악, 종교, 언어, 정치, 경
제, 심지어는 식물학까지 섭렵하며 관련 저술을 많이 남겼다. 당대
큰 인기를 누린 볼테르와 경쟁하기도 한 루소는 유럽에서 가장 크
게 명성을 날린 인물로 광적인 추종자 집단을 거느리기까지 했다.
실로 놀라운 인생 역전이다. 루소는 18세기가 막을 내리기 전에 세
상을 떠났고 가장 급진적인 혁명 집
단인 자코뱅파Jacobins가 그를 '프랑
스혁명의 아버지'로 기리며 파리 국
립묘지 팡테옹에 안치했다. 사상적
적수였던 볼테르의 묘와 마주하고
있어 둘 다 죽어서도 안식을 누릴 수
없게 되었다. 20세기까지 루소는 낭
만주의, 무정부주의, 민족주의, 심지

자코뱅파
프랑스혁명기 중산적 부르주아와 소생
산자층에 기반을 두고 중앙집권적 공화
정을 주장한 급진파를 일컫는다. 반면
지롱드파Girondins는 부유한 부르주아
를.대변하며 지방 분권적인 연방 공화
정을 주장한 온건파였다.

어는 전체주의까지 다양한 사상을 직접 탄생시키지는 않았어도 그
탄생에 중요한 영향을 미친 장본인이라는 비난을 받기도 했다. 이

팡테옹에 안치된 루소의 무덤.

@Ana Paula Hirama

처럼 루소는 사상의 역사를 통틀어 지금까지도 가장 중요하고 영향력이 큰 사상가로 꼽힌다.

타고난 역설가이자 기인

루소는 자신을 '역설로 가득한 사람'이라고 칭했는데, 인간에게

'자유'를 '강요'해야 할 때가 있다는 유명한 주장을 생각해보면 뜬금없는 말은 아니다. 그의 역설적인 면을 살펴보자. 그는 루소와 장자크라는 이름의 두 인물 간 철학적 대화를 담은 책을 썼는데, 이두 인물은 끊임없이 서로의 의견에 반대한다. 육아에 관한 논고에서는 엄마의 모유 수유 행위와 아빠의 육아 참여를 칭송하면서도정작 자신은 젖먹이 자녀 다섯을 모두 고아원에 맡겼고, 대부분 그곳에서 죽은 것으로 보인다. 그는 혁명을 극도로 혐오한다고 주장했지만, 로베스피에르Maximilien Robespierre, 1758~1794와 생쥐스트Louis Saint-Just, 1767~1794 같은 프랑스혁명 지도자들의 사상적 지주이자 영웅이 되었다. 18세기 계몽주의 시대를 주도적으로 이끌고이 시대의 위대한 『백과전서』 프로젝트에도 크게 이바지한 철학자로 늘 꼽히면서도, 무지를 예찬하면서 예술과 과학을 함양하는 일은 도덕에 해롭다고 주장했다. 18세기 루소를 가장 열렬하고 헌신적으로 추종한 집단은 여성과 귀족이었는데도 그는 뼛속 깊이 성차별주의자였고, '귀족들의 계급도, 무자비함도, 편견도, 옹졸함도,악덕도 싫다'라고 공공연히 불평할 정도로 부유한 귀족을 향해 심한 반감을 드러냈다. 루소는 당대 가장 존경받는 매혹적인 글을 쓰는 작가였지만 정규교육은 거의 받지 못했고, 까막눈인 재봉사와결혼했다. 또 특히 극작가 겸 배우 몰리에르Molière, 1622~1673의 희극을 겨냥해 작품 검열을 적극적으로 옹호하면서도 '몰리에르의 공연은 절대로 놓치지 않는다'라고 고백했다. 루소는 인기 있는 작가이자 음악가였지만 글과 음악을 경멸한 고대 스파르타를 찬양했고,책은 아무짝에도 쓸모없어 싫다고 강조했다.

로크처럼 태생은 칼뱅파 신교도였지만 후에 자연신교도가 된 루소는 가톨릭 기독교의 적이었지만, 자서전을 집필할 때는 아우구스티누스의 『고백록』을 본보기로 삼았다. 그는 아우구스티누스처럼 단순히 정치사상에 그치지 않고 근대 문화의 여러 분야에 영향을 미쳤다. 그리고 완전히 새로운 근대적 감수성과 새로운 사고방식 및 정서를 창조했다. 고전적인 덕목보다 진정성과 진실성 같은 개념을 더 가치 있게 여기는 오늘날의 경향에 그가 이바지한 바가 크다. 그는 성선설을 주창했는데, 당시 사람들은 이를 원죄를 중심으로 교리를 펼치는 기독교에 반하는 사상으로 여겼다. 루소는 인간의 천부적 선을 강조하며 사회적 부패가 악의 근원이라고 설명한다. 진보적인 교육의 창시자로서 어린이들을 인간의 교육으로 망치지 말고 자연으로 교육해야 한다고 역설했다. 그는 타락한 사회 통념을 그대로 따르지 않고, 배고플 때 먹고 졸릴 때 자고 관습에 얽매이지 않는 옷을 입고 다녀서, 세련되고 교양 있는 파리인들 사이에서 야만인으로 폄하되기도 했다. 루소는 부가 도덕을 타락시킨다고 믿으며 경멸했고 매우 소박하게 살았다. 그리고 최초로 단순히 풍경을 즐기려는 목적으로 알프스를 등반해서 당시 사람들에게 큰 충격을 주었다. 계몽 시민들에게 이런 행위는 루소가 제정신이 아니라는 또 하나의 증거에 불과했다.

금서가 된 『사회계약론』

루소의 기념비적 저서 『사회계약론』은 세상의 빛을 보자마자 프랑스 고등법원의 규탄을 받고, 마이모니데스, 홉스, 로크, 흄의 작품과 나란히 바티칸 금서 목록에 올랐다. 아무도 이러한 대접에 놀라지 않았다. 루소도 태연한 모습을 보였지만 책이 막상 고향 제네바에서 금지됐을 때는 충격과 실망을 감추지 못했다. 제네바시 당국은 이 책을 태우고 루소가 제네바에 발이라도 들일 때는 당장 체포하라는 명령까지 내렸다. 저서에 '제네바 시민'이라고 서명을 할 정도로 평소 제네바 출신임을 자랑스러워하면서 제네바의 헌법을 모범 사례로 삼아온 그에게 당국의 결정은 깊은 상처를 남겼다. 그는 제네바 근처에 살던 반교권주의자 볼테르가 제네바를 지배하던 광신자들과 합심하여 자신을 궁지에 몰아넣는 데 한몫했다고 비난했다.

『사회계약론』은 비교적 자유와 관용이 널리 퍼져 있던 암스테르담에서도 금지되었다. 유럽 모든 국가가 똘똘 뭉쳐 루소를 반대하는 것만 같았다. 루소는 결국 이 나라 저 나라를 도망 다니는 수밖에 없었고 극단적인 선택을 생각하기도 했다. 상황이 너무 절박한 나머지 '나는 영국이라는 나라와 영국인이 한 번도 마음에 들었던 적이 없다'고 말할 정도로 경멸했던 영국까지 가서 문을 두드렸다. 대부분의 나라들과 달리 영국은 루소에게 피난처를 제공했다. 영국은 후에 카를 마르크스에게도 비슷한 도움을 주었지만, 루소와 마르크스 그 누구도 어떤 식으로든 고마움을 표하지 않았다. 루소는 심지어 흄이 중간에서 힘쓴 덕에 영국 국왕 조지 3세가 연금을 주

겠다고 제안했을 때도 단호히 거절했다. 그는 적을 만드는 데 타고
난 재능이 있었다.

고대 정신을 지닌 근대인

『사회계약론』은 인기를 크게 누리지 못한 당대와는 달리 오늘날
에는 가장 널리 꾸준히 읽히는 책으로 자리매김했다. 지난 250년
간 수 세대에 걸쳐 민주주의자와 급진주의자들의 사상에 큰 영향
을 미치는 동시에, 전통주의자와 뒤에서 다룰 에드먼드 버크 같은
보수주의자들의 분노를 샀다. 『사회계약론』에는 고대 요소와 근대
요소가 설명하기 힘든 방식으로 특이하게 뒤섞여 있어, 이 책을 해
석하려고 시도하는 사람들을 괴롭혀왔다. 이 저서에서 루소는 정
치체제가 바탕으로 삼아야 하는 보편적인 '정치권 원리principles of
political right'를 제시한다.

　루소는 우선 홉스와 로크와 마찬가지로 국가가 없는 자연 상태
에서 천부적으로 이기적인 개인이라는 지점에서 정치 이론을 펼치
기 시작한다. 이런 면에서 관점이 완전히 근대적이었다. 하지만 그
는 마키아벨리처럼 고대 정치체제를 나아가야 할 방향으로 삼았다.
고대 정치에서는 선천적으로 부족한 공공심을 개인에게 강력하게
불어넣는 방법을 매우 잘 알고 있기 때문이었다. 한편 홉스와 로크
는 정치체 구성원들을 단결시킬 필요는 없고 이성적인 이기심 자
체만으로 충분한 유대를 형성할 수 있다고 봤다. 하지만 루소는 자

신이 그 어느 체제보다도 우러러본 고대 스파르타와 로마 공화정처럼 모든 사회 구성원이 사적인 이익을 공익과 동일시하도록 이끌 수 없는 한, 그 사회는 만인에 대한 투쟁이 될 것이라고 믿었다. 그는 근대성을 반은 수용하고 반은 거부한 '고대 정신을 지닌 근대인'이었다.

정치적 굴레를 정당화할 방법을 찾다

『사회계약론』에서 루소는 '모든 인간은 자유롭게 태어나지만, 어디에서나 사슬에 매여 있다'라는 유명한 문장으로 첫 장을 연다. 볼테르를 비롯한 여러 작가의 주장과는 다르게, 그의 취지는 정치적 삶의 굴레를 모두 끊어내고 정치가 탄생하기 이전의 목가적인 자연 상태로 돌아가려는 게 결코 아니었다. 그는 지배자와 피지배자가 관계를 유지할 수 있도록 이러한 굴레를 정당화하는 방법을 설명했다. 지배자와 피지배자 사이의 거리감이 전제정치의 본질이고, 바로 이 점 때문에 전제정치에서는 정당성보다는 무력을 바탕으로 권력을 행사하게 된다고 봤다. 루소는 자신이 지켜야 하는 법을 만드는 사람들을 '시민'이라고 정의하고 이러한 방식이 유일하게 정당한 정치 형태라고 주장했다. 이런 방식을 취해야만 자유와 법 준수를 조화시켜 개인이 '다름 아닌 자신에게 복종하는 동시에 이전과 같은 자유를 유지'하게 된다는 설명이다. 제임스 매디슨을 비롯한 미국 건국의 아버지들은 근본적으로 정치를 불신해서 의도적으로 힘이 약하고 견제와 균형으로 제약을 받는 정치체제를 고안했다. 토머스 제퍼슨은 '최소한으로 통치하는 정부가 최고의 정부'라고 믿었지만, 루소는 제한적인 정부보다는 강력한 큰 정부를 정당화하고자 했다. 그의 시각에서는 정당한 정부의 권한을 제한하는 것은 결국 정치권 자체를 제한하는 것과 마찬가지라 정의에 반하는 일이었다. 로크는 홉스가 절대적인 군주주권을 옹호했다는 점에 반대했지만, 루소는 홉스가 부당한 주권을 옹호했다는 사실에 반대했다. 이런 맥락에서 루소보다는 로크가 미국 혁명 지도자들과 뜻이 더 통했고, 루소의 사상은 보다 급진적인 프랑스혁명에 큰 자극을 주었다.

시민종교와 입법자 개념

루소에 따르면 주권은 '일반의지'라는 형태로 국민에게 부여된다. 그리고 바로 주권에서 법의 정당성이 비롯된다. 일반의지는 단순히 이기적인 개인의 개별 의지의 총합이 아니다. 일반의지는 시민들이 각자의 이기적인 선이 아닌 공동선을 추구하면서 무엇이 모두에게 좋은지 자문하는 과정에서 형성된다. 하지만 루소는 이러한 공공심 자체는 완전히 후천적인 성질이기 때문에 '인간'을 '시민'으로 탈바꿈시킬 제도와 관습을 통해 의도적으로 함양되어야 한다고 말한다. 이와 관련한 방법론 중 가장 악명이 높은 개념은 국가를 향한 종교, 즉 시민종교이다. 이는 루소가 자신과 같은 공화주의자인 마키아벨리에게서 영감을 받아 만든 개념으로 각 개인이 자신보다 정치체를 향한 임무를 소중하게 생각하게 만드는 종교이다. 루소와 마키아벨리 둘 다 종속과 복종을 설파하는 기독교는 이러한 목표에 적합하지 않다고 생각했다. 실제로 루소는 기독교만큼 사회적 정신에 반하는 것도 없고 기독교만큼 폭정에 우호적인 것도 없다고 말했다. 이러니 『사회계약론』이 칼뱅파인 제네바와 가톨릭교인 파리에서 모두 금지된 건 당연한 일이었다.

천성적으로 이기적인 개인이 공공의 선을 추구하도록 이끌 수 있는 또 다른 수단으로 루소가 제시한 것은 '입법자'라는 개념이다. 이 개념 역시 마키아벨리의 주장과 통하는 부분이 있다. 극소수에 불과한 이 입법자들은 하느님의 힘을 빌려 사람들이 사사로운 이익을 공동의 이익 아래로 종속시키도록 설득한다. 루소는 모세를 예로 들어 이 주장을 뒷받침했다. 알려져 있듯 모세는 하느님의 법이라고 주장한 율법을 바탕으로 분열되어 있던 유대 민족들을 단일한 국가로 통일시켰다.

오직 나만이 이 시대의 유일한 선한 사람이니

루소는 뜬구름이나 잡는 세상 물정 모르는 이상주의자로 유명했지만, 『사회계약론』을 통해 제시한 정치 원리가 근대 환경에서 적용될 리는 거의 만무하다는 사실만은 잘 알고 있었다. 그의 정치 원리들은 고대 그리스에서 흔히 볼 수 있는, 단결이 잘되는 소규모 도시국가에서만 적용될 법했으며, 루소가 구원을 받기 힘들 만큼 부패했다고 판단한 근대 유럽의 정교한 대규모 국가에는 어울리지 않았다. 실제로 루소는 근대 유럽에서 자신의 정치 원리가 실제로 기능할 수 있는 유일한 곳으로 코르시카섬(지중해에 있는 프랑스령 섬)을 꼽았다. 이런 이유로 루소가 '혁명의 시대'가 전 유럽을 집어삼킬 거라고 정확하게 예측하긴 했지만, 그가 프랑스혁명 발발 때까지 살아 있었다 하더라도 그의 정치 원리를 실현하려는 시도인 프랑스혁명을 지지했을 가능성은 매우 낮다.

루소는 18세기 개화 문명사회로부터의 고립을 자초하고 고립된 생활에 몰두했다. 이런 고립은 그의 인생 마지막 10년 동안 완성됐다. 그는 해당 시대에 구제의 희망이 없다고 결론 내리고 완전한 부패의 시대에서 벗어나고자 했다. 그는 말년을 완전한 정치적 체념과 비관으로 보냈지만, 자연과의 교감에서 약간의 충족감을 찾았다. 미완성으로 남은 마지막 저술인 『고독한 산책자의 몽상』을 보면 문명사회에서 벗어나 소박한 삶으로 도망치는 일이야말로 덕인이 누릴 수 있는 유일한 현실적인 선택이라는 결론에 이른 듯하다. 그가 소크라테스에게 동질감을 느낀 이유는 악독한 세상에서 자신만이 유일하게 선한 사람이라는 자아 개념에서 찾아볼 수 있다. 동시대를 산 사람들은 그의 이런 태도를 맹렬히 공격하고 비난했다. 이러한 이미지는 소크라테스와 비슷하게 잔소리꾼이자 사회 비평가로서 그가 지닌 매력의 중요한 일부이다.

혁명의 영원한 아버지

루소의 적과 그를 깎아내리기에 바빴던 사람들이 지난 수백 년간 그랬듯 루소의 사상을 미치광이의 헛소리로 치부하는 건 크나큰 실수이다. 루소가 괴짜였고 간간이 피해망상을 앓는 등 다루기 힘든 성격을 지닌 건 분명한 사실이다. 또한 적극적으로 그를 괴롭힌 영향력 있는 적수도 많았다. 현실에서 멀어지고자 한 그의 태도는 지극히 개인적인 선택의 결과이지만, 이런 선택을 시대에 대한 단순한 반응으로 보는 건 옳지 않다. 그가 위엄 있고 설득력 있는 글을 통해 자신이 속한 근대사회에 대해 내비친 불온함은 이에 공감한 저항 세력, 불평분자, 부적응자, 아웃사이더들에게 여러 세대에 걸쳐 여러 면에서 큰 영향을 미쳤다.

루소가 근대 사상에 미친 가장 큰 영향은 선과 악이라는 고대 용어를 진정성과 진실성이라는 근대식 개념으로 바꿔놓았다는 점이다. 지금 만약 고대에 추앙받은 인물의 행동을 따르기 보다 자신에게 충실하고 진실하게 행동하고자 노력한다면 우리는 좋든 싫든 루소의 추종자라고 할 수 있다. 국민주권설이라는 매우 강력하면서도 설득력 있는 개념 또한 우리에게 많은 영향을 끼쳤다. 루소는 이 개념을 통해서 국민이 정치적 합당성의 궁극적인 원천이고, 국민의 의지가 아무런 조건 없이 국가를 이끌어야 한다고 주장했다. 이러한 포퓰리즘 메시지는 18~19세기 유럽 전역에서 볼 수 있었던 자기 잇속만 차리는 부패한 엘리트층에 환멸을 느끼는 일반 시민들 사이에 큰 반향을 일으켜 결국 프랑스혁명의 사상적 토대가 되었다. 오늘날 포퓰리즘이 다시 고개를 들고 있다. 그리고 불평등이 심각해지는 사회에서 다수를 희생시키면서 부유층과 권력층의 손을 들어주는 체제를 향한 분노도 거세다. 루소 같은 사상가가 다시 힘을 발할 시기가 온 듯하다.

13

영국 보수주의의 대표자 에드먼드 버크

프랑스혁명은 유토피아 가치에
바탕을 둔 철학 혁명

Edmund Burke. 1729~1797

아일랜드 출신의 영국 정치가. 정치적 권력남용에 반대했으며 시민의 행복과
정의를 실현하는 정치제도와 방법을 주장하였다. 영국 보수주의의 대표적 정치
이론가로 명성을 떨쳤다. 저서로 『프랑스혁명에 관한 성찰』이 있다

혁명을 반대한 자유주의자

프랑스혁명이 발발한 1789년 여름, 60세가 된 에드먼드 버크는 25년 차 영국 의회 의원이었다. 그 전에는 브리스틀 지방의 의원이었는데 대중성과 거리가 먼 대의를 몇 차례 옹호하면서 지지층을 잃어 의원직에서 물러났다. 그는 영국이 미국 식민지를 다루는 방식에 반대했고 곡물 자유시장과 아일랜드와의 자유무역, 가톨릭 해방을 주창했다. 또한 부패한 벵골 총독을 탄핵하자는 운동을 펼치고 사형제도를 규탄했다. 그리고 제약 없는 국왕의 권력에 반대하며 노예제 폐지에 찬성하는 목소리를 냈다.

버크는 누가 봐도 고집스러운 반동분자는 아니었다. 의원으로 일하면서 한결같이 자유주의적 명분을 지지한 사실을 보면 그가 프랑스혁명이 발발했을 때 보인 첫 반응은 예상에서 벗어나지 않았다. 그는 파리에서 발생한 일련의 사건들을 '감탄해 마지않는 정신이 깃든 멋진 광경'이라고 묘사했다. 하지만 머지않아 혁명 정신에서 등을 돌려 혁명을 향해 격노의 목소리를 내기 시작했고, 이는 그의 가장 유명한 저서인 『프랑스혁명에 대한 성찰』에 잘 드러나 있다. 프랑스혁명을 향한 공격은 당시 그가 속한 휘그당 당원 대부분의 반감을 샀다. 비주류였던 자유주의적 대의를 오랜 기간 옹호해온 버크였기에 그의 과격한 혁명 반대론은 많은 사람에게 충격을 안겼다. 토머스 제퍼슨은 책을 두고 버크가 제정신이 아니라는 증거라고 말하기도 했다. 하지만 이제는 버크의 비관주의적 시각에 비교하면 프랑스혁명을 두 팔 벌려 반긴 자유주의자들이 오히려 상황을 너무 몰랐던 것 같다. 이 격변이 막 시작될 무렵, 즉 아직 온건파가 혁명을 주도하고 있을 때 버크는 혁명이 결국 테러, 국왕 시해, 대량 학살, 무정부 상태, 그리고 마침내는 독재 정부로까지 이어질 것이라고 내다봤다.

버크는 극히 복잡하면서도 자기 모순적인 사람이었다. 아일랜드 출신이면서 잉글랜드의 입헌주의를 옹호했고, 자유주의자이지만 프랑스혁명을 향해 누구보다도 파장이 큰 공격을 퍼부었으며, 중산 계급이면서 귀족의 특권을 지지했다. 또한 인도에서의 부패한 식민 통치를 통렬하게 비판하면서 정작 자신은 정치 후원자들의 도움으로 부패한 자치구 두 곳에서 의원직을 지냈다. 영국 성공회가 누리던 역사적인 특권을 옹호하는 프로테스탄트이면서 사면초가에 몰린 프랑스 가톨릭교회를 위한 지지 세력을 규합하기도 했다.

구체적 관습과 전통을 중시하다

『프랑스혁명에 대한 성찰』은 프랑스혁명을 중점적으로 다루지만 당장 눈앞에 닥친 사건들을 다루는 데서 그치는 게 아니라, 한 단계 더 나아가 정치와 사회를 둘러싼 보다 보편적인 생각을 제시하고 주창하여, 보수주의를 대표하는 역사상 가장 중요하고 설득력 있는 서적이 되었다. 버크는 프랑스의 격동적인 상황 때문에 정치적인 삶을 지배하는 근본적인 원칙들을 마지못해 생각하게 되어 정치적 고찰을 시작했다고 주장한다.

정치를 철학적으로 설명하는 일은 보수주의적 동기로 시작할 만한 일은 아니었다. 왜냐하면 일반적이고 추상적인 원칙은 정치적으로 위험하다는 것이 보수주의의 핵심 신조 중 하나라고 버크는 설명했다. 당시 영국 해협 건너에서 벌어지는 상황들에서도 알 수 있듯, 이론과 실제가 뒤섞이면 말썽이 생기기 쉽다고 여겼다. 통치의 기술은 이론적이기보다는 실용적이기 때문에, 전통적인 관습이나 관행을 이성에서 도출된 것으로 추정되는 '환상을 좇는 무모한 이론'에 맞춰 조정하기보다는 시간이 흐르면서 점차 진화하는 관습과 관행으로 통치하는 편이 낫다고 설명했다. 정치적인 규칙은 선이나 악을 조장할 가능성으로 평가해야 하는 대상이지, 진실과 거짓 중 어디에 부합하느냐로 평가하는 대상이 아니다. 후자는 실질적인 정치가 아니라 철학에나 어울리는 기준이다.

비록 버크는 도덕 또는 정치 관련 주제에 관해서는 '그 어떤 보편적인 명제도 합리적으로 확언할 수 없다'고 설파했지만, 이런 주장을 크게 실천한 편도 아니었고 실제로 믿지도 않았다. 그는 오히려 정의와 공정이라는 보편적인 원칙을 인정했다. 정의와 공정은 그가 아일랜드, 인도, 미국과 관련한 영국의 방침을 맹렬하게 비난할 때 근거로 삼은 개념이었다. 그의 친구이자 적수인 토머스 페인은 인간에게 부여된 추상적인 권리든 보편적으로 적용되는 이상적인 정치 헌법이든 난순하고 직접적으로 추론할 수 있다고 봤지만, 버크는 이를 인정하지 않았다. 정의 원칙에 대한 인간의 지식은 언제나 불확실하고 오류의 가능성도 품고 있으므로 우리는 구체적인 관습과 전통에 의지하여 이러한 추상적인 이상의 의미를 해석하고 행동이 나아가야 할 방향을 잡아야만 한다.

　사회마다 정의, 자유, 평등의 의미
를 서로 다르게 해석할 것이다. 버크
는 가령 인간의 권리는 이미 마그나
카르타를 통해 영국인들의 관습적,
법적 권리에 구현되어 있다고 주장
했다. 이런 맥락에서 미 대륙 식민지

마그나카르타
1215년 잉글랜드의 귀족들이 국왕에게
강요하여 왕권의 제한과 제후의 권리를
확인한 문서로 영국 현대 법의 기초로
평가된다.

주민들이 품은 불평이 정당하다고 봤다. 중앙집권을 추구하던 영국
왕이 미 대륙의 오랜 관습적 권리를 존중하지 않았다는 것을 근거
로 삼은 불평이었기 때문이다. 버크는 폭력적인 혁명을 방지하려면
점진적인 방식으로 조금씩 진화를 이루는 것이 최선이라고 역설했
다. 변화할 방도가 없는 나라는 자국을 보전할 방도도 없다고 주장
했는데, 여기서 변화란 역사적인 관행에서 본질은 지키되 그 구조
를 약간씩 수정하고 다듬으며 서서히 진행되는 작은 단계들을 의
미한다.

세월의 실험

　버크에 따르면 정치체계를 두고 따져봐야 할 질문은 그것이 어
떤 추상적인 이상에 부합하느냐가 아니라 실용주의적으로 기능하
고 있느냐이다. 즉 처해 있는 상황을 바탕으로 정치체계가 평화, 질
서, 선정 등을 도모하는지가 중요하다는 설명이다. 이를 판단하는

방법 중 믿을 만한 건 세월의 시험을 견디는 일뿐이다. 이것만으로도 정치체계의 생존력과 내구성을 가늠할 수 있다. 버크는 이 세월의 시험을 그 어떤 사회보다도 더 훌륭하게 치러낸 영국을, 급속도로 프랑스를 휩쓴 혁명의 확산으로부터 보호해야 한다고 믿었다. 프랑스혁명 지도자들은 편리성이 아닌 진실에 입각한 정치 논리를 세웠기에 끔찍한 결과물을 낳을 수밖에 없을 거라고 봤다. 이런 맥락에서 보면 플라톤이 꿈꾼 철인왕 이상은 버크의 정치 관점과 매우 동떨어져 있다. 버크 관점에서 정치는 추상적인 논리의 문제가 아니라 당면한 실제적인 문제를 해결하는 일이다. 깨달음을 바탕으로 한 통처의 필수 조건으로 오랜 수학 공부를 꼽은 플라톤의 생각은 버크에게 위험할 정도로 터무니없게 보였을 것이다. 이런 면에서 버크의 사상은 유연하고 실용적인 사고가 필요한 '실질적인 덕'과 순수하게 철학적인 사고인 '지적인 덕'을 분명하게 구분한 아리스토텔레스의 관점과 통한다. 아리스토텔레스와 버크의 눈에 가장 위대한 정치적 덕은 '사려분별'이다. 이는 정치 덕목 중 제일의 덕목일 뿐만 아니라 모든 정치 덕목을 이끌고 제어하는 기준이다.

프랑스혁명과 명예혁명의 차이

『프랑스혁명에 대한 성찰』은 두 가지 상반되는 혁명을 대비해 보여주며 하나는 지지하고 다른 하나는 비난한다. 우선 로크와 마찬가지로, 가톨릭교도로서 잉글랜드와 스코틀랜드를 다스린 제임스 왕이 프로테스탄트인 네덜란드 총독에게 폐위당한 1688년 소위 '명예혁명'을 옹호했다. 반면 인간의 권리라는 명목 아래 구체제를 타도한 프랑스혁명은 공격했다. 버크는 리처드 프라이스Richard Price, 1723~1791 목사의 유명한 설교 내용에 반박하는 방식으로 프랑스혁명을 비판한다. 프라이스는 프랑스혁명은 앞서 발발한 명예혁명의 연장선이며 두 혁명 모두 기꺼이 반기고 장려해야 하는 자유와 진보라는 계몽적이고 범세계적인 원칙을 보여

리처드 프라이스
영국의 도덕철학자이자 정치철학자. 프랑스와 미국에서 벌어진 급진적인 혁명을 적극적으로 옹호했다.

명예혁명
영국에서 1688년에 일어난 혁명. 영국의 의회민주주의를 출발시킨 시발점이 되었고, 당시 작성된 권리장전은 영국 역사에서 매우 중요한 위치를 점한다.

줬다고 평가했다. 버크의 관점에서 프랑스혁명은 자신과 프라이스가 모두 경탄한 명예혁명과는 완전히 반대였다. 버크는 명예혁명은 아주 오랜 기간 시행된 영국의 헌법을 제임스 왕과 왕정주의자 및 가톨릭교도 지지자들의 횡포로부터 지키기 위한 매우 적절한 개입이라고 본 로크의 손을 들었다. 영국의 의회 정치체제에서 왕, 귀족, 평민들 사이의 섬세한 균형이 시행착오, 타협, 실용주의 등을 통해 완만하게 조금씩 수 세기에 걸쳐 진화한 결과라고 믿었던 것이다. 버크의 눈에 정치를 향한 영국의 전통적인 접근법의 장점은 완벽에 가까운 영국 헌법에 명백히 잘 드러나 있었다. 영국 헌법은 영국 전체는 아니더라도 적어도 잉글랜드의 특수한 상황들에 꼭 맞게 다듬어졌고 매우 세심하고 겸손한 접근 방식으로만 수정될 수 있다. 현명하고 분별력 있는 정치인이라면 오랜 시간에 걸쳐 자리

네덜란드 총독 오라녜 공 빌럼의 영국 침공

1668년 네덜란드의 오라녜 공 빌럼이 의회와 연합하여 잉글랜드의 왕 제임스 2세를 퇴위시켰고, 이후 잉글랜드의 윌리엄 3세로 즉위하였다. 이때 일어난 혁명을 '피 한 방울 흘리지 않고 명예롭게 이루어졌다'라고 해서 명예혁명이라 이름 붙였다.

잡은 제도와 관행을 대할 때 세심한 주의를 기울여야 하고 인간과 사회에 관해서는 보편적인 이론이나 학설보다는 역사와 경험에 의지해야 한다. 버크는 로크의 주장 중 명예혁명은 '정부는 피지배자들의 합의에 따라 존재한다'라는 추상적인 원칙을 보여줬다는 점은 강하게 부정했다.

버크가 보기에 프랑스혁명은 완전히 다른 성격을 띤 훨씬 위험한 사건이었다. 추상적이고 유토피아적이고 보편적인 가치에 입각한 철학적 혁명으로 바이러스처럼 국경을 넘나들며 곳곳으로 퍼져 도달하는 곳마다 정치적 통일체에 영향을 미친다. 명예혁명은 프랑스혁명과는 달리 해당 영역을 벗어나지 않은 매우 제한적이고 국지적인 성격의 혁명이었다. 이미 견고한 정치체계를 대대적으로 뒤집어엎은 게 아니라 유익한 변화를 일으켰을 뿐이다. 반면 프랑스혁명은 새롭고 급진적인 유형의 혁명으로 '독트린과 이론적 도그마가 주도한 혁명'이라고 할 수 있다. 1789년 이후 프랑스는 자만에 빠지고 추상적인 근본원리에 몰두하는 철학적인 귀족들이 지배하는 '철학 공화국'이 되었다.

독트린
교리, 교훈, 주의, 학설 따위의 뜻으로, 국제사회에서 한 나라가 공식적으로 표방하는 정책상의 원칙.

도그마
비이성적이고 맹목적으로 신봉되고 주장되는 명제나, 구체적 조건을 고려하지 않고 고정적으로 주장되는 명제.

버크는 이렇게 광적으로 형이상학에 몰두하는 정치인들이 계몽철학의 관념과 가치에 취했다고 주장하며 볼테르, 루소, 콩도르세 Marquis de Condorcet, 1743~1794, 달랑베르 Jean Le Rond D'Alembert, 1717~1783, 디드로 Denis Diderot, 1713~1784 같은 철학자들을 대놓고 비난했다. 1790년대 프랑스의 정치적 권위와 사회질서가 끔찍하게 무너져 내린 것은 이러한 철학자들의 사상 때문이라고 주장했다. 이러한 시각은 시간이 지나며 점차 힘을 얻었다. 계몽주의 사상이 프랑스혁명의 시발점이었다는 주장은 『프랑스혁명에 대한 성찰』을 통해 널리 알려졌다.

선출직 의원의 역할은 무엇인가

버크는 선출직 의원의 역할을 두 가지 상반되는 개념으로 설명했다. 첫 번째 개념은 자신을 뽑아준 유권자들의 의견을 대신하여 의회에 전하는 대표자delegate이고, 두 번째 개념은 자신의 양심과 판단력을 바탕으로 국가에 최선이 무엇인지 결정하는 수탁자trustee이다. 버크는 지역구인 브리스톨 유권자들에게 한 유명한 연설에서, 의원으로 지내면서 결코 단순한 대표자로만 일하지 않고 수탁자로서 양심에 따라 일하겠다고 공언했다. 이 연설의 여파로 곧 재임에 실패했고 의원직에서 물러났다. 버크는 의원들은 자신이 대표하는 특정 구역의 의견과 특혜에 얽매이지 말고 하나의 국가와 모두를 위한 공동의 이익을 고려해야 한다고 주장했다. 아이러니하게도 프랑스의 새로운 혁명정부도 버크와 견해가 같았다. 이 정권에서 처음으로 제정한 헌법에서는 선출직 의원이 유권자들을 대표하지 못하도록 명시했다. 1790년 당시 영국에서 투표권이 있는 사람은 전체 인구의 5%에 불과했다는 사실은 엘리트주의자인 버크가 보기에 매우 유리한 조건이었지만, 포퓰리스트인 루소 눈에는 국가의 중심에 폭정이 있다는 증거였다. 오늘날 민주주의를 연구하는 학자들은 여전히 이 두 상반된 관념의 장점을 두고 토론을 벌인다. 의원들에게 자신이 대표자에 속하는지 수탁자에 속하는지 고르라고 하면 이상하게도 대다수가 대표자이면서 수탁자라고 평가한다.

선지자인가 아첨꾼인가

버크가 『프랑스혁명에 대한 성찰』에서 드러낸 예언적인 힘은 프랑스의 혁명적 사건을 뛰어넘어 크게 확대되었다. 그는 궤변가와 경제학자와 타산적인 사람들이 지배하는 천박한 새 시대의 도래를 예견했는데, 이러한 움직임은 그가 살던 시대에 태동하기 시작해서 우리가 사는 이 시대에는 사실 만연하다. 원대하고 추상적인 이론을 맥락을 무시하고 일상적인 정치에 적용하는 행위에 던진 경고와, 사회적인 실제 삶의 까다로운 복잡성과 취약성을 강조하며 드러낸 정치적 회의주의는 오늘날에도 유효하다. 변화는 겸손을 바탕으로 추구해야 한다는 주장은 버크가 매우 설득력 있게 호소한, 영원하고 본질적인 정치의 지혜이다. 하지만 그는 이후 파리의 혁명 집단을 향해 큰 경악과 혐오를 느낀 나머지, 전통적인 온정주의 엘리트가 신흥 유산계급과 힘을 합쳐 모두의 안녕을 자애롭게 보살필 거라는 순진한 믿음을 품게 된 것으로 보인다. 이러한 면은 그때나 지금이나 영국 정치 문화의 주된 특징이다. 이러한 태도를 두고 카를 마르크스는 버크를 '아첨꾼'이라고 경멸스럽게 낮춰 불렀다. 버크와 동시대를 산, 다음 장에서 살펴볼 메리 울스턴크래프트도 같은 맥락에서 그를 비난했다. 버크의 정치적 회의론은 찝찝하게도 편리에 맞게 선택적인 면이 있다.

14

페미니즘의 선구자 메리 울스턴크래프트

여성은
더 남성다워져야 한다

Mary Wollstonecraft. 1759~1797

영국의 철학가이자 작가. 장편소설, 논문, 여행기, 프랑스 혁명사, 지도서, 동
화책에 이르기까지 폭넓은 분야에서 활동했다. 기존 사회 관념에 도전하며,
여성의 교육적·사회적 평등을 주장하였다. 대표 저서로 『여성의 권리 옹호』가
있다.

혁명의 중심으로 뛰어들다

메리 울스턴크래프트는 가정교사와 학교 교장으로 일한 경력이 있는 33세의 가난한 독신 여성이었다. 프랑스혁명을 지지하던 그녀는 혁명의 폭력성이 극단으로 치닫는 시점에 홀연히 프랑스로 떠났다. 혹자는 이를 두고 지나치게 세상 물정 모르는 행보라고 평가했지만 울스턴크래프트는 확실한 희망을 품고 떠난 길이었다. 당시 프랑스로 간다는 건 폭풍을 쫓는 일과 다름없었다. 그녀는 특정 정파에 속하지 않고 독자노선을 걷는 작가로 활동하면서 양성평등을 주창했는데, 당대는 독자성과 양성평등 모두 탐탁지 않게 여기던 시대였다. 시대의 흐름을 거스르는 데 이미 익숙했던 그녀는 급기야 유럽에서 맹렬하게 들끓고 있던 혁명이라는 폭풍의 눈으로 자진해서 뛰어든 것이다.

울스턴크래프트는 마침 왕이 처형장으로 끌려갈 때쯤 도착해서, 창문 밖으로 왕이 단두대로 향하는 모습을 봤다고 회고했다. 공화주의자였던 그녀는 놀랍게도 이 장면에 마음이 뭉클해져 '루이 왕이 평소 그의 성격으로 미루어 짐작한 것보다 더 품위 있는 모습으로 사륜마차에 몸을 싣고 죽음을 향해 달려가는 모습을 보면서 나도 모르게 눈물이 흘렀다'라고 친구에게 보내는 편지에서 고백했다. 이후 이번에는 그녀 자신의 목숨이 위태로운 상황이 발생했다. 왕이 처형된 지 2주도 채 지나지 않아 프랑스가 영국을 상대로 선전포고를 했고 프랑스 내 영국 국적자 수백 명이 첩자 또는 반혁명주의자로 몰려 투옥된 것이다. 심지어는 프랑스혁명을 열렬히 지지

국민공회
프랑스혁명 때 입법의회에 이어 1792년
부터 1795년까지 프랑스를 통치한 의
회. 공화정 선언, 국왕 처형, 미터법 제
정 따위의 업적을 남겼다.

하고 프랑스 명예시민으로 국민공회Convention nationale 의원으로 임명되기까지 한 급진적인 영국계 미국인 작가 토머스 페인도 예외 없이 체포되었다. 페인의 친구이자 동지였던 울스턴크래프트는 자신도 체포될 것이고 어쩌면 당시 프랑스에서 무서운 기세로 확산하던 광란의 폭력에 휩쓸려 처형될 수도 있다고 예상했다.

하지만 울스턴크래프트는 페인과 함께, 이후 국가의 적 수만 명을 숙청한 자코뱅당의 공포정치에서 살아남았다. 그녀는 친구에게 쓴 편지에서 '파리에서 자유라는 대의를 얼룩지게 한 그 피를 생각하면 비통함에 잠긴다'라며 슬픔을 표현했다. 하지만 프랑스혁명의 근본 원칙을 향한 신념은 여전히 굳건했고 어떤 것에도 사그라들 것 같지 않았다. 심지어는 『프랑스혁명의 기원과 전개에 대한 역사적·도덕적 관점An Historical and Moral View of the Origin and Progress of the French Revolution』을 집필하며 당시 공포와 난폭 행위 속에서 결국 '이성과 평화의 정치'가 살아날 거라는 희망적인 관점을 설명하고 정당화했다. 안타깝지만 인류를 향한 그녀의 희망은 자신의 삶에까지 스며들지 못했다. 이토록 낙관적인 책을 출간한 지 1년이 지났을 때 울스틴크래프트는 깊은 비탄에서 벗어나고자 두 차례나 자살을 시도했다. 마침내 무정부주의 철학자인 윌리엄 고드윈William Godwin, 1756~1836을 만나 행복을 찾지만 이마저도 오래가지 못했다. 결혼 후 몇 달이 지나 딸을 출산하는 과정에서 합병증으로 인

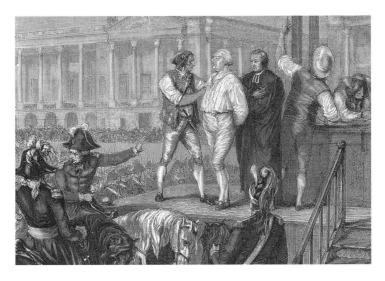

단두대 앞에 선 루이 16세
흔히 루이 16세의 마지막 모습으로 "나는 망했다"라고 반복하며 발버둥치는 왕을 사형집행관이 머리에 총구를 들이대며 협박해 단두대로 끌고 올라갔다고 알려져 있으나, 당시 기록을 보면 그는 마지막 순간까지 왕으로서의 당당함을 잃지 않은 채 꿋꿋하고 냉정하게 모든 절차를 받아들였다고 한다. 이 작가 미상의 그림은 그의 품위 있는 모습을 잘 표현하고 있다.

해 38세의 나이로 세상을 떠난 것이다. 이때 낳은 딸이 바로 전 세계적으로 널리 읽힌 소설 『프랑켄슈타인』을 쓴 작가 메리 셸리Mary Wollstonecraft Shelley, 1797~1851이다.

근대 페미니즘 사상의 어머니

오늘날 울스턴크래프트는 프랑스로 건너간 해에 출간한 『여성의 권리 옹호』라는 저서로 잘 알려져 있다. 당시 유럽 여성은 누릴 수 있는 법적 권리가 거의 없었고 공적인 활동에서는 아예 배제된 데다가 사회 규범과 관례의 제약 때문에 진출할 수 있는 분야가 많지 않았다. 이러한 시대상을 생각하면 이 책에는 매우 급진적인 주장이 담겨 있었다. 당시 여성들은 대개 활동 무대가 집 안으로 한정되었고 그 범위를 벗어날 수 있는 교육이라고 할 만한 것도 거의 누리지 못했다. 또한 여성이 법적으로 보장받는 인격은 결혼과 함께 남편의 것과 합쳐진다는 전통적 관점에 따라, 이미 제한적인 여성의 법적 권한마저 결혼하는 순간 대부분 남편에게 종속되었다. 울스턴크래프트는 이런 맥락에서 가정생활을, 여성이 잠재력을 완전히 발휘할 수 없게 하는 '황금빛 새장' 또는 '감옥' 등에 비유했다. 자신이 이러한 풍조의 폐해를 직접 겪었기 때문에, 당시 결혼과 출산을 강요하는 사회적 분위기 속에서도 늦은 나이까지 결혼을 기피했다. 그녀는 작가로 성공을 거두기 전까지는 타고난 재능과 야망에 턱없이 못 미치는 일을 할 수밖에 없었다. 아일랜드의 부잣집 가정교사로 일할 때는 이 일이 자신을 비참하고 숨 막히게 만든다고 생각했다. 가진 게 없는 미혼 여성으로서 시대적 역경에 맞서 작가로서의 길을 추구하는 일은 매우 용감하면서도 위험한 선택이었다. 그렇기에 그녀의 선택 자체도 저작만큼이나 후대 페미니스트들에게 큰 영향을 미쳤다. 이렇게 그녀는 근대 페미니즘 사상의 어머니로 자리매김하게 되었다.

출간된 지 불과 3주 만에 품절될 만큼 인기 있었던 『여성의 권리 옹호』는 그녀의 첫 정치 분야 저작이었다. 이 책은 근면, 검소, 겸양, 자기 수양같이 소박하고 견고한 중산층식 관점, 그리고 기본적으로

는 프로테스탄트 관점의 덕목을 대변한다. 또한 에드먼드 버크가
『프랑스혁명에 대한 성찰』에서 화려하고 장황한 문체로 옹호한 전
통, 귀족층 특권, 세습군주제 등에 반대하며 이성, 진보, 자유 같은
계몽주의 덕목을 지지했다. 또한 독자들에게 완전히 새롭거나 체계
적인 정치 이론이나 강령을 제시하지 않았다. 좁은 의미의 정치사
상가라기보다는 대중적인 도덕주의자에 가까웠다. 울스턴크래프트
는 루소처럼 자신이 사는 사회가 도덕적으로 파멸했고 그 결과 불
행과 위선이 만연하게 됐다고 믿었다. 그리고 여성을 향한 잘못된
시선에서 시작하는 근본적인 도덕적 개혁 없이는 의미 있고 항구
적인 정치적 개혁을 이룰 수 없다고 봤다.

여성해방의 관점으로 본 프랑스혁명

울스턴크래프트는 여성의 권리를 옹호하는 과정에서 사적 영역
과 공적 영역 간 전통적 경계에 이의를 제기한다. 아리스토텔레스
에서 시작된 이러한 구분법은 사실상 서양 정치사상 역사 전반에
스며들어 있다. 울스턴크래프트는 결혼과 가족 같은 제도에서 비롯
되고 있는 여성 속박이 기존 정치적 문제와도 직결되어 있다고 주
장했다. 20세기 페미니즘 운동의 중심 슬로건이었던 '개인적인 것
이 정치적인 것이다'라는 구호가 이미 이때 존재했다. 그녀는 이런
주장을 바탕으로 여성의 사회적 태도를 정치적 관점에서 논의해야
한다고 지적했다. 정치적 권리는 꼭 필요한 권리이다. 하지만 이 권

리를 추구하는 것만으로는 안 되고, 문화 및 도덕 전반에 걸친 급진적인 개혁이 이루어져야 여성해방을 달성할 수 있다고 보았다. 여성의 능력을 대하는 전통적인 시각을 근본적으로 그리고 전면적으로 뒤집고 그녀가 존경한 프랑스 계몽주의 철학자들이 한목소리로 옹호한 혁명처럼 한층 폭넓은 도덕적 혁명이 일어나야 비로소 의미 있는 정치적 변화가 탄생한다고 주장했다. 그녀는 프랑스혁명을 열렬하게 지지하긴 했지만, 프랑스혁명에는 실망스럽게도 여성을 위한 요소가 거의 없었고 그렇기에 급진적인 움직임이 필요하다고 봤다. 프랑스혁명은 양성 관계에 대대적인 사회적 혁명을 일으키기는커녕 여성의 정치적 권리 확대에도 실패했다. 울스턴크래프트는 공적 영역에 속한 시민들 사이의 관계를 바꾸려면 사적 영역에서 부부가 협력 관계를 이루는 동등한 동반자가 될 수 있도록 부부 관계를 근본적으로 바꿔야 한다고 역설했다. 그래야만 정치도 성별을 막론하고 동등한 개인들 사이에 형성된 시민적 우정을 근간으로 삼을 수 있기 때문이다. 그녀는 전통적 형태의 결혼을 '합법적 매춘'이라며 맹렬히 비난하면서, 여성을 수동적인 존재이자 남편에게 종속된 하찮은 장식품으로 보는 시각과, 여성이 남편에게 의존하면서 남편을 기쁘게 하는 것을 삶의 목적으로 삼게 만든 풍조를 비판했다. 그녀는 남성과 여성을 모든 영역에서 동등하게 대우해야 한다고 주장했다. 한 영역에서라도 불평등이 생겨나면 다른 영역에서의 평등에도 악영향을 미칠 수 있기 때문이다. 프랑스혁명은 좋은 출발점이었지만 여성이 시민의 권리를 확보하는 데는 실패했기 때문에 여성해방에는 역부족이었던 혁명이라고 평가했다.

전통적 성 관념에 도전하다

『여성의 권리 옹호』에서는 여성을 둘러싼 교육, 양육, 가정환경이 어떻게 남성을 만족시켜야 하는 의무를 지우면서 여성 자신의 정신세계를 편협하게 만들었는지 논한다. 여성은 지성을 의도적으로 약화하고 덜 발달시킨 채 이성보다 과하게 발달한 욕정의 지배를 받는, 지적 존재라기보다는 '감각적 존재'로 만들어진다. 불균형한 외적 삶이 결국 불균형한 내적 상태를 반영하는 것이다. 울스턴크래프트는 여성들에게 '더욱 남성다워져라'라고 당부했는데, 이 말에는 여성들이 사고를 확대하고 강화해서 남성들처럼 자기 자신을 중심으로 생각하고 행동하기를 바라는 마음이 담겨 있다. 전통적인 관점에서 여성에게는 섬세하고 관능적이면서 고상한 특성을 요구했다. 울스턴크래프트는 이러한 전통적인 관념 탓에 여성의 몸과 마음이 약해져 남성에게 의지하게 되었고 가정을 벗어난 곳에서는 활동하기 어렵게 되었다고 주장했다. 공적 영역과 사적 영역간 기존 구분법을 향한 비난의 목소리와 마찬가지로 전통적인 성 관념에 대한 울스턴크래프트의 도전은 당시에도 매우 급진적이었고 제2차 세계대전 이후 서양에서 페미니즘 운동이 발발할 때까지도 급진적인 관점으로 영향을 미쳤다.

울스턴크래프트는 여성의 전반적인 정치적 해방에 가장 중요한 요소로 급진적인 교육 개혁을 꼽았다. 그녀는 첫 책인 『딸들의 교육에 관한 성찰Thoughts on the Education of Daughters』에서 여성 독자들에게 정직, 자기 규율, 이성 같은 온전히 부르주아적인 가치를 바탕으로 한 양육에 관한 현실적인 조언을 건넨다. 아이 중심 교육이라는 루소가 제시한 진보적인 원칙은 수용하면서도 성별에 따라 교육을 분리해야 한다는 주장에는 반기를 들었다. 『여성의 권리 옹호』에서는 많은 지면을 할애해 여성을 향한 루소의 일반적인 견해를 반박하기도 했다. 루소는 정치와 교육에 관해서는 급진적인 주장을 펼쳤지만 사적 영역과 공적 영역은 엄격하게 분리되고 각 영역은 해당 영역만의 원칙으로 다스려야 한다는 주장에서는 서양 주류 사상을 따랐다. 그는 여성은 정의감이 선천적으로 부족해서 공적 영역에 도움이 안 되기 때문에 사적 영역에 머물러야 한다고 봤다. 울스턴크래프트는 여성이 정의감이 부족하다는 루소의 주장이 사실이라면 그것은 여성들이 예전부터 공적 영역에 접근할 도리가 없어 정의감과 정치적 덕을 개발할 기회가 없었기 때문이라고 설명한다. 즉, 본성이 잘못된 게 아니라 육성이 잘못된 것이다. 그녀는 성별에 따라 다르게 적용하는 전통적 교육에 강하게 반대하며 플라톤이 『국가』에서 피력한 의견과 비슷하게 단일한 형태의 공통 교육 시스템을 주창했다. 어린아이를 위한 교육은 성별과 관계없이 모두가 가정의 울타리 밖에서도 독립적인 삶을 영위하고 시민의 의무에 적극적으로 참여할 수 있도록 생각의 폭을 넓히는 데 도움이 되는 분석적인 사고와 실용적 기술에 집중해야 한다. 궁극적으로 울스턴크래프트는 공적 세계 전반에 퍼져야 하는 자유와 평등은 결혼, 가족, 일 등의 사적 영역에서도 널리 자리 잡아야 한다고 주장했다.

여성과 남성의 본질적 차이에 대한 논쟁

오늘날 남성과 여성은 공식적으로 평등한 시민으로서 동등한 법적 권리와 자유를 누리고 있다. 하지만 울스턴크래프트에 따르면 이것만으로는 아직 부족하다. 그녀는 기존의 성 관념을 비롯해 기존 문화에 만연한, 여성을 향한 잘못된 태도에 혁명이 일어나야 진정한 여성해방을 이룩할 수 있다고 주장한다. 그리고 여성이 남성과 동등한 교육과 선택지를 부여받아 충만한 삶을 살면서 능력을 개발해 잠재력을 온전히 발휘할 기회를 누리길 바랐다. 후에 다루겠지만 이런 주장은 존 스튜어트 밀이 19세기 후반에도 이어나갔지만 큰 성과는 없었다. 하지만 남성과 여성이 본질적으로 동등하다는 울스턴크래프트의 주장은 단순히 페미니스트들만의 주제가 아니라 곳곳에서 뜨거운 쟁점이 되고 있다.

울스턴크래프트는 18세기에 두 성별은 근원적으로 다르므로 그에 따른 대우도 달라야 한다고 믿은 전통주의자들의 시각에 반대했다. 오늘날 일부 페미니스트는 두 성별의 근원적 차이에 동의하며 '여성은 더욱 남성다워져야 한다'는 울스턴크래프트의 주장을 비판한다. 이는 어느 정도 현대 과학과도 관련한 논란이다. '가치'만의 문제가 아니라 '사실'의 문제이기도 하기 때문이다. 과학이 우리의 성별에 관해 알려주는 다양한 사실은 우리가 어떻게 받아들이는지에 달려 있다. 여성해방에서 우리의 이성과 과학을 향한 믿음과 희망을 보여준 울스턴크래프트라면 오늘날 과학이 말해주는 사실에도 열린 마음으로 귀 기울였을 것이다.

15

철학의 패러다임을 변화시킨 이마누엘 칸트

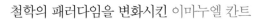

원하는 만큼 주장하라
그러나 복종하라

Immanuel Kant, 1724~1804

독일의 철학자. 근대 계몽주의를 정점에 올려놓았고 독일 관념철학의 기반을 확립했다. 인식론, 형이상학, 윤리학, 미학 등 분야를 막론하고 서양 철학의 전 분야에 큰 영향을 끼쳤다. 저서로 『순수이성비판』, 『실천이성비판』 등이 있다

왕의 서한을 받다

칸트는 발트해 연안의 프로이센 도시 쾨니히스베르크(오늘날 러시아 칼리닌그라드)에서 태어나 평생을 그곳에서 보냈다. 쾨니히스베르크는 제2차 세계대전 때 철저하게 파괴되는 불운을 겪었지만, 칸트는 고향에서 멀리 떠나는 일은 감히 상상도 못 했다. 평생 독신이었던 그는 그곳에서 수십 년 동안 매일매일의 일과를 한 치도 벗어남 없이 지키며 시골의 무명씨로 조용하고 수도사 같은 삶을 살았다. 하지만 이 평화로운 삶은 그의 나이 70세에 왕의 이름으로 교부된 경고 서한으로 무너져 내렸다. 서한은 칸트가 종교에 대해 비판적인 글을 쓴 것을 꾸짖는 내용이었다. 당시 프로이센은 혁명기의 프랑스와 전쟁 중이었고 예민해진 정부는 반대 목소리를 탄압하는 중이었다. 프랑스혁명에 심정적으로 동조했으며 혁명이 표방한 반성직자주의와 의견을 같이했던 칸트는 다시는 종교를 다루는 글을 출판하거나 공개적인 발언을 하지 말라는 명령을 받았다. 서한은 이 힘없는 교수에게 '이를 어길 시 고집을 부린 대가로 불쾌한 조치를 각오하라'라고 경고했다. 칸트는 이에 복종했다. 적어도 왕이 살아 있는 동안에는 그랬다.

법은 설령 진리에 어긋나더라도 복종해야 한다

칸트가 당시 국가의 명령에 복종했다는 사실은 많은 이에게 놀라운 일이었다. 개인의 자유를 향해 강한 신념을 피력하고 진리 추구에 헌신해온 그가 실망스럽게도 스스로를 배신한 듯 보였기 때문이다. 그는 시민이자 철학자인 자신에게 이성을 이용해 대중을 계몽하고 기존의 권력과 법을 공개적으로 비판할 자유, 즉 권력에 직언할 자유가 허락되어야 한다고 주장했다. 그러나 그는 공립 대학교의 교수로서 공무원이었기 때문에 군인이 명령을 따르듯 왕의 명령을 따라야 한다는 압박감도 느꼈다. 개인의 권리와 공직자의 의무 사이에서 갈등하는 이들에게 칸트가 던진 충고는 다음과 같다. "원하는 만큼 원하는 바를 주장하라. 그러나 복종하라!" 이 말의 실질적인 의미는 우리의 정신은 이성이 이끄는 어디로든 자유롭게 나아가야 하지만 결국에는 제정법과 국가의 칙령에 복종해야 하며 심지어 법과 칙령이 진리에 어긋나더라도 따라야 한다는 것이다.

소크라테스가 진리를 추구하는 철학자이자 법을 준수하는 아테네 시민으로서 비슷한 딜레마에 직면했던 2200년 전을 떠올려보자. 그도 칸트처럼 철학과 정치 간 상충하는 요구 사이에서 고민했다. 칸트가 계속해서 대중에게 철학 사상을 전파하자 프로이센 정부가 칸트를 프로이센의 국교를 공격했다는 이유로 '불쾌한 조치'를 당할 것이라 위협했던 것처럼, 아테네의 시민들은 소크라테스에게 아테네의 신을 존경하지 않았다는 이유로 사형선고를 내렸다. 그러나 소크라테스는 사형 직전 한 친구기 탈옥을 도와주겠다고 나섰을 때도 이를 거절했다. 그는 법질서 안에서 오랜 세월 평화롭고 자유롭게 시민으로서의 삶을 누렸으니 이제 그 법이 죽음을 명한다 해도 존중하는 것이 시민의 의무라고 답했다. 칸트와 마찬가지로 소크라테스도 절대 무정부주의자는 아니었다. 그는 주장했지만 동시에 복종했다.

칸트는 자유와 열린 정부, 개인의 권리를 옹호하는 계몽주의 가치를 지녔으나 어떤 상황에서도 혁명은 정당화될 수 없다고 믿었다. 통치자가 제정한 법은 무조건 따라야 한다. 반역은 법질서를 파괴할 뿐 아니라 홉스가 주장했듯 법과 국가는 없는 것보다는 심지어 나쁘더라도 있는 편이 낫기 때문이다. 정부를 비판할 수도 있고 비판해야 하지만 절대 전복해서는 안 된다. 칸트는 전제군주에게 반역하는 것을 최고 수위의 악행이라 봤다. 통치자가 정치사회의 기반이 된 최초의 합의를 위반할 때 국민은 복종의 의무에서 벗어난다는 로크의 주장과는 정반대의 관점이다. 칸트는 반역을 죽음으로 처벌할 대역죄로 여겼다. 한 치의 모호함도 없이 '최고 권위가 가장 용인할 수 없는 수준으로 권력을 남용하더라도 이를 감내하는 것이 국민의 의무이다'라고 명료하게 주장했다.

도덕적 절대주의자

그러나 칸트는 어떤 군주도 도덕률보다 우위에 있지 않으며 도덕률상 통치자는 시민에게 거짓말과 살인 같은 비도덕적 행위를 저지르도록 명령하거나 강요할 수 없다고 봤다. 시민은 통치자를 보편적인 정의의 잣대로 평가하고 공개적으로 비판해야 하지만 여전히 통치자에게 복종해야 하고, 통치자는 비록 도덕적으로 평가받을 수 있고 평가받아야 하지만 부당한 법을 공표하거나 정치적 부정을 저질렀다는 이유로 처벌받아서는 안 된다. 도덕성을 실천하는 것은 국가의 역할이 아니라 개인의 문제지만, 국가는 도덕성을 지키는 방향으로 움직여야 한다고 칸트는 기술했다. 그가 생각하는 진정한 정치란 '먼저 도덕에 경의를 표하고서야 전진할 수 있는 것'이었다.

그렇다면 통치자를 포함한 모든 이에게 적용되는 도덕률이란 무엇이며 우리가 어떻게 도덕률을 알 수 있을까? 칸트는 도덕률이 보편적인 인간 이성에 내재하여 있으므로 이성적인 사람이라면 누구나 이해할 수 있다고 봤다. 이런 관점에서 도덕률은 적어도 인간에게는 보편적이며 이성적인 존재가 아닌 동물에게는 들어맞지 않는다. 인간은 이성적인 본성으로 독특한 지위를 지닌다. 이에 우리는 인간을 다른 목적을 이루기 위한 수단이 아닌 목적 자체로 대우하면서 자신과 타인의 이성을 존중해야 한다. 칸트는 루소 덕에 이렇게 모든 인간이 지닌 본질적 고결함을 깨닫게 됐다며 '루소가 나를 바른길로 이끌었다'라고 말했다. 이러한 인간 본성은 실제 경험이 아니라 우리 자신의 이성을 통해서 발견되기 때문에 즉시 인식이 가능하고 반박할 수 없다. 도덕성으로 인해 모든 사람은 자신을 포함한 모든 인간을 목적 달성을 위한 도구로 이용하지 않을 절대적 의무를 지게 된다. 인간을 이용한다는 것은 이성을 지닌 특별한 존재인 인간을 존중하지 않을 뿐 아니라 도구의 지위로 격하하는 일이기 때문이다. 비록 통치자가 이러한 도덕적 의무를 위반하는 경우라도 이에 반역하는 시민의 행위는 절대 정당화될 순 없지만, 정부는 도덕적 의무에 부합하는 법을 제정해야 한다.

칸트는 도덕적 절대주의자였다. 도덕성은 우리 이성이 우리에게 부과하는 것이므로 무조건적이다. 즉 어떠한 상황과 환경에서도 모두의 복종을 요구한다. 도덕성은 논리와 수학처럼 이성의 진리이기 때문에 어떤 예외도 인정하지 않는다. 맥락은 관련이 없다. 도덕은 절대적으로 준수해야 할 순수한 정언법으로 구성되어 있다. 이것이 칸트가 '정의는 절대 정치에 순응해서는 안 되나, 정치는 언제나 정의에 순응해야 한다'라고 주장한 이유이다.

세상이 망할지라도 정의를 실천하라

정치까지 포괄하는 칸트의 도덕 세상은 편의주의, 모호함, 혹은 원칙을 둘러싼 타협을 용납하지 않는다. 대신 도덕성의 경계를 벗어나지 않는 선에서 유연함과 사려분별은 인정한다. 예를 들어 칸트는 거짓말이 도덕적으로 옳지 못하다고 믿었는데 이는 거짓말이 어떤 상황에서도 용납될 수 없으며 결과와 도덕성은 아무런 관련이 없으므로 결과와도 상관없이 부정한 행위라는 의미이다. 도덕적으로 칸트에게 중요한 것은 우리가 통제할 수 없고 따라서 책임을 질 수 없는 외부적 결과가 아니라 개인 내면의 선한 의지이다. 거짓말은 군주가 일상적으로 사용하는 도구 중 없어서는 안 될 기술이라 기술한 마키아벨리와는 달리 칸트는 진실을 말하는 것이 여러 명의 목숨을 빼앗고 심지어 자신과 자신의 국가를 멸망시킨다고

하여도 거짓말을 하는 것은 절대적으로 금지된 행위라고 보았다. 심지어 그는 '피아트 유스티티아, 에트 페레아트 문두스Fiat iustitia, et pereat mundus,' 즉 '세상이 망할지라도 정의를 실천하라'라는 라틴어 격언을 정의의 올바른 원칙이라 칭송하곤 했다. 앞서 다뤘듯 군주의 악행을 두고 '행위가 그 사람을 비난하더라도 그 행위의 결과가 그 사람을 용서한다'라고 기술한 마키아벨리와 극명하게 대비된다. 그러나 칸트는 비록 어떤 상황에서도 실제 거짓말을 해서는 안 되지만 진실을 보류하며 침묵을 지키는 것은 도덕적으로 용인된다고 말했다.

온정주의에 반박하다

칸트는 정부가 마치 부모가 자식에게 하듯 자신에게 이득이 된다는 이유로 특정 행동을 강요하는 온정주의 혹은 온정적 간섭주의를 강하게 반대했다. 자연적으로 존재하는 유일한 무조건적 선인 인간의 존엄성을 존중했기 때문이다. 아무리 계몽적이고 아무리 선의라 하더라도 온정주의는 우리가 상상할 수 있는 최악의 전제주의라 보았는데, 이성적 존재를 그 자체로 목적이 아니라 존재 자신의 안녕을 얻기 위한 수단으로 취급하기 때문이다. 같은 이유로 칸트는 시민의 안녕이나 행복을 담보하는 것은 국가의 역할이 아니라고 보았는데, 이것이 정치의 궁극적 목적이라 믿은 아리스토텔레스와 후대의 마사 누스바움과는 정반대 시각이다. 칸트에게 행복은 객관적이고 절대적인 이성과 달리 모호하고 주관적인 개념이었다. 따라서 정치체제의 역할은 개인이 나름의 방법으로 도덕적 삶을 꾸리고 행복을 얻을 수 있도록 법과 제도라는 안정적인 틀을 제공하는 것이다. 그의 이러한 생각은 앞으로 살펴볼 20세기 후반 자유주의에 근본적인 영향을 끼쳤다. 칸트가 생각하는 정당한 정부는 헌법을 준수하며 타인의 자유를 침범하지 않는 선에서 인간의 행복을 최대로 보장하는 정부이다. 정부는 개인의 자유를 적극적으로 보호해야 하며 이런 보호 행위에는 개인의 자유 수호에 방해가 되는 장애물을 제거하는 것도 포함된다. 예를 들면 타인에게 위협을 가하는 시민이 있다면 그를 체포해 자유롭게 행동하지 못하게 막아야 한다. 칸트는 이를 '자유의 방해물을 방해하기'라고 불렀는데 법 집행을 통해 자유를 증진하는 방식이다. 이런 관점에서는 복지 정책이 자신을 돌보지 못하고 따라서 자유도 그만큼 누리지 못하는 이들을 지원하는 경우, 온정주의적으로 수혜자에게 강요되지만 않는다면 정당성을 얻을 수 있다.

민주주의가 전제주의로 변질되지 않으려면

이런 강력한 도덕관을 가졌기에 칸트가 민주주의를 매우 경계했다는 사실은 그리 놀랍지 않다. 그는 민주주의를 '필연적 전제주의'라고 불렀다. 여기서 민주주의는 오늘날 전형적인 대의 민주주의 형태보다는 고대 아테네의 직접 참여 민주주의이다. 그는 전제주의로부터 개인의 권리와 자유를 보호해야 한다고 강조했고 19세기의 자유주의자 존 스튜어트 밀과 알렉시 드 토크빌도 그와 의견을 같이했다. 칸트는 힘이 제한된 헌법 기반 국가를 지지했다. 이런 국가에서는 도덕성에 부합하는 법이 정치권력을 규제하고, 모든 시민의 권리가 '사려가 부족한' 거대한 군중 등 자의적으로 행사되는 권력으로부터 보호받는다. 칸트는 루소의 초상화를 서재에 걸어둘 정도로 그를 존경했지만, 민주적 통치에 관한 그의 신념에는 동의하지 않았다. 루소가 주장한 민주적 통치는 너무나 쉽게 전제주의로 변질한다고 생각했기 때문이다. 칸트에게 가장 이상적이고 안전한 형태의 정부는 입법권과 행정권이 분리되고 권력과 자유, 그리고 직접민주주의가 아닌 대의 민주주의가 혼합된 형태로서 여성을 제외한 소수의 독립적이고 재산을 지닌 남성만이 법 제정에 적극적으로 참여하는 정부이다. 관대하게도 칸트는 여성에게 '수동적' 시민 지위는 허락했다. 이 점에서 그는 포퓰리스트 루소보다는 보수주의자 흄에 훨씬 가깝다.

여전히 메워지지 않은 윤리와 정치 간의 깊은 틈

칸트가 말하는 정치체계는 국가 간 반목이 끊이지 않는 세상에서는 취약하기 마련이다. 그래서 칸트는 항구적인 평화를 약속하는 전세계국가연합을 제안했다. 그는 실제 이러한 이상이 우리의 이성을 지휘하는 보편적 도덕률에 부합하는 유일한 이상이며 모든 이에게 이를 추구할 도덕적 의무가 있다고 주장했다. 그는 세계의 역사가 비록 느리긴 하지만 시간의 흐름과 함께 이전에도 그랬듯 앞으로도 평화를 성취하는 방향으로 꾸준히 나아갈 것이라고 희망했다. 발트해에 인접한 안전하고 안락한 자신만의 학문적 둥지를 떠난 적 없는 사람이 내릴 만한 결론이다.

칸트의 도덕적 이상주의는 그와 비슷하게 뉴잉글랜드에 자신만의 학문적 둥지를 틀었던 존 롤스를 비롯해 현대 철학자들에게 깊은 감명을 주었다. 이후 살펴볼 롤스의 영향력 있는 저작인『정의론』덕분에 20세기 후반에 칸트주의 르네상스도 일어났다. 칸트의 저술은 최소한 서구에서는 현대 도덕철학과 정치철학의 논의에 근본적 틀을 제공했다. 오늘날 그의 사상은 학문의 상아탑을 넘어 국제법의 언어, 세계 정의와 인권에 대한 정치적 논의에까지 강하게 메아리치고 있다. 인간의 고유한 존엄성에 대한 칸트의 기본적 믿음은 전쟁과 착취, 참혹함으로 끊임없이 피폐해지는 세상에서 너무나 매력적인 개념이다.

하지만 칸트는 우리의 마음을 심란케 하며 현재도 여전히 출몰하는 흄과 회의주의라는 유령을 완벽히 퇴치하지 못했다. 칸트는 자신도 수수께끼라고 인정한 절대적 도덕 진리와 그 궁극적 기초의 부정할 수 없는 원천이 바로 이성이라고 믿었는데, 이런 신념에 공감하기는 쉽지 않다. 그의 보편주의에서 어떤 편협함을 발견하고, 도덕적 순수성을 추구하던 그의 시도에서 어떤 불길함 같은 것을 감지하는 회의론자도 많다. 이성이 강요하는 절대적인 윤리 제약 내에서 어떻게 정치 혹은 사회 체계가 기능할 수 있을지 상상하기도 쉽지 않다. 가령 거짓말의 절대적 금지를 생각해보자. 어떤 경우에도 지름길을 용인할 수 없다는 태도는 정치적 재앙으로 귀결되거나 정치인을 위선자로 만들 뿐이다. 마키아벨리는 윤리적 이유로 거짓말이 정치 일상의 필수 불가결한 일부라 설명했는데 칸트는 역시 윤리적 이유로 정치에 거짓말이 설 자리는 없다고 말했다. 한 사람은 정치인은 끊임없이 거짓말을 한다고 주장했고 다른 한 사람은 절대 거짓말을 해서는 안 된다고 말했다. 윤리와 정치를 둘러싼 양극단의 관점 간 메꿔야 할 틈이 참 깊어 보인다.

16

미국 독립운동의 불을 지핀 토머스 페인

사회를 만든 것은 우리의 필요
정부를 만든 것은 우리의 악함이다

Thomas paine. 1737~1809

미국의 정치철학자. 미합중국 독립전쟁과 프랑스혁명 당시에 활동하며 '모든 인간은 평등하다', '모든 인간은 자유를 누릴 권리가 있다'와 같은 진리를 이른 바 '상식'으로 선포한 대표적인 선각자이다. 저서로 『상식Common Sense』, 『위기 The American Crisis』 등이 있다.

국왕 처형을 반대한 혁명 지지자

당대 가장 유명한 혁명 지지자이자 군주제 반대파인 토머스 페인이 정작 국왕의 처형을 공개적으로 반대하다 단두대에 오를 뻔했다는 사실은 참 역설적이다. 군주제 폐지를 열성적으로 지지했던 그도 폐위된 프랑스 국왕을 단두대로 보내는 데는 반대했다. 그 대신 국왕을 미국으로 유배 보내자고 제안했다. 물론 예나 지금이나 프랑스인에게는 미국 유배가 더 큰 형벌일지도 모른다.

페인은 국왕 처형 반대를 비롯한 여러 죄목으로 프랑스혁명 정부에 체포되어 사형을 선고받았다. 간수들은 처형을 앞둔 수감자들을 미리 파악하고 단두대로 데려갈 수 있도록 처형 전 처형자의 감방 문에 분필 표시를 남기곤 했다. 페인의 처형일이 다가오자, 간수들은 관행대로 그가 갇혀진 감방 문에 표시를 해놓았다. 하지만 이튿날 간수들이 도착했을 때 페인의 문에 있던 표시는 사라지고 없었다. 그는 정말 기가 막힌 운으로 처형을 피할 수 있었다. 그가 지지했던 온건 혁명주의자들이 그의 처형을 명했던 급진 혁명주의자들을 몰아낸 덕에 1년간의 감옥살이를 마치고 출소하게 된 것이다. 페인은 동지 메리 울스턴크래프트와 마찬가지로 혁명주의자들 때문에 죽음의 고비까지 넘겨야 했음에도 프랑스혁명을 향한 신념은 조금도 꺾지 않았다.

페인의 펜이 없었더라면

울스턴크래프트처럼 페인 역시 파리에서 혁명 운동을 시작했다. 이때 선동 팸플릿 「인권Rights of Man」을 발표했는데, 미국 독립혁명을 옹호한 그의 전 베스트셀러 『상식』보다 더 많이 팔렸다. 울스턴크래프트의 『인간의 권리 옹호』와 같이 「인권」은 혁명을 신랄하게 공격했던 에드먼드 버크에 대한 직접적인 반론이었다. 페인은 버크를 좋아하고 친분도 있었기에 버크의 맹렬한 분노에 충격을 받았다. 버크 역시 적어도 프랑스혁명 전까지는 페인을 '위대한 미국인'이라고 부를 정도였다. 그러나 프랑스에서 일어난 일련의 사건을 계기로 페인과 버크는 서로 다른 길을 걷게 되었고, 둘은 혁명 이후의 정치 구도를 '좌파'와 '우파'로 새로 나누며, 정치적 사상 전통의 양대 산맥에 각각 강력한 목소리를 제공하게 되었다.

페인이 당대 정치 사건들에 미쳤던 영향이 얼마나 컸는지는 일일이 언급하기도 힘들 정도이다. 미국 인구가 250만 명뿐이던 시절 페인의 저작과 팸플릿은 미국에서만 수십만 명이 읽었고, 북미 13개 영국 식민지와 프랑스에서 혁명 명분을 발전시키는 데 크게 이바지했다. 페인은 이러한 명성에도 불구하고 저작에 대한 인세를 받는 것을 원칙적으로 거부하며 소박한 삶을 살았다. 급진적 사상의 대중화를 주도한 그의 언어는 간결하면서도 사람들의 마음을 흔드는 천재성을 지니고 있었다. 미국의 제2대 대통령 존 애덤스 John Adams, 1735~1826도 과장을 조금 보태 '페인의 펜이 없었더라면 조지 워싱턴의 칼은 쓸모없었을 것'이라고 평가했다. 1774년 고향 영국을 떠나 펜실베이니아에 도착한 페인은 적절한 시대와 장소에서 적절한 메시지를 특히나 적절한 방식으로 표현할 줄 아는 인물이었다.

완전히 다시 시작하는 세상

놀랍게도 독립전쟁 발발 직전 미국에 도착한 당시 페인은 이미 37세였지만 정규교육은 거의 받지 못했고 이름도 알려지지 않은 사람이었다. 한 세대 이전 돈 한 푼 없이 파리에 도착했던 루소와 매우 닮았다. 페인의 『상식』은 미국에서 독립혁명이 시작된 직후인 1776년 출판되자마자 폭발적인 인기를 끌어 페인은 사실상 하룻밤 사이에 일반인에서 유명인으로 거듭났다. 영국에서 온 그의 급진적인 정치사상은 분노에 차 있던 13개 식민지 주민들의 심금을 깊이 울렸다.

페인은 군주제는 그 특성상 부패와 폭정으로 이어질 수밖에 없는 불합리한 통치 방식이며 영국으로부터 완전히 벗어나 국민에게 최고 주권이 있는 새로운 공화국을 세워야 한다고 직설적이고 열성적인 화법으로 주장했다. 이러한 목적을 위해서라면 폭력에도 눈 하나 깜짝하지 않았다. 그는 미국의 독립혁명을 대대적인 의미를 지닌 세계사적 사건이라고 표현했다. 독립혁명의 기반이 되는 자유, 평등, 민주주의 원칙은 보편적인 원칙이기에 이를 지지하는 것이며, 이런 이유로 모든 이가 이에 동참해야 한다고 믿었다. '장소도 사람도 아닌 명분 자체 때문에 지지하지 않을 수 없었다'라고 말했다. 그 명분이 바로 '인류의 명분'이었기 때문에 혁명의 손을 들어주기로 한 것이다. 여기에서 미국식 예외주의American exceptionalism가 비롯했다. 예외주의는 미국이 세상을 자유와 공화주의로 선도할 사명을 띠고 인류 역사상 급진적으로 새로운 것을 탄생시키면서 건국되었다는 믿음으로 오늘날에도 자국 내에서 큰 인기를 끌고 있는 사상이다. 페인은 과거를 완전히 거부하고 북미에서 세상을 다시 시작하여 이성과 평등, 자연권을 기반으로 완전히 새로운 형태의 정부와 사회를 설립해야 한다고 독자를 설득했다. 1776년 페인은 새로운 세상의 탄생일이 머지않았다고 예견하며 식민지 주민들이 이러한 원칙을 구현하는 새로운 정부 체계를 성공적으로 설립할 수 있다면, '후대에서 현세대를 새로운 세상의 아담이라고 부를 것'이라고 장담했다.

주권의 정당성은 국민의 자연권에서 비롯된다

페인이 군주제와 신분제를 공격하는 데 사용한 핵심 논리는 오직 국민만이 주권의 정당한 기반이 될 수 있다는 믿음이었다. 이 점에서 페인은 루소와 뜻을 함께했다. 그는 투표의 자격으로 교육과 재산 요건을 따지는 생각에 반대하는 등 당시로서는 매우 급진적인 입장을 피력했다. 하지만 직접민주주의나 보통선거까지는 지지하지 못했다. 미국과 프랑스의 다른 혁명가들과 마찬가지로 페인 역시 투표권을 남성에게 제한해야 한다고 믿었다. 친구인 메리 울스턴크래프트조차 그의 마음을 돌리진 못했다. 페인은 민주주의자보다는 공화주의자에 가까웠다. 18세기 맥락에서 이런 성향은 국민이 통치에 직접 참여할 권리가 아닌 대표자를 선출할 권리를 가져야 한다고 믿었다는 뜻이다. 페인은 국가의 주요 목적인 국민의 자연권 보호를 위해선 국민의 주권적 일반의지가 제한될 수 있다고 믿었다. 이 점에서 일반의지가 절대적이라고 본 루소보다는 로크와 가까웠다고 할 수 있다. 그러나 그가 주장한 공화주의 대의제 정부라는 개념조차 제임스 매디슨 등 당시 미국 건국의 아버지들에겐 상당히 극단적인 생각이었다. 이들은 군중 정치를 두려워했으며 정부의 포괄적 균형과 견제를 통해 민중의 의지가 가진 힘을 꺾어야 한다고 생각했다. 존 애덤스는 페인의 이상이 '너무 민주적이며 어떠한 제약이나 균형점을 찾으려는 노력도 없기에 반드시 혼란과 악행을 초래할 것'이라고 비난했다.

혁명과 관련해서 페인은 홉스가 아닌 로크의 손을 들었다. 홉스는 정부 없이는 사회도 없고 혁명을 통해 정부를 무너뜨리면 사회가 파괴되어 우리가 만인의 만인에 대한 싸움에 빠지고 말 것이라고 주장했다. 이에 반해 페인은 로크와 같이 정부에 의지하지 않고도 사회가 존재할 수 있다고 믿었다. 사회는 우리의 결핍을 충족하기 위해 자연스럽게 등장했지만, 정부는 인간이 자신의 악을 제한함으로써 서로에게서 자신을 보호하기 위한 목적으로 세운 것이다. 페인은 사회는 축복이며 정부는 필요악이라고 봤다. 정부가 없는 사회도 물론 가능하고 정부가 인간의 자연권을 침해하는 경우라면 더더욱 오히려 정부 없는 사회를 택해야 한다고 믿었다. 이 경우 '불필요악'이 되어버린 정부는 없어져야 하며, 필요한 경우 무력을 행사할 필요도 있다고 말했다. 페인에게 우리의 자연권은 정부의 정당성을 뒷받침하기 위해 반드시 일관성 있게 지켜야 하는 원칙이었다.

자연권의 근원은 무엇인가

정부가 인간의 자연권을 보호할 필요성에서 비롯했다면, 우리의 자연권은 어디에서 왔을까? 페인에 따르면 자연권은 하느님에게서 비롯되었으며 이는 미국 독립선언문의 유명한 다음 구절과 일맥상통한다. "우리는 다음을 자명한 진리로 믿는다. 모든 사람은 평등하게 창조되었으며, 그들은 창조주로부터 양도할 수 없는 일정한 권리를 부여받았다. 이에는 삶, 자유 및 행복의 추구 등이 포함된다." 페인은 정부의 도덕적 기반이 기본적으로 신성하다고 믿었지만, 이런 신성함과 신념에 입각한 행위가 관련이 있지는 않다고 일축했다. 그는 감정과 편견, 그리고 특히 버크가 정치사회 질서의 핵심이라고 높이 샀던 습관에 의해 오염되지 않는 한 누구든지 '이성과 자연의 순수한 목소리'에 귀 기울임으로써 창조주에 관한 깨달음과 도덕성을 직접 발견할 수 있다고 낙관적으로 믿었다.

계몽주의 시대를 선도했던 많은 사상가와 마찬가지로 페인 역시 보편적이고 자비로우며 이성적인 창조주를 믿는 자연신론자였다. 그는 모든 계시종교와 제도종교가 지식의 진정한 원천인 이성이나 증거를 기반으로 삼지 않았다고 비판했다. 기독교를 너무나 신랄하게 비판한 탓에 미국에서 쌓은 명성이 훗날 무너졌다. 그는 세상을 떠나기 몇 년 전인 1809년 미국으로 돌아왔는데, 당시 신생국가였던 미국 전역에는 기독교 열풍이 불기 시작했다. 후에 미국의 제26대 대통령이 된 시어도어 루스벨트Theodore Roosevelt, 재임 1901~1909는 페인을 반기독교적 인물로 낙인찍었고, 많은 이가 그를 '더럽고 보잘것없는 무신론자'라며 비난했다. 사실 페인은 광신도는 물론 무신론과도 거리가 멀었다. 자연신교 교회인 경신敬神박애주의 교회Church of the Philanthropy의 프랑스 건립을 도와주기까지 했다. 18세기 자연신론은 자연의 설계를 통해 창조주의 존재를 설명하는 오늘날 '지적 설계'라고 불리는 논리를 따랐는데, 페인 역시 이를 지지했다.

자연신교
17~18세기 유럽의 계몽주의 시대에 나타난 합리적인 종교관. 신의 존재와 진리의 근거를 인간 이성이 인식할 수 있는 자연적인 것에서 구하는 이론으로, 신을 세계의 창조자로 인정하지만 세상 일에 관여하거나 계시나 기적으로 자기를 나타내는 인격적 주재자로서의 신을 부정하였다.

사유재산 지지자로서 사회복지에 앞장서다

흄과 페인은 인류 역사에서 상업이 문명화의 핵심적인 힘으로 작용했다고 해석했다. 둘은 올바른 규제와 정부의 견제만 있다면 시장이 상충하는 이해관계 간에 균형을 이루고 사회를 통합하며

인간의 안녕을 꾀할 힘을 갖고 있다는 낙관적 믿음을 보였다. 페인
과 흄 둘 다 상업이 국가 간 그리고 국가 내 통합을 진전시킬 것으
로 보았다. 페인은 '정부의 탐욕스러운 손'이 '산업의 구석구석을 파
고들어 다수에게서 약탈품을 취한다'라며 비난했다. 그러나 젊은
시절 영국에서 조지 3세의 세금 징수원이었던 그가 이런 말을 꺼냈
다는 역설적인 상황을 반대파들은 당연히 가만히 놔두지 않고 그
의 위선적 면모를 비난했다.

　페인은 사유재산이 창조주가 부여한 권리이며 정부의 보호를 받
아야 한다고 주장했지만, 동시에 공공의 이익을 위해 정부가 사유
재산을 몰수할 권리도 있다고 믿었다. 이러한 입장 때문에 그의 논
리적 일관성에 의구심이 제기되기도 했다. 페인은 정부의 사유재
산 몰수로 개인적인 혜택을 받기도 했다. 뉴욕 상원이 유배된 국왕
파로부터 몰수한 작은 농장을 페인에게 선사한 것인데, 후에 페인
은 더 좋은 것을 받아야 했다고 불평하기까지 했다고 전해진다. 그
는 이러한 정부의 몰수를 복수라 생각하지 말고 고통받는 국민의
작은 분노로 여기라고 했다. 또한 조세 체계를 통해 부의 불평등을
막고 공공복지, 사회보험, 빈민층을 위한 무료 공교육, 노인 연금 등
에 자금을 투입해야 한다고 주장했는데, 이는 20세기가 되어서야
받아들여진 급진적인 생각이었다. 페인은 이보다 더 급진적인 공공
정책을 지지하기도 했다. 가령 모든 시민이 21세가 되어 사회로 진
출하면서 성공할 기회를 가질 수 있도록 일회성 보조금 15파운드
를 지원하자고 제안하기도 했다. 그는 사회주의자도 사회적 민주주
의자도 아니었지만, 도움이 필요한 국민을 위해 부유한 자에게서

세금을 징수하고 보편적 복지를 제공해야 한다고 주장했고, 이러한 논리는 그의 사후 많은 좌파와 극좌파에게 영감을 불어넣었다.

페인이 주장한 상업적 공화주의는 흄이나 루소에게는 큰 울림을 주지 못했다. 흄과 루소는 둘 다 공화주의 덕목과 상업 사회가 양립할 수 없다고 믿었다. 둘 중 하나를 선택해야 하는 기로에서 흄은 상업을 루소는 공화주의를 선택했다. 오늘날 미국의 모습을 보면 흄과 루소의 주장에 동의하지 않을 수 없다. 오랜 시간 동안 미국에서는 상업이 우선시되었고, 공화국이라는 개념은 이제 옛말이 되어 버렸다. 비교적 소규모에 농촌 중심이었던 미국 공화국 초기에 페인이 지지했던 상업주의와 공화주의의 조합은 이젠 불가능한 형태가 되어버렸다. 루소의 관점대로 공화정은 소박함, 연대, 평등의 조건 아래에서 소규모로만 번창할 수 있는데, 상업 사회에서는 이런 조건들이 힘을 잃는다. 대부분의 현대 서구 국가가 취한 자본주의 사회는 대규모에, 복잡하고, 세계화가 진행된 데다, 불평등도 점차 깊어져 앞서 말한 조건들이 사실상 지속될 수 없다.

페인의 저작이 당시 큰 성공을 거둘 수 있었던 것은 페인이 인류의 진보와 계몽이라는 강력한 내러티브를 통해 미국과 프랑스에서 발생한 동시대 사건들을 연관 지어, 보다 나은 무언가를 꿈꾸었던 당대 사람들에게 상당히 매력적인 관점을 드러내 보였기 때문일 것이다. 이러한 낙관적인 내러티브의 매력은 앞으로도 계속될 것이고, 이런 매력이 살아 있는 한 페인의 글은 독자들에게 깊은 울림을 줄 것이다.

17

절대정신의 철학자 프리드리히 헤겔

역사는 절대정신이
자유를 향해 나아가는 과정이다

Georg Wilhelm Friedrich Hegel. 1770~1831

독일의 철학자. 독일 관념철학을 종합하고 집대성한 인물로서, 절대정신絶對精神에 이르는 관념적 변증법을 완성했다. 이 변증법적 원리는 이후 마르크스주의에 계승되어 19세기 이후의 사상에 큰 영향을 끼쳤다. 저서로는 『정신현상학』, 『법철학』 등이 있다.

나폴레옹에게서 철학적 답을 찾다

자신을 무려 '세계지식 교수'라 칭한 헤겔은 원자물리학에서 근대 정치학까지 거의 모든 학문 분야를 설명하고자 시도하며 방대하고 원대한 철학적 구상을 품고 있었다. 그의 장대한 철학적 포부를 터무니없이 과장된 허세로 보는 시각이 있는 반면 다방면으로 영감을 자극하는 인상적인 철학이라고 보는 시각도 있다. 또한 현대 헤겔주의자들은 철학을 통해 미래를 예견하려고 시도했지만, 정작 헤겔 자신은 인간은 돌이켜 생각해야만 이해할 수 있으므로 철학이란 필연적으로 과거를 돌아보게 된다고 주장하며 '미네르바의 부엉이(그리스식 지혜의 상징)는 황혼 녘에 가서야 날아오른다'라는 말을 남기기도 했다. 삶은 의기양양하게 미래를 향해 흘러야 하지만 그 삶을 이해하려면 과거를 돌아봐야 한다는 것이다.

1806년 프로이센 군대를 물리친 나폴레옹은 헤겔의 학문적 고향인 도시 예나Jena를 함락했다. 도시에 들어서는 나폴레옹의 모습에 압도된 이 독일 출신 철학자 헤겔은 그를 가리켜 '말을 탄 세계정신'이라고 묘사했다고 전해진다. 헤겔은 나폴레옹의 몰락은커녕 그 짧았던 승리조차 예상하지 못했지만, 그 단기간의 승리라도 철학적으로 풀어보고자 했다. 헤겔에 따르면 모든 인간사에는 인간의 자유를 추구하는 신성한 정신(가이스트geist)의 작용이 반영된다. 역사란 신정론神正論, 즉 신은 바르고 의롭다는 이론에 입각한 이야기이며, 개개의 지도자, 계급, 국가, 제국은 모두 역사라는 심판대이자 도마 위에 오른다. 선한 편이 실패하고 악한 쪽이 잘되는 경우도

예나–아우어슈테트 전투에서의 나폴레옹

지금의 독일 튀링겐주 예나 및 아우어슈테트 일대에서 벌어진 예나–아우어슈테트 전투로 인해 프로이센군은 엄청난 피해를 입었고, 그 후 추격전에서 완전히 괴멸당해 프로이센의 모든 영토가 프랑스군에게 제압당했다. 사실상 독일 전역의 승패를 결정지은 전투라고 할 수 있다.

Horace Vernet, 「The Battle o Jena」, 1806

비일비재하며 어떤 것도 우연히 발생하지 않는다. 역사상 모든 사건은 비록 시간이 지난 후 돌아봐야 깨달을 수 있는 사실이긴 하지만 각자 나름대로 이성과 자유의 진전을 의미한다. 성서 역사를 보면 이스라엘의 '패배'가 이후 하느님의 섭리를 통해 궁극적인 승리의 수단으로 탈바꿈하는 사례도 있다. 세계 역사에서도 마찬가지로 헤겔의 표현에 따르면 전쟁, 노예제, 제국주의도 인간 '이성의 간계 cunning of reason '라는 것 때문에 궁극적으로는 인류 자유 증진에 이바지하게 된다고 봤다.

변증법의 시각으로 본 프랑스혁명

헤겔은 프랑스혁명이 프랑스 내 봉건적 질서를 무너뜨리고 인격을 해방하는 데 필요한 과정이었다고 봤다. 매해 프랑스혁명 기념일을 기리면서 혁명을 위해 건배했을 정도다. 하지만 동시에 프랑스혁명의 한계점도 인정했다. 자유, 평등, 박애 등 순전히 추상적인 이상에서 출발해 구체제를 붕괴시키는 데 그쳤을 뿐 새로운 체제를 수립하지는 못한, 소극적이고 파괴적인 혁명이었다는 설명이다. 역사가 요구한 건 진전을 가로막고 이전 상태로 되돌려놓는 반혁명주의적 태도가 아니라 혁명으로부터 얻은 긍정적인 결과물을 안정적이고 존속 가능한 새로운 정치체제 안에서 통합할 지도자였다. 이런 맥락에서 나폴레옹은 반동분자 적수들을 물리침으로써 프랑스혁명을 '구원'했다. 프랑스혁명이 정正이고 반혁명주의가 반反이라면 나폴레옹은 모든 시민의 법적 평등과 전통적인 전제정치의 안정성을 결합한 일시적인 합合이 되는 셈이다. 이 변증법 논리는 아래서 다시 다루겠다. 헤겔은 나폴레옹이 몰락하게 된 배경도 설명한다. 나폴레옹은 스페인과 러시아에 프랑스의 정치제도와 법을 무리하게 적용하려 한 탓에 각 국가의 전통을 주장하는 반대에 부딪혔다는 것이다.

헤겔은 나폴레옹이 유럽 전제정치를 타도하려 시도한 것이 필수적이었다고 보았지만 프랑스의 제국주의와 프로이센의 봉건적 전통주의 모두를 강하게 거부했다. 이 극단적인 충돌에서 헤겔이 본 것은 법치로 인간의 평등과 자유를 보호하는 '근대 헌법' 국가에 군주제, 관료제, 농업 같은 프로이센의 '전통'을 결합한 존립 가능한 '합'의 탄생이었다. 헤겔이 근대 프로이센을 두고 전통적 제도의 틀 안에서 근대적 자유가 승리를 거둔, 즉 지역적 맥락에서 보편적 이상이 승리를 거둔 '역사를 통한 신의 행진'이라고 묘사한 이유가 여기에 있다.

헤겔 철학을 둘러싼 오해와 진실

헤겔은 가족, 도덕, 관습에서부터 시장, 법, 정부에까지 모든 분야를 한데 아우르는 정치 이론을 제시한 탓에 종종 전체주의자로 오해받기도 한다. 실제로 제2차 세계대전 당시 동부전선에서 치러진 대대

전체주의
공동체, 국가, 이념을 개인보다도 우위에 두고, 개인을 전체의 존립과 발전을 위한 수단으로 여기는 사상이다.

적인 격투는 히틀러의 우익 헤겔파와 스탈린의 좌익 헤겔파 간 전투로 평가되기도 했다. 히틀러의 파시스트 국가조합주의와 스탈린의 마르크스주의는 왜곡된 형태로나마 헤겔의 사상과 연관성이 있다. 헤겔은 분명히 파시즘과 공산주의 모두 근대의 산업화 대중사

회가 직면한 난제에 맞서는 과정에서 불가피하게 발생한 대응법으로 봤을 것이다. 또한 파시즘과 공산주의 모두 프로이센과 러시아의 귀족층을 붕괴시키는 방식으로 근대 사회민주주의의 성공을 위한 길을 닦았다고 평했을 것이다. 실제로 히틀러는 결국 의도치 않게 전후 독일 민주주의 증진에 이바지한 셈이 됐다. 헤겔이 말한 '이성의 간계cunning of reason' 또는 역사가 어떻게 가장 별난 전략을 통해 자유라는 목적을 달성하는지를 가장 잘 보여주는 예시다. 악해 보이는 것이 이성과 자유의 확대라는 궁극적으로 선한 목표 실현에 이바지한다. 역사를 둘러싼 헤겔의 철학은 이렇게 무엇이든 설명할 수 있고, 이런 이유로 사실상 아무것도 설명할 수 없다고 보는 시각도 많다.

사회민주주의
자본주의 경제체제를 혁명 등으로 급격하게 무너뜨리지 않고 점진적으로 사회주의를 추구하고 대의 민주주의를 위한 정책과 소득 재분배 정책, 그리고 사회 전반의 이익과 복지정책을 포함하는 정치적, 사회적, 경제적 이념.

변증법 논리

헤겔의 철학 이론 중 가장 유명한 논리는 변증법이다. 이 논리에 따르면 상반되는 관념이 두 개(정과 반) 있을 때 한층 높은 차원의 합을 위해 이 둘을 조화시킬 수 있다. 이러한 변증법이 실제 역사에서는 어떻게 작용할까? 헤겔이 가장 좋아한 예시는 고대 그리스의 폴리스와 근대 헌법 국가 간 대비에서 볼 수 있다. 예술적, 지적, 군사적으로 거의 모든 부분에서 위대했던 고대 그리스 도시국가도 공동체의 양심과 개인 양심 간의 비극적인 갈등만은 피할 수 없었다. 헤겔은 고대 그리스의 가장 훌륭한 비극 작품으로 소포클레스의 『안티고네』를 꼽는다. 작품 속에서 공동체가 반역자를 처벌할 수 있는 권리와 개인 양심의 권리가 극명하게 충돌한다. 테베의 왕인 크레온은 누구도 반역자 폴리네이케스의 시신을 매장하지 못하도록 한다. 크레온 입장에서는 마땅한 조처이다. 하지만 폴리네이케스의 여동생 안티고네는 신의 법에 따라 크레온의 명령에도 불구하고 자신에게 오빠의 시신을 거둘 마땅한 권리가 있다고 주장한다. 마찬가지로 실제 아테네 역사 속 소크라테스는 불경하고 청년들을 타락시킨 죄로 시민들의 비난을 산다. 하지만 소크라테스는 자신의 양심이라는 신성한 목소리를 따랐을 뿐이라고 반박한다.

　헤겔에 따르면 안티고네와 소크라테스는 죽어 마땅하다. 폴리스의 한계 안에서는 상충하는 국가(정)와 개인 양심(반)의 권리를 조화시킬 방법이 없다. 이렇게 비극적인 충돌은 근대 자유국가가 인정한 양심의 신성 불가침성이라는 보편적인 기독교 원칙이 부상한 후에야 극복할 수 있게 되었다. 헤겔은 공동체의 권리와 개인 양심의 권리를 모두 보호하면서 이러한 비극적인 충돌을 초월했다는 바로 그 이유로 근대 정치 공동체가 고대 도시국가보다 객관적으로 우월하다고 설명한다.

실제 세계를 이론의 출발점으로 삼다

역사를 바라보는 헤겔의 광범위한 통찰에 관한 의견은 엇갈리겠지만 헤겔은 자유 사회에서 발생하는 개인 권리와 집단 관습 간의 다양한 갈등을 충분히 고찰할 수 있게 도와준다. 그는 홉스부터 칸트에 이르기까지 자연권을 주창한 사상가들이 개인과 개인 간의 추상적인 권리에서 정치 이론을 전개했다며 공격했다. 사회적 맥락이 없는 '무연고적 자아'인 개인에서 시작하여, 개인에게 평등과 표현의 자유 같은 추상적인 자주권을 부여하면, 이 개인을 다시 사회 맥락 속으로 돌려놓는 즉시 무수한 갈등이 생겨난다. 앞서 말한 권리들은 개념이 너무나 폭넓어서 개인들이 한데 모여 살면서 모든 권리를 완벽히 지키는 건 불가능하다. 현실에서 공동체는 모든 사람이 가족, 회사, 군대, 정치체 등에서 협력하며 어울려 살 수 있도록 자주권, 평등, 자유 등에 '제한'을 둔다. 실제로 헤겔은 프랑스혁명이 실패로 돌아간 건 자유, 평등, 박애 등 당시 기존 사회제도의 요구를 무너뜨리는 데 사용한 추상적인 권리를 모든 시민에게 부여하려는 시도 때문이었다고 지적한다.

헤겔은 사회적 맥락에서 벗어난 채 추상적인 권리로만 무장한 개인이 아니라 실제 인간이 사는 공동체와 윤리적 관례가 출발점이 되어야 한다고 말한다. 우리의 도덕적 이상과 법적 권리는 사회 관례 및 관습이 반영되지 않는 한 늘 이질적으로 느껴지고 우리의 행동과는 괴리될 것이다. 진정한 자연권은 관례 속 습관화를 통해 '제2의 천성'이 되어야 한다. 헤겔은 규정, 관례, 전통 등을 그냥 주

어진 당연한 사실로 보는 보수적인 관점도 부정했다. 사회적 관례
는 단순한 전통이 아니라 우리가 그것의 이성적 목적을 알 수 있다
는 점에서 규범력을 가지게 된다.

현실 속의 권리 이론을 제시하다

헤겔은 '이성이 실제이고 실제가 이성이다'라고 말했는데, 여기
서 실제로 존재하는 게 모두 이성적이라거나 힘이 곧 정의라고 말
하는 건 아니다. 이성적인 것이란 언제나 인간 자유의 실현을 의미
한다. 단순히 어쩌다 보니 존재하는 것이 아니다. 어쩌면 혁명으로
사라져야 하는 것일 수도 있다. 사회적 관행이 존재한다는 이유만
으로 합당하다고 말할 수 없는 것이다. 관습과 관례는 사회적 자유
에 꼭 필요하지만 이런 필요성도 관습과 관례가 이성적 자주성을
실현할 때만 해당한다. 이런 면에서 헤겔은 구체적인 관례를 옹호
한 버크와 보편 권리를 주창한 칸트를 모두 포함하면서 이보다 한
단계 더 앞서 나간다. 즉 맥락 속 권리, 추상적인 원칙인 권리가 아
닌 가족, 기업, 국가의 실제 현실 속의 권리 이론을 제시한다. 우리
에게는 '개인'의 권리보다는 부모, 일꾼, 기독교도, 시민으로서의 권
리가 부여된 것이다. 헤겔은 추상적인 보편성도 구체적인 특수성도
모두 부정한다. 그가 옹호하는 건 '구체적인 보편 가치'이다. 개개의
구체적인 사회적 관례와 제도를 이해하고 개혁하여 이들이 보편적
인 권리를 어떻게 구현하는지 살펴봐야 한다. 그리고 추상적인 권

리는 구체적인 전통과 관습에 반영해야 한다. 자유주의자들은 헤겔이 윤리적 관례를 강조한 건 자유의 이름 아래 그저 전통적인 관습을 합리화한 것에 불과하다고 보는 한편, 보수주의자들은 헤겔이 자유의 진전을 강조한 입장을 두고 파괴적이면서 혁명적인 변화를 정당화했다고 보는 경향이 있다.

맥락 속 권리에 대한 현대적 해석

헤겔이 강조한 '맥락 속 권리'를 현대의 윤리적, 정치적 논쟁과 어떻게 관련지어 볼 수 있을까? 오늘날 특히 낙태를 둘러싼 논쟁에서 의견이 양극단으로 첨예하게 갈리는 모습을 볼 수 있다. 바로 극도로 추상적인 개인 권리 두 개, 즉 여성이 자율적으로 결정을 내릴 권리와, 태어나지 않은 아이가 세상의 빛을 볼 권리가 극명하게 대립하기 때문이다. 여성과 배 속 아기는 추상적인 권리로 무장한 서로 분리된 개인으로 설명할 수 있다. 자유권 이론 안에서는 이러한 충돌을 다룰 수 있는 해결책은 없다. 충돌의 결과만이 있을 뿐이다.

권리를 맥락 속에서 해석하면 이 딜레마는 어떻게 보일까? 엄마와 자녀라는 관계 맥락에서 보면 전통적으로 엄마에게는 자신의 자녀를 직접 양육하기를 포기하고 입양을 보낼 수 있는 관례적, 법적 권리가 있다는 점이 눈에 띈다. 즉, 임신한 여성도 원칙적으로는 원치 않은 아기를 자신에게서 떼어놓을 권리가 있다는 뜻이다. 안타깝게도 현재 기술로는 이러한 낙태 과정에서 아기가 죽을 수밖에 없으므로, 아이를 떼어낸 부모는 주어진 자녀를 보호할 의무를 저버리는 셈이 된다. 하지만 머지않은 미래에 태아를 죽이지 않고도 엄마 몸에서 분리할 수 있게 된다면 엄마와 태중 아기의 권리를 모두 보호할 길이 열릴 것이다. 이렇게 헤겔이 설명한 맥락 속 권리라는 개념은 개인 권리와 우리의 삶에서 중요한 관계 간의 비극적인 충돌을 극복하는 데 도움이 된다. 헤겔은 권리와 관계 또는 개인과 공동체 사이에서 하나만을 선택하지 말라고 조언한다.

18

미국 헌법의 아버지 제임스 매디슨

어떤 다수 집단도
소수 집단을 억압할 수 없다

James Madison, Jr. 1751~1836

미국의 제4대 대통령(재임 1809~1817). 『연방주의자』 논문집을 공동 집필하고, 미국헌법의 인준에 중요한 공헌을 하였기에 '헌법의 아버지'로 추앙받았다. 저서로 『미국 정치제도의 악덕들Vices of the Political System of the United States』이 있다.

정치인과 철학자의 장점을 두루 겸비하다

미국 독립혁명 이후 독립을 맞이한 13개 식민지는 1781년 맺은 연합규약을 바탕으로 견고한 틀 없이 연합되어 있었다. 이렇게 수립된 새내기 정부는 세입 확대, 주州 간 교역 증진, 외세로부터의 신규 주 보호 등 일을 처리하는 데 서투른 모습을 보였다. 이에 각 주 지도자들은 틀을 갖춘 더욱 강력한 정부를 새로 수립하기로 뜻을 모았고 이 결정에 따라 1787년 헌법 제정 회의가 소집되었다.

버지니아주 대표였던 제임스 매디슨은 이 회의에 대비해 연방제(국가의 권력이 중앙 정부와 주에 동등하게 분배되어 있는 정치 형태)와 공화제(주권이 국민에게 있는 정치 형태. 일반적으로는 간접 민주제를 의미한다)를 성심성의껏 조사하고 공부했다. 그는 당시 주프랑스 미국 공사를 지내던 절친이자 정치적 동지인 토머스 제퍼슨에게 편지를 써 고대 및 근대 연방공화국 관련 논문과 전문 서적을 수집해달라고 부탁했다. 제퍼슨은 이에 파리의 가판대를 샅샅이 뒤져 대부분 프랑스어로 쓰인 책 100여 권을 매디슨에게 보냈다.

미국 헌법의 아버지로서, 그리고 더 넓게는 역사상 가장 위대한 헌법 구조 이론가이자 전문 실무자로서의 매디슨의 명성을 뒷받침하는 건 심층적인 연구이다. 그러나 매디슨은 다수의 위대한 정치 사상가와는 달리 책을 통한 막대한 깨달음과 정치인으로서 쌓은 폭넓은 경험을 결합한 결과 정치인 중의 철학자, 철학자 중의 정치인이 될 수 있었다.

그는 토머스 제퍼슨의 전철을 밟아 버지니아주 입법부에서 대륙

회의로 진출하고 국무장관을 거쳐 미국 대통령에 올랐다. 제퍼슨 같은 고매한 표현 능력은 없었지만(제퍼슨은 '모든 인간은 평등하게 태어났다'라고 말했다), 인간 본성을 보다 현실적으로 바라보고 제도적 역학관계를 날카롭게 통찰하는 식으로 제퍼슨이 제시했던 민중정치 이상의 극단성을 다소 누그러뜨렸다.

가령 제퍼슨은 각 세대가 자신에게 맞는 법을 만들게 해야 한다고 주장했다. 이미 죽고 없는 사람들의 지배를 받는 사람들이 통치하는 게 무슨 의미이냐는 주장이었다. 반면 매디슨은 건강한 민주정치에는 견고한 기본법 체계가 필요하다고 주장했다. 헌법을 자주 바꾸는 일은 경기 중에 규칙을 바꾸는 것과 같기에 권력을 향한 민주적 경쟁의 공정성을 해칠 수 있다고 경고했다. 새로운 헌법안을 설명하고 지지하는 논문을 한데 엮은 『연방주의자』는 매디슨의 설득력 있는 글 덕분에 정치사상 역사에 미국이 남긴 가장 위대한 공헌이 되었다.

인간이 천사라면 정치는 필요치 않다

매디슨은 뉴저지대학교(현 프린스턴대학교)에서 스코틀랜드 출신 칼뱅파 기독교인 존 위더스푼John Witherspoon, 1723~1794을 시사히며 인간 본성을 향한 아우구스티누스의 비관적 관점을 받아들였다. 앞서 다뤘듯 아우구스티누스는 인간의 이기심은 누그러뜨릴 수는 있을지언정 결코 훈육이나 교육으로 없앨 수는 없다는 성악설을 주창해서 최초의 정치적 현실주의자로 불린다. 후대 역사가 액턴은 이렇게 근본적으로 악한 본성 때문에 '권력은 부패하기 마련이고 절대권력은 절대로 부패한다'라고 경고하기도 했다. 이 경고는 얼마나 덕망을 갖췄느냐와 상관없이 어떤 통치자에게도 제한 없는 정치권력을 맡겨서는 안 된다는 뜻이다. 매디슨은 아우구스티누스의 생각에 동조하며 '인간이 천사라면 정치는 필요치 않을 것이다'라는 유명한 말을 남겼다. 독단적인 권력 행사를 통제하기 위해 매디슨이 고안한 제도적 장치를 두고 칸트는 잘 구성된 헌법은 악마 종족에게도 효과를 발휘할 것이라고 강조했다. 매디슨은 시민과 정치인들이 어느 정도 수준으로 시민 덕성을 제대로 갖추어야만 헌법 장치가 올바르게 기능할 수 있다고 주장했다.

민주정치를 개인의 자유와 결합하기 위하여

영국 왕실과 의회의 압제를 비난한 매디슨은 미국인들이 서로를 폭압하는 일이 벌어지게 될까 우려했다. 이미 남부연합에서는 다수의 채무자가 소수 채권자의 재물을 도용하고 있었다. 물론 오랜 시간 다수 인종인 백인이 소수인종을 대상으로 자행해온 폭압이 더 큰 문제였다. 매디슨이 풀어야 했던 가장 근본적인 난제는 민주정치를 개인의 자유와 결합하는 방법, 즉 소수를 압제하지 않고도 민주적인 다수 집단에 권한을 부여하는 방법을 찾는 것이었다. 유럽 역사를 보면 유대인같이 대중적이지 않은 소수 집단이 민중의회보다는 군주의 보호를 받은 경우가 많았다.

매디슨은 민주정치보다는 공화정치를 선호했다고 보는 시각이 많지만, 매디슨이 선호한 체제는 민주공화정이라고 보는 편이 더 정확할 것이다. 그는 모든 사안에 모든 시민이 투표할 수 있는 고대 직접민주주의인 '순수한' 민주주의를 비판했다. 그는 시민들의 정념으로 인해 폭압적인 의회가 만들어질 수 있다고 보며 '모든 아테네 시민이 소크라테스였다 해도 모든 아테네 민회는 여전히 폭도의 모임이었을 것'이라고 말했다. 매디슨은 소수의 사람이 나머지 사람들을 대표해 정치를 펼쳐 민중의 날것의 정념을 대표자들의 숙고와 심의로 조정할 수 있는 대의정치 방식을 선호했다. 역사상 대부분의 공화국이 귀족 중심이었지만, 매디슨은 민주공화정을 주창했다. 고대에서는 대의정치가 아닌 직접민주주의 본보기를 찾아볼 수 있고, 중세 유럽에서는 민주적이지 않은 대의정치 본보기를 볼 수 있다. 매디슨은 고대와 중세의 정치 이상을 한데 결합해 진정으로 대의적인 민주주의를 개척했다.

종교적 다원주의를 주장하다

정치사상가로서의 매디슨 사상의 진수는 전통적인 정치사상을 뒤집은 방식에서 확실히 볼 수 있다. 고대와 중세 정치를 관통하는 기본 공리는 공동체는 종교적으로 화합하지 않으면 정치적으로 화합할 수 없다는 관념이었다. 사실상 인류 역사상 모든 정부가 정치적 통합이라는 이름 아래 정교 신앙을 강요할 권리를 주장했다. 제퍼슨과 매디슨은 버지니아 종교 자유령을 제정하는 과정에서 이러한 전통적인 가정을 거부했다. 후에 버지니아 종교 자유령은 종교의 자유를 명시한 미국 수정 헌법 제1조의 기초가 되었다. 매디슨은 국가가 수립한 단일 교회는 국가와 종교를 모두 타락시키지만, 종교적 다원주의는 더 나은 교회와 더 나은 정부에 도움이 된다고 주장했다. 그의 주장에 따르면 정교 강요는 정치적 갈등을 예방하는 게 아니라 오히려 부추긴다. 나중에 밝혀졌듯이 미국 기독교는 그 어떤 국교 아래에 있을 때보다 종교 자유가 보장되었을 때 더 빠르게 전파됐다.

거대 공화국의 다양성을 옹호하다

전통적인 정치 이론의 두 번째 기본 공리는 민주적인 정치체는 규모가 작고 동족으로 구성되어야 한다는 것이다. 따지고 보면 고대 민주국가들은 아주 작은 도시국가였고, 로마 공화국이 다양한 민족이 뒤섞인 거대 제국이 되면서 로마 국민은 정치적 자유를 잃었다. 미국에서 각 주의 권리를 옹호한 사람들은 매디슨의 새로운 국가 정부에 반대하면서 대표자들은 작은 주에서만 주민들을 책임질 수 있다고 주장했다. 하지만 매디슨은 고대건 중세건 작은 공화국의 역사를 살펴보면 이들이 무너진 이유는 파벌 갈등이었다고 주장한다. 실제로 정치체가 작을수록 가진 자와 가지지 못한 자, 채권자와 채무자, 가톨릭과 프로테스탄트 등 상충하는 두 집단으로 양분되기 쉽다. 인간의 기질과 환경의 다양성을 생각하면 자유롭지 못한 사회는 절대 자연스러운 만장일치에 도달할 수 없고 파벌 싸움과 분열도 다스릴 수 없다.

당파 싸움이라는 심각한 위험은 모순처럼 들리지만 파벌을 다양화하여 해결할 수 있다. 앞서 데이비드 흄이 이미 종파가 다양할수록 한 종파가 다른 종파를 탄압하는 일을 막으며 종교의 자유가 빛을 발한다고 설명하기도 했다. 매디슨은 이러한 흄의 견해를 좀 더 일반화하여 다양한 종류의 사람으로 구성된 거대한 정치체는 재산의 수준과 종류가 다양하고 종교, 지리적 또는 문화적 정체성 등도 다양하기에 어느 하나의 분열만으로는 내전에 이르지 않을 것이라고 주장했다. 그에 따르면 다양성을 갖춘 거대한 국가에서는 시민의 정체성이 빈곤층, 가톨릭교도, 도시인, 북쪽 지역 주민, 백인 등 다양할 것이다. 그는 시민들에게 공동선을 추구하도록 촉구하는 대신에 지역 이기주의라는 현실을 용인한다. 당파는 불가피하다. 다양한 집단을 이어주는 다양체가 있어야 비로소 안전을 확보할 수 있다. 매디슨이 등장하기 전까진 그 누구도 거대한 민주공화국이 작은 민주공화국보다 더 효과적이라고 주장하지 않았다.

주권은 모든 곳에 있고 어느 곳에도 없다

전통적인 정치사상의 세 번째 기본 공리는 모든 정부에 주권이 있어야 한다는 믿음이다. 유럽 정치체에서는 군주나 의회, 또는 의회주의적 군주에게 최고 권력이 있었다. 전통적 관점에서 말하는 주권이란 무엇일까? 주권은 최종 권력으로 도전의 대상이 될 수 없다. 난국을 타개하려는 목적으로 분산되어서도 안 된다. 무엇이든 주권을 제한하는 것 자체가 주권이기 때문에 주권을 법적으로 제한할 수 없다. 매디슨의 헌법 구상의 진수는 주권은 모든 곳에 있고 또 어느 곳에도 없다는 점이다. 우선 그는 중앙 정부와 여러 주 정부를 구분했다. 주권은 중앙 정부에 있을까, 주 정부에 있을까? 답은 '둘 다'이다. 중앙 정부와 주 정부는 내부적으로 행정부, 입법부, 사법부로 나뉘고, 각 기관은 서로 견제하면서 균형을 유지할 권력을 지닌다. 이 중 어느 기관에 주권이 있는지 묻는 것 자체가 어불성설이다. 심지어 전체를 포괄하는 정부에 주권이 있는 것도 아니다. 국민이 헌법 제정 회의를 열어 주 정부나 중앙 정부를 없앨 수도 있기 때문이다.

만약 앞서 말한 정부의 세 기관 중 두 개 이상이 주권을 빼앗고자 결탁하면 어떻게 될까? 매디슨은 단순한 헌법 조항으로는 야욕 있는 정치인들이 법적인 세부 사항을 무시하는 일을 막지 못한다는 사실을 잘 알고 있었다. 그는 제도적으로 정부의 공직을 나눠놓으면 공직자들 사이에 유익한 갈등이 발생하고 이렇게 야심이 야심에 대응하도록 해야 한다고 주장했다. 정치인들은 자신이 속한 정부 기관에 주어진 권력과 특혜를 다른 기관들로부터 경쟁적으로 지켜낼 것이다. 헌법을 향한 고매한 충성심 때문이 아니라 자신의 권력 기반을 보호하기 위해서이다. 매디슨의 정치심리학에 따르면 정치인들은 자신이 맡은 지위와 일체감을 느낀다. 즉, 널리 알려진 말대로 '어떤 정책을 지지할지는 현재 차지하고 있는 자리에 달려 있다'는 의미이다. 매디슨은 정치인들이 헌법을 수호하도록 촉구하기보다는 상충하는 이들의 야심이 서로의 권력을 견제하도록 하는 방식에 기댄다. 그는 추측이나 가정에 기반하지 않고 있는 그대로의 인간을 받아들였다.

미국 헌법의 특징

헌법 설계 과정에서 매디슨이 추구한 가장 중요한 목표는 특히 다수 집단에 의한 폭압의 위험성을 피하는 것이었다. 그의 신조는 다음과 같은 방식으로 '분산 통치'하는 것이었다. 첫째, 공화국의 크기를 키우고 사회를 각자 다른 다양한 당파로 나눠 고정적인 다수 집단이 소수 집단을 억압할 수 없도록 한다. 둘째, 주권을 중앙 정부와 주 정부 사이에 분산한다. 셋째, 정부 내부에서 기관을 나눠 정치인들끼리 경쟁함으로써 국민을 대상으로 공모할 수 없도록 막는다. 이러한 주권 분산의 위험성은 때때로 교착 상태에 이를 수 있다는 점이다. 어떤 기관도 완전한 권력을 갖지 못한 채 다른 기관의 안건에 대해 단순히 거부권만 행사할 수 있기 때문이다. 또한 어떤 기관에도 주권이 없기에 유권자들은 누구를 믿고 누구를 탓해야 하는지 모를 수 있다. 주권 분산에는 보통 책임의 분산이 따르기 마련이다. 미국의 제28대 대통령 우드로 윌슨Thomas Woodrow Wilson, 재임

1913~1921 이후로 미국 진보주의자들은 매디슨의 헌법이 중앙 정부를 너무 약하게 만든 나머지 조직적인 특별 이익단체들이 미국 사회개혁을 방해한다고 주장해왔다.

매디슨의 헌법은 '정당'과 관련한 조항을 포함하지 않은 유일한 근대 헌법이다. 그러나 정당 없이는 정부 기관들이 안정적으로 협력하지 못해 통치 역량을 확보할 수 없다. 동시에 정당은 기관들이 서로 견제하려는 경향을 약화할 수 있다. 한 정당이 두 개 이상의 정부 기관을 통제하면 상호 견제 및 균형이 약해진다. 따라서 정당은 통치에는 필요하지만, 매디슨이 세세하게 짠 권력 행사 제어책을 해친다.

매디슨 철학의 업적과 한계

매디슨은 1787년 헌법 제정 회의에서 보여준 지도력을 이유로 흔히 미국 헌법의 아버지라고 불린다. 그는 세계 역사상 기본 자유를 다룬 가장 영향력 있는 선언으로 평가되는 '권리장전United States Bill of Rights'이라고 불리는 미국 수정 헌법 10개 조항 구상을 직접적으로 담당했다. 그가 남긴 최고의 정치적 업적이라고 할 수 있다. 하지만 각 주에서 제정되는 법에 대해 거부권을 가진 한층 강력한 정부를 건립하려 했던 그의 '버지니아 계획'은 이루어지지 않았다.

한편 매디슨은 노예를 소유하는 동시에 인권을 옹호하는 일이 위선적이라는 사실을 아주 잘 알고 있었다. 그는 노예제를 도덕적 죄악이라고 비난하는 일에는 뜻을 굽히지 않았지만, 한 번도 노예제 폐지에 직접 힘쓰지는 않았다. 미국 남부 버지니아주 출신으로서 남부 주들이 노예제를 포기하면서 북부 주들에 합류하지 않으리라는 사실을 잘 이해하고 있었기 때문이다. 이에 대해 영국 작가 새뮤얼 존슨Samuel Johnson, 1709~1784은 제퍼슨과 매디슨을 두고 '흑인 노예 관리자들이 자유를 향한 가장 큰 외침을 어떻게 낼 수 있겠는가'라고 통렬히 비난하기도 했다.

매디슨 이후로 정치학자와 경제학자들은 사람들을 올바른 행동으로 점진적으로 유도하는, 복잡하면서 교묘한 제도적 장려책과 제약을 고안해왔다. 가령 오늘날 장기를 기증하겠다거나 노후 자금을 마련하겠다는 결정 과정을 구조화하여 '도덕적인' 결정을 기본 선택지로 놓는다. 또한 기업들이 환경 오염을 줄이거나 직원들에게 의료보험을 제공하도록 금전적인 장려책을 제공하기도 한다. 매디슨처럼 오늘날 정부들도 제도를 세심하게 구조화해, 사람들이 잘못된 동기로라도 '올바른' 선택을 내리도록 한다.

한편 매디슨 시절과는 다르게 도덕적 품성과 시민 덕성이라는 말은 거의 포기 상태다. 공직을 이용해 개인의 부를 축적하는 행위는 한때 부패 행위로 크게 책망받았으나 이제는 거의 보편적으로 용인된다. 아무리 정교하게 설계된 헌법 제도라도 근본적인 시민 덕성이 부족한 정치인들을 통제할 수 없다는 사실을 우리는 지난 역사를 통해서도 현대 정치판에서도 익히 보고 있다.

19

민주주의의 폐단을 예견한 알렉시 드 토크빌

민주주의는 마음의 습관을 지닌
시민의 힘으로 굴러간다

Alexis de Tocqueville. 1805~1859

프랑스의 정치철학자이자 역사가. 프랑스의 국가기구와 미국의 정부 형태를 비교 분석한 그의 사상은 지금까지도 비교 방법론의 모델을 대표하며 대중사회 이론의 주요한 근원 중 하나가 되고 있다. 저서로는 『미국의 민주주의』, 『앙시앵 레짐과 프랑스혁명』 등이 있다

프랑스인의 관점으로 미국 정치를
귀족의 관점으로 민주주의를

알렉시 드 토크빌은 오늘날 고전으로 간주되는 『미국의 민주주의』의 첫머리를 미국 뉴잉글랜드 지방 자치 모임인 '타운미팅' 예찬으로 열었다. 그는 1831년 가을 뉴잉글랜드의 매사추세츠와 코네티컷 여행에서 알게 된 타운미팅을, 민주주의적 덕목을 실천한 세계 최고의 모범 사례라고 극찬했다. 이곳의 뚝심 있고 독립적인 농민과 상인들은 주 정부나 중앙 정부가 자신들의 지역 문제를 해결해주기를 뒷짐 지고 기다리지 않고, 주기적으로 한데 모여 자금 조달 및 배분, 도로 또는 학교 건설 등 당면한 지역사회 문제를 놓고 의논하고 논쟁하고 결정했다. 토크빌은 미국 지방정부가 종종 일을 제대로 처리하지 못한다는 점을 인정하면서도 그 사실은 중요하지 않다고 말한다. 미국의 지역사회 주민들은 자체 통치를 통해 자유를 고결하게 사용하는 법을 가르치는 훌륭한 덕목을 갖추고 있었다. 여기서 한 가지 의문점이 생긴다. 타운미팅은 근현대 미국을 대표하는 대의민주제보다 고대 그리스의 직접민주주의와 더 닮았는데 왜 타운미팅에 초점을 맞춰 민주주의를 연구한 것일까? 왜냐하면 토크빌은 미국인이 아니라 프랑스 동포들에게 민주주의를 가르치기 위해 미국 민주주의를 연구했기 때문이었다.

이제 막 새롭게 발생한 민주주의의 힘을 인정한 프랑스 귀족 출신인 토크빌은 자신의 봉건주의 선조들의 견고한 자족성이 어느 정도 근대 민주주의 시민의 성질에 영향을 미치기를 기대했다. 먼 과거 유럽에서 근대적 형태의 국가가 탄생하기 전에는 봉건귀족들이 모여 서로 자유와 독립성을 존중하면서 범사를 다스렸다. 토크빌은 모든 민주시민이 이렇게 이상적인 귀족의 시민적 덕성을 바탕으로 행동하는, 만인의 귀족화를 바랐다. 그는 당시 부상하던 민주주의식 법적, 도덕적 평등은 거부할 수 없는 신의 뜻이고, 우리가 스스로 내리는 선택은 자유의 평등이냐 노예 상태의 평등이냐, 그리고 독립 시민으로 구성된 사회냐 노예로 구성된 사회냐를 결정할 뿐이라고 주장했다. 자신이 찬미하는 정치적 자유에 닥칠 두 가지 주된 위협 요소로 정부의 중앙화와 시장 소비주의를 지목했는데, 둘 다 시민 덕성 실천에 요구되는 일들에서 벗어나 노예 상태로 조용하게 사적인 삶을 살게 만드는 요소이다. 토크빌은 구약성서 속 선지자처럼 민주주의 평등의 발흥에서 신의 뜻을 찾을 것을 강조하는 동시에 민주적 '대중'이 먼 곳에서 권력이 유혹하는 길을 따르면서 사적인 사치로 배를 채우는 미래가 도래할 수 있음을 경고했다. 그가 '연성 독재Soft despotism'라고 명명한 이 개념은 무섭게도 20세기 공산주의뿐 아니라 21세기 자본주의 사회에서도 모습을 드러내고 있다.

귀족 출신인 토크빌은 어떻게 민주주의 옹호자가 됐을까? 토크빌은 프랑스 귀족층의 붕괴 이후부터 프랑스 민주주의의 탄생 시점 이전까지의 시절을 살았다. 그의 사명은 귀족들에게는 민주주의가 필연적인 변화라는 경고를, 민주주의자들에게는 정치적 자유는 필연이 아니라는 경고를 전하는 것이었다. 어떤 선지자도 조국에서는 칭송받지 못했고, 토크빌 역시 프랑스에서는 귀족층과 민주주의자 모두에게서 외면받았다. 오히려 프랑스 정치를 가까이하지 않은 덕에 저술가라는 천직을 실현할 수 있었다. 귀족만이 민주주의에 대해 그렇게 훌륭하게 쓸 수 있었고, 프랑스인(또는 외국인)만이 미국에 대해 그렇게 훌륭하게 쓸 수 있었다.

미국의 지방정부에서 프랑스혁명의 답을 찾다

토크빌은 일가친척 다수와 부모까지 처형된 프랑스혁명의 그늘에서 살았다. 이 유례없는 사건의 정당성을 두고 동시대 사람들은 의견이 극렬히 갈렸지만, 봉건 군주제의 근본적인 단절을 상징하는 사건이라는 점에는 모두 동의했다. 토크빌만이 프랑스혁명은 루이 14세 이후 군주들이 이미 무너뜨리고 있던 봉건 체제의 잔해를 치웠을 뿐이라고 주장했다. 프랑스 봉건제도가 극심한 증오의 대상이 된 건 사실상 이미 거의 무너진 이후였다. 18세기까지 프랑스 귀족들은 특권은 많지만 실질 권력은 없었고, 통치할 필요 없이 통치의 혜택을 독차지했다. 혁명 이전 2세기 동안 야망 있는 군주들이 파리의 정치권력을 독점했다. 프랑스 혁명가들과 나폴레옹은 귀족을 거치지 않고 민중을 직접 통치하던 절대군주들이 일궈놓은 중앙집권 체제를 완성했을 뿐이었다.

프랑스혁명의 도화선은 무엇이었을까? 토크빌은 프랑스가 품은 질문에 대한 미국식 해답과 해결책을 찾고자 미국으로 떠났다. 미국 민주주의의 비결을 지방정부에서 볼 수 있듯이 프랑스혁명의 실마리 역시 지방정부에서 볼 수 있었다. 중세와 근세 농민들은 지역 귀족에게 통치의 대가로 노동을 제공하고 세금을 냈다. 그러나 농민들은 18세기에 이르러 자신들이 파리 공무원들의 통치 아래 있고, 그 와중에도 대부분 이미 베르사유로 떠나버린 쓸모없는 지방 귀족들에게 돈을 대기 위한 세금이 계속 부과되고 있었다는 사실을 알게 된다. 시민들은 이런 부조리를 참을 수 없었고, 혁명을 통해 이를 바로잡았다. 1789년에 발생한 일련의 사건들은 그저 현지 프랑스인들의 삶을 이미 바꿔놓은 정치·경제·사회 혁명이 맹렬하게 최고조에 이른 것에 불과했다. 토크빌은 미국과 프랑스의 지방정부를 같이 연구하여 양국 정치에 숨겨진 비밀을 포착했다.

지방자치 제도의 장단점

토크빌은 모든 정치의 바탕인 마음의 습관은 사람들의 일상 경험에서 형성되므로 지방정부를 살펴보는 것이 합리적이라고 주장한다. 대부분 사람에게 민주주의나 입헌주의 같은 개념은 모호한 추상적 개념이고 워싱턴 D.C.나 파리 같은 곳은 이질적인 땅으로 느껴진다. 미국인들은 민주적인 습관을 학교나 책이 아니라 교구회, 마을 위원회, 지역 배심원단 활동을 통해 습득한다. 시민 덕성은 이웃과 협동하고 차이를 수용하는 법을 배우고 공동의 문제에 대한 해결책을 찾는 과정에서 습득한 습관이 모인 것이다. 토크빌은 미국인들이 군구郡區, township를 먼저 구성하고, 다음으로 주州,

그리고 마지막으로 중앙정부를 조직했다고 설명한다. 이는 미국인들이 본능적으로 모든 차원의 정부를 자신이 익숙한 고장을 기준으로 유추한다는 점을 알 수 있다. 토크빌은 '민주주의는 코를 푸는 일처럼 잘되지 않더라도 스스로 해야 하는 것'이라는 G.K. 체스터턴 Gilbert Keith Chesterton, 1874~1936의 말에 동의했을 것이다.

토크빌은 지방정부의 장점을 열렬하게 옹호했지만, 그렇다고 해서 각 주의 권한을 지지한 것은 아니었다. 그는 주 정부는 중앙정부만큼이나 일상적인 삶과 동떨어져 있다고 주장했다. 강력한 중앙정부를 옹호했고, 각 주의 자주권을 옹호하는 관점에 반대했다. 그리고 중앙정부의 권한을 무시할 수 있는 주 정부의 권력이 후에 발발한 남북전쟁에서 실제로 나타났듯 미국 연방의 생존을 위협한다고 우려했다. 미국인들이 이치에 맞는 근거도 없이 중앙정부의 압제를 강도 높게 비난하는 경향이 있다고 논평했다. 그의 시각에서 주 정부는 사실상 자유를 위협하는 주된 요소였다.

G.K. 체스터턴
영국의 소설가이자 평론가. 재기발랄하고 독창적인 역설들을 잘 사용함으로써 '역설의 대가'라고 불렸다. 저서로 『브라운 신부의 순진』, 『영원한 사람』 등이 있다.

기독교는 근대 민주주의 이상의 기원

토크빌은 프랑스의 화급한 문제인 기독교와 정치의 상관관계에 대한 답을 미국에서 찾고자 했다. 프랑스 가톨릭교회는 수 세기 동안 왕정과 손을 잡았다. 그 결과 1792년 왕정이 폐지되면서 교회는 그 잔해에 파묻혔다. 혁명 이후 프랑스 좌파와 우파는 가톨릭교는 왕정주의를 옹호하는 반민주주의 집단이고, 민주적 평등과 자유는 세속적인 비기독교 이상이라는 원칙에 뜻을 모았다. 하지만 토크빌은 반대로 근대 민주주의는 기독교의 이상이며 예수는 만인의 평등을 공언하기 위해 이 세상에 왔다는 주장을 매우 열성적이고 단호하게 펼쳤다. 이는 가톨릭 신앙은 잃었어도 기독교를 향한 애정만큼은 여전한 그에게 시급한 문제이기도 했다.

토크빌은 고대 민주주의의 바탕은 노예제, 계급별 특권, 가부장제였다고 말한다. 플라톤과 아리스토텔레스마저도 근본적인 만인 불평등을 주창했다. 보편적인 평등, 인권, 자유 같은 이상은 기독교의 산물이었다. 그렇기에 토크빌은 기독교식 시민윤리를 발전시키지 않은 기독교 신학자와 전도사들을 책망했다. 왕정주의자, 군주제 지지자, 민주주의자, 사회주의자들은 모두 기독교가 근본적으로 근대 민주주의의 반대편에 서 있다고 확신했지만, 토크빌은 니체보다 한발 앞서 기독교는 현재 제도적으로 부패한 게 사실이라 해도 민주주의 이상의 기원이라고 설명했다. 더 중요하게도 민주적 시민 덕성의 생존에 여전히 기독교가 필요하다고 말했다.

기독교 공동체가 키운 마음의 습관

토크빌은 미국에 머무는 동안 두 가지 사실에 맞닥뜨렸다. 첫 번째는 정교분리였고, 두 번째는 정교분리에도 불구하고 기독교가 '미국 정치제도의 선봉'에 있다는 사실이었다. 사적인 종교가 어떻게 '정치'제도의 핵심이 될 수 있었을까? 여기서 정치는 '마음의 습관'에서 비롯된다는 사실을 기억해야 하는데, 미국인들은 그 어떤 제도보다도 교회의 영향을 지대하게 받았다. 가령 뉴잉글랜드에 정착한 청교도 집단은 성직자를 모두 신도들이 직접 선출했다. 심지어 미국 가톨릭 주교도 본래 신부들이 뽑았다. 즉 미국 교회는 미국 정부보다도 먼저 민주주의 방식을 선보였다. 토크빌은 미국인들에게 종교가 없었다면 물질적 부를 극도로 탐하면서 이기적인 개인주의에 완전히 빠졌을 거라고 말한다. 기독교 가르침보다는 기독교 공동체 참여를 통해 형성되는 마음의 습관이야말로 미국인들의 시민 덕성 함양을 이끈 것이다. 현시대 사회학자들은 실제로 종교의 종류와 무관하게 정기적으로 열리는 집회에 참석하는 것과 시민 덕성의 상당 부분 사이에서 밀접한 상관관계를 발견했다.

미국 민주주의 비판

토크빌은 연구를 하면 할수록 미국 민주주의를 더욱 비판적으로 바라보게 되었다. 그가 품은 비판주의의 가장 근본적인 원인은 흑인, 인디언, 백인 간의 관계였다. 계몽된 프랑스 자유주의자들과 마찬가지로 토크빌 역시 미국의 노예제, 특히 노예들이 겪는 끔찍한 수모뿐만 아니라 노예 소유주들의 부패에 경악했다. 그는 노예제는 노동의 가치를 더럽히고 남부 백인들의 게으름, 무지, 오만을 키운다고 주장했다. 그는 오하이오강을 항해하면서, 노예를 부리는 켄터키 쪽의 지저분한 도살장들과 비교했을 때, 노예를 부리지 않는 자유로운 오하이오 쪽의 농장은 평화롭고 근면하다고 강조했다. 토크빌은 고대 노예제도는 정신이 아니라 육체를 구속했지만, 미국의 인종 기반 노예제도는 노예의 육체와 정신을 모두 구속하여, 노예들은 자신이 자연발생적으로 열등하다고 여기게 된다고 분석했다. 또한 흑인에 대한 범죄가 흑인들의 분노에 찬 앙갚음을 유발한다고 주장했다. 토크빌은 미국에서 인종 간 평화로운 공존보다는 차별에 의한 전쟁이 벌어지는 게 더 그럴듯한 전개라고 봤다.

　1830년 인디언 이주법이 제정된 직후에 미국에 도착한 토크빌은, 인디언들에게는 가차 없이 탐욕스럽고 폭력적인 백인 정착민들 손에 전멸하는 것 말고는 어떤 미래도 없을 거라고 보았다. 그는 노예 상태보다는 죽음을 택하는 자부심 강한 인디언 전사들을 보면 군사 귀족층이었던 자신의 선조들이 생각난다고 했다. 토크빌의 귀족적 면모는 전멸에 맞서 싸운 아메리카 인디언의 용맹과 극기에 보낸 찬탄에서 가장 잘 드러난다.

오늘날 민주주의가 놓치고 있는 것

　토크빌은 민주주의 문화가 철저히 실용적이고 물질적이고 실증적인 것에 치우쳐 있어서 미국인들은 단기간에 이윤을 낼 수 있다면 신기술을 개발하는 데 능하다고 덧붙인다. 미국인들은 실용적인 자국 문화에서는 당연히 실용성과 직업 중심의 학교 교육이 필요하다고 생각했다. 하지만 여느 때와 마찬가지로 토크빌은 동시대인들의 이러한 상식을 거부하고 실용적인 미국 민주주의자들에게 진정으로 필요한 건 고전어, 문학, 철학, 미술, 음악 같은, 실용과는 거리가 먼 귀족식 교육이라고 강조했다. 학교는 학생들이 마음과 정신을 드높여 순수한 진실, 고결한 도덕적 이상, 아름다움 그 자체를 사랑하도록 유도하는 방식으로 민주주의 문화에 기품을 더하는 것을 목표로 삼아야 한다. 이러한 교육을 수반하지 않는 민주주의는 편협한 직업 중심 교육주의로 빠져들어 결국 미국인들이 그토록 소중하게 여기는 예술과 과학의 진보를 저해할 것이다.

　오늘날 선진 민주주의 국가에서 시민 덕성의 부족을 둘러싼 실망을 흔히 볼 수 있다. 실질적인 정치권력은 이제 멀리 떨어진 국회의사당이나 심지어 국제기구에 있는 일도 있어 대부분 시민이 한낱 방관자가, 그리고 정치 자체는 이기적인 자기거래 속 저속한 당파 싸움이라는 안타까운 구경거리가 되어버렸다. 결과적으로 미국과 유럽에서는 공적 생활에서 너무나도 부족한 시민 덕성을 학교에서 가르치길 기대하는 시민이 많다. 시민 덕성을 학교에서 배울 수 있을까? 토크빌은 그렇지 않다고 여겼다. '학교와 지식의 관계는 지역 기관과 자유의 관계와도 같아 지식을 사람들 손이 닿는 곳까지 가져다만 줄 뿐'이라는 것이다. 정치적 자유의 덕성은 지역 교회, 단체, 정부 등에 적극적으로 참여하면서 배워야만 한다. 시민 덕성은 궁극적으로 머리로 하는 학습이 아니라 마음에 스며드는 습관이다. 인터넷 소비주의와 정치 중앙집중화로 지역 기관이 사라져가는 지금, 시민들은 어디에서 적절한 마음의 습관을 들일 수 있을까?

20

자유주의자이자 공리주의자 존 스튜어트 밀

진정한 자유는
공리와 같이 간다

John Stuart Mill. 1806~1873

영국의 철학자이자 정치경제학자. 논리학, 윤리학, 정치학, 사회평론 등에 걸쳐서 방대한 저술을 남겼다. 자유주의적 정치 경제사상을 바탕으로 현실 정치에도 적극적으로 참여해서 하원의원을 지내기도 했다. 저서로는『자유론』,『정치경제학 원리』등이 있다

폭정을 옹호한 자유주의자

  존 스튜어트 밀은 인생의 절반 이상을, 극동 지역에서 영국 무역
을 관리하고 인도를 효과적으로 통치하기 위해 설립한 회사인 동
인도회사 런던 본부의 공무원으로 일했다. 동인도회사에서 은퇴할
당시 그는 아버지인 제임스 밀의 후임으로 임명된 상급직인 심사
관 자리에 있었다. 아버지와 아들 둘 다 수십 년 동안 영국의 인도
통치를 도왔지만 정작 인도에 방문한 적이 한 번도 없었다. 심지어
인도인을 한 번이라도 만났다는 증거도 없다. 밀은 자유민주주의자
이고 자칭 '급진주의자'였지만, 영국의 폭정이 인도의 원주민을 포
함한 미개인을 다루기 위한 정부의 합법적인 방식이라는 당시의
믿음을 공유했다.

  그는 모든 사람은 영국이 이룬 정도의 '문명' 수준까지 올라설 수
있다고 믿었다. 각 사회는 인간 진보라는 사다리에서 각각 다른 층
에 있으며, '미개 사회'는 가장 높은 수준의 진보를 이루기 전에는
진보 사회에서 찾아볼 수 있는 개인의 자유와 민주적 권리를 누려
서는 안 된다고 믿었다. 밀은 이런 수준의 발전을 이루는 일이 결코
쉽거나 필연적이지는 않지만, 그래도 대부분 사람이 결국엔 이러한
수준의 발전을 이루길 바랐다. 독재는 계몽된 자가 피지배자의 진
보적인 이익을 위해 펼치는 경우만 합당하다고 봤고, 이런 관점에
서 보면 밀의 주장은 카를 마르크스가 '영국은 인도와 관련해 파괴
적인 사명 하나와 재건 사명 하나를 달성해야 한다. 즉 오래된 아시
아 사회를 무너뜨린 후 그곳에 서구사회의 물질적인 기반을 쌓는

런던에 위치한 동인도회사의 본사

인도양 인근과 동아시아에 모직물을 수출하고 향료를 수입하는 등 독점무역을 목적으로 세
워졌다.

Thomas H. Shepherd, 「East India House in Leadenhall Street, London」, 1817

것이다'라고 한 주장과 결이 같다.

밀은 식민주의와 관련된 측면에선 그 시대의 의식을 공유했지
만, 다른 방면에서는 시대를 앞서 가는 모습을 보이기도 했다. 그
는 19세기의 가장 위대한 이론가이면서 동시에 여성 평등권 주창
자였다. 여성 평등권은 당시 호응을 얻기 힘든 입장이어서 적이 많
을 수밖에 없었다. 그는 3년간 의회 의원으로 지내면서 최초로 여
성 참정권 확대를 위한 탄원서를 하원에 제출했으며, 재산을 소유
한 대부분 사람에게 투표권을 확대한 1867년의 선거법 개정안에
여성도 포함할 것을 제안했다. 법안은 통과됐지만, 그의 개정안은
받아들여지지 않았고 영국이 이런 변화를 수용하기까지는 그 후

로 50년이 걸렸다. 그는 페미니스트 분야의 선구적인 책인 『여성의 종속』을 저술하여 모든 면에서 여성과 남성을 동등하게 대할 것을 제안했다. 여기서 공적 삶과 직업 세계에서 여성을 배제하는 것이 '인간 발전을 방해하는 주요 원인'이라고 주장했다. 이런 면뿐만 아니라 다른 여러 면에서도 밀은 아내이자 저명한 에세이 『여성해방Enfranchisement of Women』의 저자인 해리엇 테일러Harriot Taylor Mill, 1807~1858의 영향을 많이 받았다. 밀은 자신의 자서전에서 해리엇에게 개인적으로도 지성적으로도 무한에 가까운 은혜를 입었다고 고백하며 모든 출판 저작은 아내와의 공동 산물이라고 강조했지만, 아쉽게도 그 어느 출판작에도 해리엇의 이름은 등장하지 않는다. 밀의 페미니즘에 나름의 한계로 지적받는 부분이다.

『자유론』 집필

밀의 가장 위대한 위업은 제국의 공무원으로 오랜 시간 쌓은 경력도, 정치인으로 쌓은 짧은 경력도 아니다. 오늘날 그는 저술가로 가장 널리 알려져 있고, 그중에서도 개인의 자유를 옹호하는 글 가운데 가장 유명하고 영향력 있는 작품인 『자유론』으로 가장 유명하다. 『자유론』은 실제로 '내가 집필한 저서 중 가장 오래 생존할 것'이라고 예측할 만큼 밀이 가장 자랑스러워하는 업적이었다.

밀이 당시 가장 우려했던 것은 특정 개인을 겨냥한 '지배적인 의견과 감정의 압제'이다. 밀의 친구인 알렉시 드 토크빌을 비롯한 19

세기 자유주의자들도 사회적 압력과 순응에 대한 강요가 자유에 가하는 위협에 우려를 표했다. 밀은 대중사회가 등장하면서 개성이 탄압되고 소수 의견이 무시될 위험이 있다고 봤으며, 이로 인해 다양한 생각을 표현할 자유와 '삶의 실험'을 통한 인류 진보의 속도가 늦춰지거나 아예 멈출 수도 있다고 주장했다.

밀은 정치적인 관점에서는 인간의 안녕을 도모하는 가장 좋은 방법은 타인의 자유와 개인의 자유를 최대한 폭넓게 보장하는 정책이라고 믿는 고전 자유주의자였다. 윤리적 관점에서는 아버지와 마찬가지로 공리주의자였다. 실제로 그는 공리주의가 자신의 '종교'라고 말하기도 했다. 밀 부자는 다른 자유주의자들과는 달리 천부권을 수용하지 않았다. 앞서 다뤘듯 존 로크는 영미 자유주의의 창시자로, 모든 인간은 삶, 자유, 재산에 대한 천부권을 갖고 태어난다고 천명했다. 토머스 제퍼슨이 미국 독립선언문에 로크의 천부권을 지지한 사실은 잘 알려져 있다. 밀은 천부권에 의지하거나, 토머스 페인과 같이 신을 들먹이지 않고도 개인의 자유와 양성평등을 옹호하려 했다. 그가 옹호한 기반은 이 대의들의 효용성, 즉 인간의 안녕을 증진하는 역량이었다. 이러한 접근법은 칸트가 '모든 도덕성을 안락사시킨다'라며 철저하게 금지한 방식이었다.

인류의 진보는 비판과 질문의 자유에 달려 있다

밀은 만약 우리 개개인이 '나름'의 방식으로 선을 추구하도록 놔

둔다면 우리 모두 진리를 찾을 수 있고, 이러한 진리야말로 장기적으로 인간의 안녕을 향상시키는 최선의 방식이라고 주장했다. 사회는 남자든 여자든 천재성을 지닌 개인에게 최대한의 자유를 허용하여 사고를 확장하고 의견을 표현하면서 개성을 자유롭게 개발하도록 허락해야 한다. 그러한 환경에서만이 특출한 개인이 재능을 발휘하고 진보를 촉진해 자신이 속한 사회 전체를 문명을 향해 끌어올릴 수 있다. 밀은 천재성을 개발할 수 있는 환경을 유지하는 일이 얼마나 드물고 어려운지 잘 알고 있었다. 그는 우리의 정신력은 근육처럼 규칙적으로 활발하게 사용하지 않으면 약해진다고 생각했다. 검열은 비판적이고 심층적인 사고를 제한한다. 이에 사고력은 쉽게 약해지거나 무뎌질 수 있다. 제한 없이 토론하면서 생각과 의견을 자유롭게 교환하며 우리가 더 높은 능력을 활발히 사용할 수 있도록 서로를 끊임없이 자극하는 분위기가 조성돼야 한다.

밀은 칸트와 마찬가지로 자신의 이익을 위하는 방향으로 타인에게 행동을 강요하여 성인을 아이처럼 대하게 되는 온정주의에 강력히 반대했다. 그는 사람들이 자신만의 고유한 방식으로 각자에게 맞는 형태의 삶을 찾도록 놔두는 정치적 자유방임주의를 선호했다. 하지만 이런 관념은 성숙한 능력을 갖춘 사람에게만 적용되며 어린이나 '미개인'에게는 적용되지 않는다. 온정주의는 어린이나 미개인에게는 합당하지만, 이 역시 개인이 스스로 선택하고 자신의 행동이 낳을 결과를 예상하며 그에 대한 책임을 질 수 있을 때까지만 적용되어야 한다. 그렇지 않으면 개인은 그대로 놔두어야 하고, 이런 개인들 역시 타인을 가만 놔두어야 한다.

밀은 인간은 완벽하지 않은 생물이라 신념에서 오류를 범하기 쉽기 때문에, 의견을 자유롭게 표현할 수 있어야만 의견들이 아무런 제약 없이 충돌하면서 각자 품은 신념이 타당한지 철저한 검토를 거칠 수 있다고 주장했다. 밀은 이런 과정에서 진실이 반드시 우세할 것이라고 믿을 정도로 순진하지는 않았지만, 신념이 시험과 비판으로부터 무조건적인 보호를 받을 때보다는 진실이 드러날 가능성이 훨씬 크다고 봤다. 누구나 틀릴 수 있기에 그 어떤 신념도 신성불가침으로 여겨지거나 의심에서 벗어날 수 없다. 인류의 진보는 비판과 질문의 자유에 달렸다. 이는 압제에 맞선 영웅적인 자유 사상가로 활약하며 이에 대한 궁극적인 대가를 치른 소크라테스의 삶과 죽음에서 얻은 교훈을 바탕으로 내린 결론이었다.

자유에는 한계가 필요하다

밀은 무정부주의자는 아니었다. 그는 칸트와 마찬가지로 가끔은 국가가 자유를 제한해야 한다고 봤다. 사람들은 타인에게 피해를 주지 않는 선에서만 자신의 자유를 행사할 수 있다. 밀은 『자유론』에서 '권력이 문명화된 공동체 구성원의 의지를 거스르면서 정당하게 행사될 수 있는 것은 타인에게 가해질 피해를 예방하려는 경우뿐'이라고 단언했다. 온정주의에 반대한 밀은 국가가 성인들이 스스로를 해치는 것을 막기 위해 행동해야 한다고 믿지 않았다. 이런 식이라면 가령 안전띠 착용을 의무화한 오늘날의 법은 밀이 구상한 자유주의적 국가에서는 이치에 맞지 않는다. 밀의 관점에서는 국가가 나서서 사람들이 자신을 해치지 않도록 개입하는 것보다 실수를 통해 배우도록 두는 편이 더 낫다.

복수 투표제

밀은 의원으로 활동하던 시기에 참정권의 확대에 찬성표를 던진 민주주의자였다. 동시에 교양 없는 다수가 교양 있는 소수를 압도하는 상황을 우려한 친구 토크빌의 생각에도 공감했다. 따라서 그는 '복수 투표제'를 옹호했다. 이런 체제에서는 읽고 쓰고 기본적인 연산을 할 수 있는 성인은 모두 적어도 한 표를 행사하지만, 교육 수준이 높고 '정신적으로 우월한' 성인은 더 많은 표를 행사하게 하여 교육 수준이 가장 낮은 계층과 수적으로 균형을 이루었다. 19세기에는 민주적 다수의 맹목적인 권력을 제한하는 이러한 유의 정책을 지지하는 시각이 매우 흔했다. 대부분의 자유주의자처럼 밀 역시 불안이 많은 민주주의자였고 포퓰리스트는 아니었다. 그는 투표권을 확대하는 동시에 유권자들을 발전시키고자 했다. 개인의 자유를 소중히 여긴 자유주의자인 그는 다수가 소수에게 미치는 위험을 목격했기에 양과 질 사이에서 균형을 이루는 방법으로서 복수 투표제를 제안한 것이다. 또한 그는 직접민주제보다는 대의민주제를 선호했고, 선출자는 선거구민의 대표자라기보다는 수탁자라고 주장한 버크의 주장에 동의했다. 밀은 『자서전』에서 자신더러

의원으로 입후보하라고 말하는 지역 지지자에게 '나는 선출된다 해도 내 시간과 노동력을 지역구의 이익을 위해 쓸 수 없다'라고 말했다. 심지어 그는 선거 기간 동안 계속 프랑스에 있으려 했지만, 결국에는 유권자를 마주하라는 압력에 굴했다. 그는 선거 유세 중 팸플릿에 '노동계급은 대체로 거짓말쟁이'라고 썼다고 자랑했으며, 이 문구는 선거용 플래카드에도 실렸다. 놀라운 사실은 그가 이 선거에서 이겼다는 것이다.

'자유'의 진정한 의미를 찾아서

오늘날 표현의 자유의 가치와 한계는 어느 때보다도 활발히 검증되고 논의되고 있다. 통신 기술이 발달함에 따라 전 세계가 '지구촌'이 되어 생각과 이미지가 즉각 전 세계에 전파된다. 이는 긍정적인 면도 있지만, 범죄에 악용되는 등 부정적인 면도 분명히 드러내고 있다. 그 결과 표현의 자유에 제한을 둬야 한다는 요구가 생겼다. 이와 관련한 논쟁을 보면 사회적 화합, 관용, 존중이라는 가치와, 자신의 생각을 제약 없이 자유롭게 드러낼 수 있게 허용해야 한다는 밀의 주장이 상충하고 있음을 알 수 있다. 표현의 자유가 최고의 가치라는 믿음은 자명한 것이 아니다. 현실의 세계 자체는 분명 자유주의적이지 않기 때문이다.

또한 다수가 소수에게 미치는 위험에 우려를 나타낸 밀의 주장에 공감하는 목소리도 높아지고 있다. 전 세계적으로 나타나고 있는 포퓰리즘의 득세와, 자유주의 이념을 우리 시대의 불행을 해소할 해결책으로서가 아니라 선거에서 승리하려는 도구로 사용하는 정당과 정치인들의 당선 때문이다. 이런 맥락에서 서양의 가장 고귀한 정치적 가치, 그리고 인류의 안녕을 증진할 가치로서 '자유'를 진정으로 사유하는 데 밀의 철학은 어느 때보다 더 필요해 보인다.

21

근대 사회학의 뼈대를 세운 혁명가 카를 마르크스

자본주의는 필연코
자멸의 길을 걷게 된다

Karl Marx. 1818~1883

독일의 사상가이자 경제학자. 독일 관념론, 공상적 사회주의 및 고전 경제학을 비판하여 과학적 사회주의를 창시하였다. 역사를 유물 변증법적으로 해석하여 프롤레타리아의 역할을 인식하고 해방을 추구하여 계급투쟁의 이론을 수립한 것으로 평가받고 있다. 저서로는 『자본론』, 『공산당 선언』, 『철학의 빈곤』 등이 있다.

대영박물관에서 완성한 혁명 이론

1849년 마르크스는 프랑스를 떠나 무일푼의 망명자로 런던에 도착하여 초라하고 비좁은 방 두 개짜리 아파트로 이사했다. 아파트는 예전에 매음굴이 자리 잡았던 거리에 있었는데, 이 거리는 혼잡하고 오염이 심하던 런던에서도 가장 쇠락한 곳이었다. 가족을 이룬 지 얼마 되지 않은 마르크스는 그곳에서 파산 직전의 궁핍함을 겪으며 살아야 했다.

마르크스를 비참한 빈곤으로부터 구해준 것은 부유한 독일인 친구이자 후원자인 프리드리히 엥겔스Friedrich Engels, 1820~1895였다. 엥겔스 가문은 맨체스터에 섬유공장을 보유하고 있었다. 그러나 엥겔스의 도움에도 불구하고 마르크스는 어린 자녀 셋을 그 초라하고 비좁은 아파트에서 잃었

프리드리히 엥겔스
독일의 사회주의 철학자·경제학자로 카를 마르크스와 함께 마르크스주의를 창시했다. 또한 과학적 사회주의 이론, 변증법적 및 사적 유물론의 창시자이며, 국제 노동자 계급운동의 지도자였다.

다. 딸 프란치스카는 아기 때 세상을 떠났는데 딸의 장례 비용마저 빌려야 할 지경이었다. 영어가 능숙하지 못한 마르크스가 런던에서 생계를 유지할 방도는 극히 제한적이었지만 그는 거의 평생을 영국에서 보냈음에도 끝까지 영어를 제대로 구사하지 못했다.

한 세기 전 영국에서 잠시 망명 생활을 한 루소와 마찬가지로 마르크스도 친영파는 아니었으며, 유럽 본토에서 당한 박해로부터 피난처를 제공해준 영국에 고마움을 표시하지도 않았다. 당시 마르크

스는 급진적 사상 때문에 유럽 관계당국의 추적을 받는 신세였다. 무일푼의 마르크스는 런던에 정착한 후로 거의 런던을 떠나지 않았고, 산업자본주의의 분석가이자 노동계급 이익의 옹호자, 노동자에 의한 노동자를 위한 프롤레타리아혁명의 주창자였음에도 영국 내 공장조차 방문한 적도 없다. 마르크스가 쌓은 노동자의 처지, 법, 자본주의의 양상에 대한 지식은 거의 전부 정부 보고서 같은 문서에서 나왔다. 그는 대영박물관의 열람실에서 매일 엄청난 문서를 읽어치웠다. 박물관은 당시 그의 가족과 가정부와 함께 생활했던 끔찍한 방에서 걸어서 갈 수 있는 가까운 거리에 있었다. 박물관의 딱딱하고 쿠션도 없는 의자에 얼마나 오래 앉아 있었는지 결국 엉덩이에 종기까지 났다. 그는 엥겔스에게 불편한 의자로 생긴 통증과 불편함 때문에 부르주아에 대한 분노가 더 치밀어 오른다고 말하며 '부르주아 계급이 죽는 날까지 내 종기를 기억했으면 좋겠다'라며 '돼지 같은 놈들'이라고 부르주아 계급을 향한 분통을 터뜨렸다.

초기 자본주의 분석

마르크스가 연구한 자본주의는 영국, 프랑스, 독일의 초기 산업 자본주의로 제대로 된 규제가 없던 시절이었다. 20세기 복지국가가 나타나 초기의 과도함을 완화하고 취약계층을 보호하는 각종 노동법과 규제를 제정하기 전이었던 당시의 자본주의는 매우 날 것이자 야만적인 대량생산 체제였다. 찰스 디킨스Charles Dickens,

1812~1870는 당시 사회를 작품에 생생하고 절절하게 묘사했는데 마르크스는 '그의 생생하고 유려한 묘사가 전문 정치가와 선전가, 도덕주의자들이 정치와 사회에 대해 언급한 내용을 모두 합친 것보다 더한 진실을 세상에 알려준다'라며 빅토리아 시대를 산 이 위대한 소설가에게 존경을 표했다. 마르크스

찰스 디킨스
영국의 소설가. 그의 소설은 지나치게 독자에 영합하는 감상적이고 저속한 것이라는 일부의 비난도 있지만, 각양각색의 인물들로 가득 차고 현실의 온갖 상태가 다 묘사되어 있다는 찬사도 받았다. 그는 오늘날 셰익스피어 못지않은 명성을 누리고 있다. 대표작으로 『두 도시 이야기』, 『위대한 유산』 등이 있다.

는 산업 발전의 흥망 주기가 극단적인 데다가 노동으로 생계를 꾸리는 빈곤층의 삶은 시간이 갈수록 처참해지므로 자본주의는 필연적으로 자멸할 것이라고 확신했다. 그는 여러 책, 보고서, 신문을 통해 자본주의 내부 기제를 신중하게 그리고 선별적으로 분석했고 자본주의 체제는 내재적 모순 때문에 끊임없이 불안정해질 것이 분명하니 결국 그 무게를 견디지 못해 붕괴할 운명이라고 결론지었다. 그는 이 운명을 피할 수 없다고 믿었다. 모든 계급 중심 경제 체제가 그렇듯 자본주의는 부와 권력을 가진 자가 가지지 못한 자를 무자비하게 착취해야 유지되며 이런 체제는 빈곤한 다수의 삶이 더는 참을 수 없는 지경까지 악화하면 무너질 수밖에 없다. 그는 자본주의가 붕괴된 뒤에야 공산주의 사회 건설이라는 희망찬 과업 수행이 시작될 것이고 공산주의 사회는 계급, 착취, 폭력이 사라진 사회일 것이라 자신 있게 예견했다.

왜 자본주의는 멸망할 수밖에 없는가

마르크스가 부르주아라고 칭한 계층은 공장과 돈, 자원이라는 생산수단을 소유하고 통제하는 자본주의의 지배계급으로서, 일할 수 있는 신체적 능력인 노동력만을 소유한 프롤레타리아, 즉 노동계급을 착취한다. 원칙적으로 노동자는 부르주아 계급에게 자유롭게 노동력을 팔아 최대한의 임금을 얻을 수 있으나 실제 임금은 거의 매번 간신히 생계를 유지할 정도이다. 대다수 노동자가 오랜 시간 피땀 흘려 재화를 생산해봤자 다른 이가 이를 소유하고 이윤을 남겨 판매할 뿐이다. 즉 절대다수는 비참한 삶을 살 운명이고 소수의 특권층만이 실질적인 부를 누리며 권력을 축적하는 순수한 착취 구조이다. 자본가가 임금을 낮게 유지하는 방법은 무엇일까? 임금인상을 원하는 노동자를 언제든 대체할 수 있도록 무직자 예비군을 만들어두는 것이다. 시간이 갈수록 부자는 부유해지고 빈자는 빈곤해지며 이 체제가 폭력적 혁명으로 붕괴하기 전까지는 변화할 수 없다고 마르크스는 확신했다.

마르크스는 자본가는 겉으로는 경쟁을 지지하는 척하지만 사실은 경쟁을 막기 위해 수단을 가리지 않는다고 주장했다. 경쟁은 가격을 낮추어 이윤을 좀먹기 때문이다. 심지어 산업사회의 숭배자이자 수호자였던 고전주의 경제학자 애덤 스미스조차 사업가들은 모일 때마다 독점과 담합을 공모하고 작은 기업을 무자비하게 쫓아낼 궁리를 한다고 지적했다. 또한 자본가는 이윤을 유지할 목적으로 임금을 비인간적인 수준으로 깎으려 끊임없이 압력을 가하기도

하는데 이는 장기적으로 자기 파괴적 행위이다. 노동자가 자신이 생산하는 바로 그 재화를 살 능력이 없으면 결국 과잉 생산의 위기가 닥치고, 자본주의는 멸망의 길에 들어서는 것이다. 소비자는 적고 재화는 넘쳐나는 경제체제는 장기적으로 유지될 수 없다.

기필코 일어날 혁명을 기다리며

1848년은 혁명의 물결이 유럽을 휩쓸던 해였고 마르크스는 이것이 필연적으로 올 것이라 예견한 자본주의 몰락의 시작이라고 생각했다. 하지만 혁명의 새벽이 밝았다고 생각한 것은 착각이었음을 깨닫고는, 런던이라는 안전한 피신처로 도피한 후 결국 오고야 말 혁명을 기다리기로 했다. 런던은 공산주의자동맹의 회원 같은 급진주의자와 선동가에게 상대적으로 너그러운 태도를 보이던 도시였다. 공산주의자동맹은 당시 런던에 본부를 두고 있었으며 마르크스와 엥겔스

공산주의자동맹
1847년에 마르크스와 엥겔스가 런던에서 창립한 국제적인 비밀 노동자 혁명 운동 조직. 프랑스에 망명한 독일 공화파 혁명가들이 결성한 의인 동맹義人同盟을 모체로 한 조직이다.

가 그 유명한 『공산당 선언』을 집필하여 공산주의자들의 최초의 강령으로 선포했다. 동맹이 해산한 후에 마르크스는 국제노동자협회에서 영향력 있는 회원으로서 활발하게 활동했다. 그는 협회의 상임이사로도 선출되어 국제 공산주의 운동의 지도자 대열에 합류했고 지적인 횃불로서 운동을 이끌었다. 그러나 이런 활약에도 불구

국제노동자협회

1864년 9월 28일 영국 런던에서 결성된 최초의 국제적인 노동운동 조직. 1866년 스위스 제네바에서 제1차 대회가 열렸으며, 다양한 아나키스트, 사회주의자, 공산주의자들이 참여했다. 마르크스는 제1인터내셔널의 결성 선언문과 규약을 작성하는 등 제1인터내셔널의 결성을 적극 지도했으며 1870년에는 마르크스파가 제1인터내셔널의 지도권을 장악하기에 이른다. 하지만 1871년 프랑스에서 수립된 파리 코뮌이 붕괴된 이후 제1인터내셔널은 쇠퇴하게 되었고 결국 1876년에 해체되고 만다.

하고 마르크스는 1883년 런던에서 세상을 뜰 때까지 영국에서는 거의 알려지지 않았다. 그는 모든 작품을 독일어로만 집필했고 그중 『공산당 선언』만이 그의 생전에 영어로 번역되었다. 1860년 중반까지 추가로 출판된 저작이 없다. 마르크스는 망명지에서 거의 이름이 알려지지 않은 채로 언젠가 오리라 확신하는 혁명을 기다리며 세상을 떠났다. 그 혁명은 30년이 지난 후 그가 전혀 예상하지 못한 러시아에서 결국 일어났다.

대중을 위한 국가는 없다

아우구스투스와 홉스가 그랬듯 마르크스도 국가를 오롯이 부정적인 체제라 평가했다. 그는 정부란 통치 계급이 나머지 계급을 통제하기 위해 사용하는 무기일 뿐이라고 설명했다. 그에게 정치권력은 한 계급이 다른 계급을 압제하려는 조직적 권력에 불과했다. 국가는 겉으로는 편견 없는 법과 절차를 앞세우지만, 그 이면의 본모습은 공정하지도 정의롭지도 않다. 국가는 지배계급의 권익을 위해

러시아혁명 당시 대중 앞에서 연설하는 레닌.

서 움직이며 사실 지배계급의 권익 보호가 국가의 유일한 목적이다. 대다수인 나머지 대중의 이익 보호가 목적이었던 적은 없다. 국가는 반대파 탄압과 질서 유지를 목적으로 과도하게 그리고 많은 경우 무자비하게 폭력에 의존한다.

한편으로 자본주의는 우리의 정신을 혼란스럽게 한다. 종교 등의 이데올로기를 이용해 우리 대부분이 살아가고 있는 끔찍한 현실에 대한 인식을 왜곡한다. 이런 심리 조작이 필요한 것은 대다수의 삶과 노동의 조건이 너무나 압제적이고 착취적이어서 만약 누군가 그 현실을 직시하게 되면 즉시 체제 전복을 도모할 것이기 때문이다. 이데올로기는 카메라 옵스큐라camera obscura와 같아 우리의 현실 인식을 거꾸로 뒤집어 착취당하는 상황이 적절하다고 인정하게 만

카메라 옵스큐라
어두운 방이나 상자 한 면에 있는 작은 구멍을 통해 빛을 통과시키면, 반대쪽 벽면에 외부의 풍경이나 형태가 거꾸로 투사되어 나타나는 현상을 구현한 기계 장치로 현대 카메라의 전신.

든다. 예를 들어 자본주의 체제의 근로자들은 자신이 '자유로운 주체'로서 가장 높이 제시된 임금을 받고 계약을 맺을 수 있다고 듣는다. 이러한 꾸며낸 이야기에 속아 근로자는 더 좋은 근로조건과 더 높은 임금을 협상해낼 실질적인 힘이 없는 거대한 임금 노예제를 받아들인다. 이렇게 부자는 계속해서 부와 권력을 늘려가는 와중에 절대다수의 삶의 조건은 계속 악화되기 때문에 마르크스는 자본주의의 종말이 예정되어 있다고 생각했다.

공산주의로 가는 길목에서

마르크스의 이론에 따르면 자본주의 체제의 해체라는 과업이 완성되면 더는 계급이 존재하지 않고 따라서 계급 갈등은 사라진다. 그는 경쟁, 이기심, 폭력, 사기는 모든 계급 기반 사회의 필연적 특징이나 우리 본성에 내재한 특질은 아니라 보았다. 그래서 이러한 악덕은 계급이 존재하지 않는 공산주의 체제에서는 사라질 것이고 우리 본연의 협동적인 본성이 마침내 드러나 강제적 통치를 하는 국가는 이제 필요 없어질 것이다. 엥겔스의 말을 빌리면 국가는 더는 필요가 없어 '시들어 사라진다'. 생산되고 유통되는 모든 재화와 자원은 필요에 따라 배분되기 때문에 공산주의 사회는 모두에게

구소련 붕괴 당시 끌어내려진 연방의 건국자 레닌의 동상

효과적이고 모두의 욕구를 평등하게 만족시킨다. 사유재산제도는 자본주의와 함께 사라지고 사람들은 자신의 생산품을 소유하지 않으며 소유를 원하지도 않을 것이다.

마르크스는 필연적 혁명이 발생하고 계급사회가 무너지면 국가는 그 필요성을 결국 잃을 것이라고 믿었다. 그러나 자본주의의 붕괴 후 일단은 프롤레타리아가 부르주아 국가를 점령해 낡은 제도의 잔재를 타파하고 노동자의 승리를 공고히 다지는 과도기가 필요하다. 마르크스는 공산주의라는 최종 목적지로 가는 길목이자 임시 단계를 '프롤레타리아 독재'라고 불렀다. 이 단계에서 부르주아 국가는 노동계급의 통제를 받게 되고 자본주의 체제에서 축적된 사유재산은 해체되며 계급제는 이와 함께 사라진다. 구소련은 이 단계에 70년간 머물며 나머지 자본주의 세상이 붕괴해 다음 단계, 즉 공산주의로 나아가기를 기다렸다. 그러나 무너진 쪽은 구소련이었으며 러시아는 자본주의로 방향을 틀었다.

마르크스는 여러 작품에서 자본주의의 내부 기제를 장황하고 정밀하게 기술했고 특히 미완성이긴 하나 여러 권으로 이루어진 방대한 작품인 『자본론』을 남겼지만, 공산주의에 대해서는 대략적이고 제한적인 개념만을 제시한 것을 넘어 자본주의의 종말 이후 상황은 거의 언급하지 않았다. 공산주의에 대해 말을 아낀 것은 우연이 아니다. 마르크스는 '미래에 대해 글을 쓰는 사람은 누구나 반동주의자이다'라고 주장했다. 그리고 유토피아적 사회주의자들이 제시한 미래상을 단순히 중세적 공동체주의를 재창조했다는 이유로 조롱했다. 그는 자본주의 이후의 미래가 예측 불가능한 본연의 역학에 따라 전개되도록 남겨두고자 했다. 분석가이자 비평가로서 초기 산업자본주의를 파고들었으며 공산주의 사회의 미래가 어떤 모습일지는 의도적으로 모호하게 두었고 거의 언급하지 않았다.

마르크스를 거치지 않고 자본주의를 논할 수 있을까

프랑스혁명 당시 자코뱅당이 루소의 사상을 독자적으로 이용하면서 루소의 평판에 흠집이 났던 것처럼, 마르크스의 사상은 최초의 공식적인 마르크스주의 국가였던 구소련의 붕괴와 함께 평가절하되었다. 소련이 마르크스의 생각을 실제 실현한 부분은 거의 없다는 점을 생각하면 마르크스에게는 안타까운 일이다. 1917년 러시아는 여전히 봉건주의 사회였고 자본주의를 거치지 않고 직접 공산주의로의 도약을 시도했다. 이는 일련의 단계를 거쳐 역사가 전개된다는 마르크스의 이론을 거스른 시도였다.

서구 자본주의는 종말론적 붕괴를 맞지 않았고 점진적 진화를 거쳐 후기 산업사회의 형태를 갖추며 마르크스 분석이 틀렸음을 입증했다. 또한 복지국가의 탄생, 중산계급의 성장 등도 마르크스는 예측하지 못했다. 하지만 아이러니하게도 20세기에 들어 급격한 산업 발전의 영향을 완화할 목적으로 시행된 재정 및 통화 안정 정책은 마르크스의 이론에서 영감을 얻은 것이다. 그의 사상은 이로써 자본주의를 구한 '자기 패배적 예언'이라 불리게 되었다.

2008년 서구에서 촉발된 금융위기는 마르크스가 심각한 불평등, 불안정, 불공정이 심화하는 체제로 그린 자본주의의 초상에 강한 관심을 불러일으켰다. 이제 정치학자들은 미국 정치제도가 민주적이라기보다는 금권주의적이고 가진 자들이 지배하는 제도라 설명한다. 장기적으로 보면 자본주의 체제는 부자들의 부를 나머지 사람들의 부보다 더 빨리 불려준다고 주장하는 경제학자도 있다. 중국과 인도처럼 새롭게 부상하는 자본주의국가의 모습은 마르크스가 연구하고 비난해 마지않던 19세기 서구 자본주의의 모습과 매우 유사하다. 그러니 마르크스의 작품은 자본주의가 어떤 형태로든 존재하는 한 그 폐단을 진단하는 데 필요할 것이며 궁극적으로는 미래의 어느 날 자본주의의 사망을 알리는 부고가 될 수도 있을 것이다.

22

망치를 든 철학자 프리드리히 니체

초인이 열등한 다수를
지배하는 시대가 온다

Friedrich Wilhelm Nietzsche, 1844~1900

독일의 철학자이자 시인. 기독교 도덕과 합리주의의 기원을 밝히는 작업에 깊이 매진하였다. 서구의 오랜 전통을 깨고 새로운 가치를 세우고자 했기 때문에 '망치를 든 철학자'라는 별명이 있다. 저서로는 『차라투스트라는 이렇게 말했다』, 『비극의 탄생』 등이 있다

고통과 질병은 축복

정신질환이라는 저주는 니체를 평생 쫓아다녔다. 아버지는 니체가 다섯 살 때 '뇌가 연해지는 병'에 걸려 사망했다. 견디기 힘든 두통, 시력 손실, 과도한 감정 변화, 우울증과 구토 등을 동반한 정신질환은 니체가 10대 때 처음 나타나 이후 30년 동안 계속 강도를 더해 가며 그를 괴롭혔다. 결국 그는 완벽한 광기의 나락으로 떨어져 헤어나지 못했고 1900년 사망하기 전 마지막 10년간은 완전한 심신상실자로 지냈다. 온전한 정신을 앗아간 질병 때문에 바젤대학의 교수로서의 커리어도 일찌감치 포기해야 했다. 그는 35세에 약간의 연금을 받고 교수직에서 은퇴했고 이후의 세월은 외로운 방랑자로 살았다. 현재 그를 유명하게 만든 작품들을 이 시기에 집필했는데 생전에는 그중 어느 작품의 성공도 보지 못했다. 니체를 괴롭히던 질환이 무엇이었는지는 현재까지도 정확한 진단이 나오지 않았다.

니체는 고통과 질병이 축복이라고 주장했다. 고통과 질병은 상상력을 자극하고 건강한 이가 갖지 못하는 깊이를 선사하기 때문이다. 그는 '크나큰 질병은 정신의 궁극적 해방자이다'라고 단언하기도 했다. 그리고 자신이 가장 지적으로 생산적인 순간이 최악의 고통을 겪는 순간과 일치한다고 믿었다. 그는 현대문명을 진단하며 질병 관련 용어를 사용하기도 했다. 선과 악, 미덕과 악덕 같은 말을 질병과 건강, 약점과 강점 같은 말로 대체하고자 한 것이다. 니체가 이야기하는 새 시대의 선지자이자, 그의 책『즐거운 지식』에서 무지몽매한 군중에게 신의 죽음을 선언하는 자는 바로 '광인'이다. 니체는 서구사회가 기독교 하느님에 대한 믿음을 잃은 자리에 니힐리즘, 즉 허무주의가 들어설 것이라 보았으며 이를 극복할 수 있고 또 극복해야 한다고 생각했다. 그가 처방한 해독제는 그가 일종의 질병이라 간주한 도덕이라는 구속복에서 벗어날 때 비로소 넘치는 창의력과 '권력에의 의지'가 피어나는 특출한 천재, 바로 초인이다. 니체는 이제 모든 신이 죽었으니 서구문명은 전통적인 도덕의 제약에서 벗어나 위대함도 비극도 다시 가능해진 넓은 바다로 나섰다고 주장했다. 자신이 정신병으로 고통받지 않았다면 이 중요한 통찰을 얻지 못했을지도 모른다. 적어도 그는 그렇게 믿었다.

초인

superman 혹은 overman은 니체가 명명한 독일어 '위버멘시Übermensch'의 영어 번역이다. 한국어 번역은 '초인'이 일반적이지만 최근 '극복인'이라고 번역하고자 하는 움직임도 있다. 범인의 능력을 뛰어넘는 완전한 혹은 뛰어난 인간이라는 초인의 의미가 초월적 인간에 반대한 니체의 의도와 맞지 않다는 해석이 근거다.

심리학을 무기로 한 철학자

니체는 끊임없이 자신 안의 악마와 싸워야 했기 때문에 자신을 심리 분석에 특별한 재능이 있는 심리학자라 묘사했을지도 모른다. 지그문트 프로이트Sigmund Freud, 1856~1939와 카를 융Carl Gustav Jung, 1875~1961 두 심리학자도 니체가 심리학에 뛰어나다는 점을 인정했는데, 특히 프로이트는 니체의 작품을 체계적으로 연구하기를 의도적으로 피할 정도였다. 그의 이론 중 많은 부분이 이미 니체가 예측한 내용과 일치한다는 사실을 눈치챘기 때문에 자신의 독창성을 주장하는 데 위협이 되었기 때문이었다.

니체는 전통 철학의 대체물로서도 심리학에 끌렸다. 철학에는 뼈 아프게 환멸을 느껴버린 터였다. 그는 심리 분석을 통해 개념을 반박하기를 즐겼다. 심리학은 그가 동의하지 않았던 플라톤, 루소, 칸트 등 사상가의 고매한 철학 뒤에 숨겨져 있는, 그의 눈에 역겹고 부당한 동기를 드러내 주는 일종의 도구 혹은 무기였다. 그는 '철학자는 자신의 신체적 상태를 가능한 한 고도의 지적인 형태로 바꿀 수 있을 뿐'이고, '이 전환 행위가 바로 철학'이라고 설명했다. 이 방법이 공정치 않을지는 몰라도 그의 작품은 사람 그리고 사람과 생각의 심리적 관계에 대한 본질을 꿰뚫는 통찰과 재기가 넘치는 천재적 분석으로 가득하다. 이 기법은 그 스스로 제일 먼저 인정했듯이 그 자신을 분석하는 데에도 굉장히 효과적이었다.

도덕은 모든 위대함의 걸림돌

가족들은 니체를 '프리츠Fritz'라고 불렀다. 그의 아버지는 수 세대에 걸친 프로테스탄트 성직자 집안 출신이며 루터파 목회자였다. 그의 어머니 또한 목사의 딸이었고 니체의 출생지는 당시 그 지역 종교문화를 지배한 마르틴 루터Martin Luther,1483~1546의 출생지

와 가까웠다. 루터의 출생지는 오늘날의 작센안할트Sachsen-Anhalt
인데 니체의 출생지에서 70km 떨어진 곳이었다. 그러나 이런 집안
배경에도 불구하고 니체는 기독교를 자신이 가장 경멸하는 모든
것의 원천이자 상징이라고 봤다. 오히려 집안 배경은 니체가 결국
기독교를 거부하는 데 결정적 역할을 했다. 그는 『안티 크리스트』
라는 작품을 발표하며 기독교 반대론까지 펼쳤다.

그는 부모에게 교육받은 유럽의 사회, 정치, 도덕 및 종교 질서에
반항했다. 그는 핍박받던 고대의 유대인들이 강력한 압제자에 대한
분노와 질투로 도덕을 내걸고 노예 봉기를 일으켰으며 이를 기독
교가 전파했다고 믿었다. 압제자를 힘으로 물리칠 수 없었던 유대
인과 후대의 기독교인은 노예적 가치관과 이익을 정당화하기 위해
선과 악이라는 개념을 발명했고 이로써 그들의 주인을 대상으로
비폭력적인 도덕적 승리를 거두게 되었다는 것이 니체의 주장이었
다. 이것이 서구를 지배해온 도덕 체제의 계보학이며 니체는 도덕
이 모든 위대함의 걸림돌이라고 믿었다. 그는 기독교적 반유대주의
가 강자와 건강한 자에 대항하는 기독교인과 유대인 간 뿌리 깊은
결탁을 숨기려는 책략이라고 생각했다. 또한 기독교란 건강한 이와
강자가 병자와 약자를 지배해야 하는데도 병자와 약자를 위해 세
상을 정복하려는 유대교식 모략이라고 설명했다.

니체에 따르면 도덕은 시작과 끝이 있는 인간의 발명품이며 우
리는 이제 기독교 서구사회의 끝에 도달해 있다. 기독교 이전의 사
회는 고대 귀족 전사 공동체로 선과 악 이전에 존재했고 니체는 기
독교 종말 이후의 미래는 그의 작품 제목이기도 한 선과 악을 초월

하여 존재할 것이라 예언했다. 기독교 하느님은 근대 서구사회에서 더는 신앙의 대상이 되지 못한다고 확신했으며 그 신념에 기반한 모든 것, 즉 유럽적 도덕주의의 모든 것도 신과 함께 소멸해야 한다고 믿었다. 니체는 기독교 신앙과 그 도덕 체제가 사라지고 남은 공백을 노예가 아닌 주인에게 적합한, 귀족적이고 도덕을 초월한 새로운 가치를 수립할 유일한 기회라고 보았다.

초인이라는 조각가가 만들어갈 세계

니체는 기독교 이후 도래할 세상으로 어떤 모습을 구상했는지 정확히 밝히지 않았다. 새로운 세상이 소위 초인이라는 고등한 종의 지배를 받으며 새롭게 창조될 것이기 때문이었다. 중요한 것은 초인이라는 자유로운 영혼은 넘쳐흐르는 창의력과 자연스러운 지배력을 방해하는 그 어떤 기존의 규칙과 제약에도 순응하지 않아야 한다는 점이다. 부단한 '권력에의 의지'를 추동으로 삼아 이 올림푸스적 개인은 끝없이 펼쳐진 텅 빈 캔버스 위에 위대한 그림을 그려갈 것이며 열등한 이들을 찰흙 삼아 새로운 작품을 조형해갈 것이다.

니체에게 사람이란 초인이라는 조각가의 손길을 기다리는 못생긴 돌덩이에 불과했다. 그가 '귀족계급을 위해 수많은 사람이 불완전한 인간 존재로, 노예로 또 도구로 찰흙처럼 뭉쳐져야 하는 희생'을 긍정하며 기술한 이유가 바로 여기에 있다. 이 모든 것을 위해 제일 처음 필요한 것은 기독교 도덕이라는 족쇄를 부수고 기독교 도덕이 강요하는 연민, 동정, 공감 같은 노예적 가치를 부정하는 것이다. 니체가 숭배한 고대 그리스인들은 이런 감정에 휘둘리지 않았기에 인간이 성취 가능한 예술적 정점에 도달했던 반면 현대문명은 창조적 깊이를 상실해버렸다.

알렉산더 대왕, 율리우스 카이사르, 체사레 보르자, 나폴레옹 같은 과거의 조각가는 자신의 의지를 세상에 구현하기 위해 수많은 보통 사람의 삶과 안녕을 희생시키고도 양심의 가책을 받지 않았다. 니체는 이러한 강한 의지의 무자비한 예술가적 폭군을 숭배했다. 그러나 가장 추앙하고 위대함의 표상으로 삼았던 근대의 인물은 예술가적 폭군이 아니라 순수한 예술가인 근대 독일의 시인이자 작가 괴테였다.

초인의 주된 목적과 의도는 기독교 도덕이 남기고 떠난 공백을 채워줄 문화와 가치를 창조하는 것이고, 정치는 그 목적에 종속되어야 한다. 그러나 선과 악을 초월한 세상에선 모든 것이 가능하고 그래서 나폴레옹 같은 예술가적 폭군은 넘쳐나는 '권력에의 의지'에 따라 분연히 일어나 자신이 추구하는 바를 인간사에 부과할 운명이다. 그래서 니체는 나폴레옹을 통치의 예술가로 칭송했다.

정치라는 예술

이 모두를 종합해 볼 때 니체주의 정치를 논하는 것은 쉬운 일이 아니다. 니체는 정치적 이론은 물론 정치의 이상적인 체제나 목적조차 제시하지 않았다. 그는 자신이 미래에 나타날 기독교 이후, 도덕 이후의 세상을 예언하는 선지자라 여겼으며, 그 새로운 세상은 넘쳐흐르는 '권력에의 의지'로 세상을 자유롭게 만들어나갈 예술가들이 지배할 것이라고 생각했다. 니체에게 예술은 이번 생에 수행해야 할 우월한 과업이자 진실로 형이상학적 행위였다. 니체주의 정치는 예술적 목적 달성을 위해 봉사한다. 제약을 받지 않고 도취된 열정과 순수한 의지라는 디오니소스적(제우스의 아들이자 그리스의 술과 춤의 신인 디오니소스의 이름에서 기원) 원칙과 질서, 조화, 이상적 형태를 추구하는 아폴론적(제우스의 또 다른 아들이자 그리스 태양의 신 아폴론의 이름에서 기원) 원칙 사이에 이상적 균형을 잡음으로써 정치의 예술 혹은 기술을 포함해 가장 위대한 예술을 성취할 수 있다. 결과물은 아름답고 위대한 예술로 구현된 통제된 열정이고 독창적이고 미학적으로 바람직한 방식으로 극단 간 균형을 잡은 권력이다.

니체에 의하면 초인은 외부 세계에 자신의 의지를 부과하기 전에 자신을 먼저 극복해야 한다. 영혼과의 내면적 전투에 전사로서 임해야 하고 자기 극복의 과정을 거쳐 외부 세계를 조각해나갈 위치에 서기까지 정신을 수양해야 한다. 미를 창조하고 가치를 수립하기 위해서는 자연스러운 충동이 자기통제와 자기 수양으로 정제되어 표출되어야 한다. 맹목적이고 자유롭게 날뛰는 충동만으로는 할 수 없는 일이다. 특히 생을 부정하는 유약함과 평범함을 지닌 기독교도와 민주주의자들보다는 바이킹처럼 건강하고 야생적인, 양심의 제약을 받지 않는 충동을 선호한 만큼 니체의 최고 이상은 한 차원 높은 질서를 수립하는 것이었다. 천성적인 '권력에의 의지'는 창의적인 상상을 통해서 표현되고 또 단련되어 고대 그리스 비극이 성취한 완벽함에 도달해야 한다. 이는 하나의 동기가 나머지 모두를 지배하는 통합적 자아를 창조함으로써 감정과 욕망이 들끓는 내면의 혼돈을 정리하는 것이며, 이를 통해 자신을 규정하고 자신만의 '스타일'을 만들어낸다. 그래서 자신을 창조하기 전에 예술가를 창조해야 한다.

니체와 나치 정권 간의 관계

니체의 사상이 나치에게 인기가 있었던 이유, 그리고 많은 이가 니체를 파시스트 철학자라 보게 된 이유를 찾는 것은 어렵지 않다. 그의 작품은 '금발의 야수'니 '권력에의 의지'니 하는 표현들로 가득하고 그는 자신이 열등한 다수의 범인을 노예로 강등시킬 무자비하고 도덕을 초월한 전사이자 태생적으로 우월한 새로운 인종인 초인을 예견하는 선지자라 주장했다.

니체가 나치와 이런 식으로 연관된 것은 그가 실은 독일 국가주의를 맹렬히 반대하고(그는 독일인을 '비굴한 민족'이라고 불렀다) 반유대주의를 빈번하게 비판한 것을 생각하면 매우 아이러니하다. 그

니체의 흉상을 바라보고 있는 히틀러

는 여동생 엘리자베스의 반유대주의적 시각을 공개적으로 멸시했으며 성인이 된 후 삶의 대부분을 독일 바깥에서 보냈다. 그는 또한 엘리트주의자이자 개인주의자로서 본능적으로 '무리'를 경멸했고 아돌프 히틀러와 나치가 추구하는 일종의 포퓰리즘 선동에 깊은 혐오감을 느꼈다. 그가 충분히 오래 살았다면 자신이 대중사회와 주류 정치에서 가장 경멸했던 모든 것을 나치가 대변함을 깨달았을 것이다.

　　히틀러가 바이마르에 있는 니체문서보관소를 방문한 사실은 잘 알려져 있는데 이는 니체의 사후 평판에 불리하게 작용했다. 문서보관소의 설립자이자 관리자는 열렬한 나치주의자였던 니체의 여동생 엘리자베스였다. 히틀러는 개인 사진사를 대동했고, 그는 이 나치 독일의 총통이 보관소 주 접객실 안에 놓인 니체의 커다란 흉상을 감상하는 사진을 찍었다. 이 사진은 독일 언론에 대대적으로 실렸으며 유명한 사진집인 『아무도 모르는 히틀러의 모습Hitler as nobody knows him』에도 실렸다. '총통이 독일 국가사회주의운동과 이탈리아 파시즘이라는 두 중요한 운동의 모태가 된 독일 사상가의 흉상 앞에 서 있다'라는 설명과 함께였다. 이 사진으로 니체와 나치 간 연결 고리는 수 세대에 걸쳐 견고하게 유지되었고 전후 유럽에서 수십 년간 니체의 평판이 바닥을 치는 데 기여했다.

현시대 가장 유명한 철학자

그러나 이제 니체 철학은 나치주의에 연루되었다는 오명을 벗었을 뿐 아니라 그 어느 때보다 높이 평가받고 있다. 이제 니체는 그 어떤 철학가보다 널리 읽히고 많이 인용되는 철학자가 되었다. 니체는 자신의 책이 그다지 팔리지 않자 '모든 이들을 위한 책이란 언제나 악취 풍기는 책뿐이다'라며 '소심한 자들의 악취가 책에 들러붙기 때문'이라고 쓰기도 했다. 현재를 사는 우리와 공명하는 니체의 철학은 서구문명의 위기에 대해 그가 제안한 치료법이 아니라 진단 그 자체이다.

근대 자유민주주의 사회의 근간이 되는 가정을 분석하고 공격했던 그의 목소리를 단지 병든 정신의 산물이라고 치부해버릴 수는 없다. 예를 들어 많은 비종교적 자유주의자는 오랫동안 근대 자유주의, 평등주의와 인권 개념은 프랑스혁명기에 기독교를 부정하며 형성되었다고 주장해왔다. 하지만 니체는 이 근대의 이론이 사실은

기독교 도덕주의의 결과라고 주장했다. 니체의 철학은 근대의 자화
상을 반박할 뿐 아니라 근대의 주요 가치관의 운명과 종교적 믿음
의 상실을 연결해 니체가 경고했던 근대성의 위기, 도덕적 허무주
의의 유령을 소환한다.

4부 현대

23

전사이자 성현 모한다스 간디

평화로운 수단만이
진정한 평화를 낳을 수 있다

Mohandas Karamchand Gandhi. 1869~1948

인도의 정치가이자 민족운동 지도자. 무저항·불복종·비폭력·비협력주의에 의한 독립운동을 지도하였다. 제2차 세계대전 후 힌두·이슬람 양 교도의 융화에 힘썼으나 실패하고 힌두교 청년에게 암살되었다. 대성(大聖)의 의미를 지닌 '마하트마(Mahatma)'라고도 불린다.

273

비폭력 운동의 힘

간디는 항상 온화하고 경건한 성인으로 묘사되지만, 사실 그를 가장 잘 표현하는 말은 정의의 투사다. 그는 자신의 목숨은 물론 추종자들의 목숨까지도 희생할 준비가 된 인물이었다. 대담무쌍함을 가장 높은 덕목으로 보았으며, 평생 목숨을 위협하는 공격과 마주하면서도 눈 하나 깜짝하지 않았다. 남아프리카에서 일하는 인도인들을 위해 벌인 운동에서 간디는 보이콧, 행진, 시위 등 자신의 비폭력 전략을 완벽히 완성하였고 인종차별 법률을 철회하도록 정부를 압박했다. 그는 이러한 싸움을 진행하며 거의 20년간 구타와 살해 기도, 끔찍한 투옥 생활 등을 견뎌냈다.

1914년 1월에 남아프리카 내 유럽 철도 근로자들이 경제적 이유로 총파업을 진행하면서 소수 백인 정권은 위태로운 상황에 빠졌다. 그런데 이때 간디는 적의 약점을 이용하는 것은 옳지 않다며 이미 계획했던 시위 행군을 즉각적으로 취소했다. 간디의 깜짝 발표에 정부는 크게 당황했다. 그들은 당시 진퇴양난의 상황을 다음과 같이 설명했다.

"나는 당신네 사람들을 싫어하고, 도와줄 생각도 전혀 없습니다. 그런데 어떻게 하겠습니까? 우리가 힘들 때 당신은 우릴 도와주었습니다. 어떻게 당신들에게 손을 댈 수 있겠습니까? 가끔 당신들도 영국 시위대처럼 폭력을 쓰길 바랐습니다. 그럼 당신들을 처분할 방법이 즉각적으로 생기기 때문이죠. 그런데 당신은 적에게도 폭력을 가하지 않겠다고 말합니다. 홀로 고통받음으로써 승리를 얻고자 하며 스스로 정한 격식과 정중함의 선을 절대 넘지 않습니다. 그래서 우린 정말 난감한 입장에 처하고 말았습니다."

1914년 6월, 간디와 정부는 남아프리카 내 인도인들의 기본권을 회복시키는 새로운 인도인 구제법에 합의했다. 이후 간디는 수백 년간 영국의 불합리한 통제 아래 있던 고국 인도의 자유를 쟁취하고 인도와 영국 양국의 친선을 유지한다는 임무를 안고 인도로 향했다. 인도에서 간디의 운동은 결국 성공을 거두었으나, 간디는 1948년 같은 힌두교도에 의해 암살당하고 말았다.

남아프리카든 인도든 간디의 적은 간디의 비정통적인 전술에 맞닥뜨렸을 때, 보통 '무시, 힐난, 폭력, 탄압, 존중'이라는 5단계의 반응을 보였다. 실제로 많은 인물이 그토록 경멸하고 억압했던 간디와 평생 친구를 맺거나 팬이 되었다.

폭력은 죽음이 두려운 약자들의 무기

간디는 인간 갈등의 뛰어난 전술가이자 비폭력 투쟁계의 나폴레옹이었다. 역사상 위대한 전사들 사이에서 그가 특히 두드러지는 것은 고통과 심지어 죽음까지 불사하는 용기와 누구도 해치거나 죽이지 않겠다는 결연한 의지를 결합함으로써 누구보다도 더 강력한 적과 싸워 승리를 거두었기 때문이다. 간디는 '폭력'이란 죽음이 두

려워 살인하는 약자들의 무기라고 생각했다. 그리고 겁에 질려 탄
압에 굴복하는 행태를 가장 싫어했다. 무릎을 꿇고 목숨을 부지하
느니 당당히 서서 죽는 편이 낫다고 믿었다. 그는 인도인 중 가장 호
전적인 민족이라 여겨지는 파탄인들이 비폭력 저항운동에 제일 적
극적으로 앞장섰다는 사실에 놀라
지 않았다. 그가 종종 말했듯 겁쟁

보어전쟁
아프리카에서 종단정책을 추진하던 영
국 제국과 당시 남아프리카 지역에 정
착해 살던 네덜란드계 보어족 사이에
일어난 전쟁.

이들에게는 비폭력을 가르칠 수 없
기 때문이다. 간디 자신도 보어전
쟁(1899~1902)에서 구급차 운전사
로 용맹하게 복무한 공을 인정받아
영국 정부의 훈장을 받은 바 있다.

기독교를 탐구한 힌두교도

간디는 인도가 속한 동양과 기독교인들이 사는 서양이 갖는 최
고의 이상이 결합한 산물이다. 인도에서 태어난 간디는 청년 시절
변호사가 되기 위해 런던으로 떠났다. 그는 영국에서 영국의 법과
자유에 경의를 갖게 되었다. 이 시절 그는 남아프리카와 인도를 통
치하던 영국 통치자들이 법적으로 부끄럽지 않게 그들의 통치를
정당화하도록 돕는 데 온 힘을 다하며 살았다. 이후 인도 승려가 되
기에 상상하긴 어렵지만, 그는 런던에서 지낼 때 귀족의 옷차림으
로 무도회 댄스 수업을 듣고 라틴어와 프랑스어를 공부하며, 바이

올린도 연주했다고 한다. 여기서 더 중요한 건 독실한 기독교인, 기독교에서 전향한 평화주의자, 채식주의자, 페미니스트, 사회주의자 등 잡다한 종류의 사람들을 만났다는 것이다. 역설적이게도 그는 런던에서 기독교적 이상을 열심히 탐구하다 결국 자신의 뿌리인 힌두교로 돌아가게 되었다. 간디는 자신의 최초 실험적 공동체(후에 '아쉬람Ashram'이라 불림)의 이름을 위대한 러시아 작가이자 기독교적 평화주의자인 톨스토이의 이름을 따 '톨스토이 농장'이라 지을 만큼 종교적 현자 중에서 종파주의자와 가장 거리가 멀었다. 다른 힌두교도들은 간디가 너무 기독교적이라며 불평했다고 한다. 하지만 간디는 전 세계 종교들을 모두 동등하게 존중해야 한다고 주장했다. 어떤 종교를 따르건 간에 누구든지 자기 종교의 모범이 되기 위해 최선을 다해야 한다고 말했다.

예수와의 관계에서도 간디의 비폭력 저항 정신의 씨앗을 찾아볼 수 있다. 간디는 항상 예수를 비폭력 저항을 가장 잘 실천한 인물로 묘사했다. 로마의 억압 속에서 고통받으며 살고 있던 유대인들에게 예수는 '누가 네 오른뺨을 치거든 다른 뺨마저 돌려대어라. 네 속옷을 가지려는 자에게는 겉옷까지 내주어라. 누가 너에게 천 걸음을 가자고 강요하거든 그와 함께 이천 걸음을 가주어라'라고 말했다. 당시 로마법에서는 군인이 민간인에게 자신의 짐을 1.5킬로미터(천 걸음) 지고 가도록 강제할 수 있었다. 예수는 로마 군인이 천 걸음을 요구하거든 이천 걸음을 권하라고 한 것이다. 선으로 로마의 악행을 대하라고 했던 이유는 무엇일까? 자신에게 벌을 줌으로써 박해자의 눈앞에 그의 범죄를 보여주는 것이다. 박해자가 조금이라도 양심을 갖고 있다면 이러한 모습에 가책을 느낄 것이다. 간디에게 예수는 악 앞에서 소극적으로 저항을 피했던 자가 아니라 로마 제국에 적극적으로 맞서 싸운 비폭력 저항의 투사였다.

세속적 금욕주의

신성함을 향한 간디의 여정은 개인적이면서도 정치적이었다. 간디는 젊었을 때부터 자신의 성적 욕망을 비롯한 여러 충동에 불편함을 느꼈다. 그는 심적 평온함을 갈망했고 육체적 충동으로부터 철학적으로 거리를 두고자 했다. 남아프리카의 젊은 변호사로서 백인의 지배 욕망과 유색인종의 비겁한 굴복을 보며 불편함을 느끼기도 했다. 그 역시 남아프리카연방에 도착하자마자 유색인이라는 이유로 기차 일등석 칸에서 쫓겨나는 경험을 했다.

간디의 소명은 개인의 심리와 사회 억압 간의 관계를 파악하는 일이었다. 미국 자연주의자이자 급진주의자들처럼 그도 현대 자본주의가 더 많은 상품을 갖고자 하는 욕망에 불을 지피며 질투와 사회 경쟁을 불러일으켜 계층과 인종적 억압의 심리적 기반을 형성한다고 믿었다. 자신의 영웅이었던 소크라테스의 모범을 따라 그 역시 세상의 평화와 정의는 언제나 개개인 영혼의 평화와 조화에 달려 있다고 주장했다. 그래서 그의 사회적 정의 운동은 언제나 금욕적 공동체의 자기 수양과 자발적 가난함의 맹세에 뿌리를 두었다.

간디는 평화와 정의를 위한 세속적 금욕주의를 따랐다. 모든 군인은 엄격한 규율을 따름으로써 신체적 욕망을 무시하고 고통과 죽음까지도 불사하는 법을 배운다. 승려도 마찬가지로 금욕을 실천하는 것은 일종의 훈련이다. 작은 욕망과 욕구를 희생하는 법을 배우면서 궁극적으로 자신의 목숨까지도 희생할 수 있는 경지에 오르게 된다. 자기통제, 자기 정화, 고통 등 수년간 금욕을 실천함으로써 비폭력 저항에 필요한 용기가 다져진다. 간디의 추종자들은 모두 공식적으로 순결과 가난, 봉사의 서약을 했으며, 단식과 운동, 노동과 기도를 수행해야 했다. 자기완성의 실천은 그 자체로 목적인 동시에 사회정의를 수호하는 용감한 전사를 양육하기 위한 수단이었다. 개인적 자기완성을 통해 세상을 치유하는 데 꼭 필요한 기반이 형성된다. 이와 관련하여 간디는 '세상을 바꾸고 싶다면 나부터 바꾸기 시작해야 한다'는 명언을 남기기도 했다.

금욕적 이상의 민주화를 꿈꾸다

간디는 '현실' 또는 '진리'를 의미하는 힌두어 '사티아Satya'를 사용해 '사티아그라하Satyagraha'라는 말을 만들어 자신의 세속적 금욕주의를 표현했다. '사티아그라하'는 '단호한 진리의 추구'라는 의미인데, 간디는 이를 '자신을 고통받게 함으로써 적을 굴복시키는 것'이라고 설명한 바 있다. 사티아그라하의 열매는 비폭력 저항의 용기인 '아힘사Ahimsa'다. 죽음을 불사한다면 목숨을 보호하기 위한 폭력도 필요 없게 된다. 전통적으로 금욕적 규율은 정신 수련의 고수만이 실천하는 영역이었다. 모든 이가 금욕을 실천하길 기대하는 종교적 전통은 어디에도 없다. 그러나 간디는 누구든지 엄격한 규율을 지킬 역량을 갖고 있다고 믿었다. 간디의 목표는 이러한 금욕적 이상을 민주화하는 것이었다.

간디의 엄격한 채식주의 식사 때문에 그 자신과 아내, 자녀들은 아사할 뻔했고, 그 밖에 여러 가지 규율들을 엄격하게 적용하여 가족들과 불화를 일으켰다. 간디 가족 중 그 누구도 간디주의를 온전히 실천할 수 없었다. 추종자들 또한 많은 이가 간디를 따라 운동을 진행하다 이를 거부하거나 지키지 못한 자들에게 충격적인 폭력을 행사하곤 했다. 간디는 통일된 인도에서 힌두교와 이슬람교 간의 친선을 위해 생의 마지막 30년을 바쳤는데, 그 끝은 결국 공동체 간 잔인한 폭력과, 인도와 파키스탄 간의 전쟁으로 귀결되고 말았다. 인도와 파키스탄이 영국과 전쟁을 치르지 않고도 독립을 쟁취하도록 이끈 것은 실로 위대한 업적이었으나, 간디는 말년의 충격적 결말로 인해 자신의 필생 사업이 완전한 실패로 돌아갔다고 여겼다.

정책이 아닌 신념으로서의 비폭력 운동

간디는 전사이면서 현자였다. 가장 철학적인 정치인이자 가장 정치적인 철학자였다. 진리, 폭력, 금욕주의에 대한 이론 이외에도 정치에서 수단과 목적의 관계를 다시 생각했다. 간디는 폭력과 비폭

소금행진 당시의 간디와 추종자들

'소금 사티아그라하라고도 불리는 이 행진은 영국 식민지하의 인도에서 소금제 폐지를 주장하며 일어난 비폭력 불복종 행진이다. 간디가 79명과 함께 시작한 이 행진은 이후 수백만 명의 참여로 이어졌다. @Yann

력은 인도의 독립이라는 같은 목적을 위한 두 가지 수단이 아니라고 주장했다. 그에 따르면 폭력을 가하는 경우 비폭력을 선택한 경우와는 아주 다른 미래가 형성된다. 첫째, 폭력적인 행동과 타인이 받을 고통 사이에서 내린 선택에 따라 그 사람의 성품이 형성된다. 폭력을 선택하는 경우 당연히 폭력적인 성품이 형성된다. 폭력적 성품을 가진 사람이 어떻게 진정한 평화를 이룩할 수 있겠는가. 둘째, 간디는 정중한 투사로서 언제나 적과 화해하고 우정을 다지길 고대했다. 사랑의 칼과 진실의 갑옷으로 싸우며 적군과 화해의 기초를 닦았다. 셋째, 간디는 정치학의 불확실성을 잘 알고 있었다. 확실한 것은 오직 내가 현재 선택하는 것뿐이기 때문에, 불확실한 미래를 위해 오늘의 확실한 선善을 희생하는 것은 간디에게 어불성설이었다. 평화로운 수단만이 진정한 평화로 이어질 수 있기에 우리의 수단은 우리의 목적이 된다. 간디에게 비폭력은 단순한 정책이 아닌 윤리적 신념이었다.

비폭력 정치학의 보편성과 도덕적 무결성

간디는 자신의 비폭력 저항 신념이 보편적으로 적용 가능하며 도덕적으로 무결하다고 주장했다. 비폭력 저항은 박해자가 저지른 범죄의 대가를 자신이 치름으로써 상대가 양심의 가책을 느끼도록 한다는 논리를 따른다. 그런데 만약 박해자에게 양심이 없다면 양심을 향한 비폭력적 호소는 실패하게 된다. 예를 들어 국가는 양심이 없으니 국가 간 평화주의는 결국 침략자와의 타협을 의미하게 된다. 간디 역시 1938년 뮌헨 협정Munich Agreement을 히틀러와의 타협이라고 비난한 바 있다. 나치와 공산주의 정권에서 정권 앞잡이들의 인간적 양심은 사악한 이념에 의해 일부 또는 전부 막혀버린다. 이렇게 인간적 양심에 대한 호소가 불가능한 곳에서 비폭력 저항은 악을 상대로 힘을 쓸 수가 없다. 간디의 사상에 감동받는 사람들이 있다고

뮌헨 협정
1938년에 뮌헨에서 열린 독일 · 이탈리아 · 영국 · 프랑스의 정상회담에서 체결한 협정. 이 협정으로 독일이 체코슬로바키아의 수데텐 지역을 합병하였다.

해도, 나치 정권의 이인자 하인리히 힘러 Heinrich Himmler, 1900~1945 에게는 소용없다는 의미다. 또한 간디의 정치학이 힘을 발휘하려면 직접적인 행동을 공조하기 위한 자유로운 의사소통이 가능해야 한다. 만약 비폭력 저항운동의 지도자들이 전부 한순간에 사라진다면 단체행동을 진행할 희망이 없어지지 않는가. 이러한 이유로 간디 정치학은 기본적 시민의 자유가 지켜지는 국가에서만 힘을 발휘할 수 있다. 나치 독일의 유대인에게 간디의 정치학은 집단 자살을 권유하는 것과 다름없다.

간디의 비폭력 저항 신념이 보편적이지 않다면, 도덕적으로는 무결할까? 안타깝게도 단체행동은 언제나 결백한 제삼자의 희생을 수반한다. 간디가 인도 정부를 상대로 보이콧 운동을 벌이자 인도 랭커셔 일대에서 이에 동조한 방직공들이 해고되었다. 보이콧과 시위는 언제나 해당 투쟁에 참여하지 않은 많은 이에게 피해와 희생을 초래하는 결과를 낳는다. 또한 간디가 자신을 벌하며 단행한 단식은 당대 사람들에게는 도덕적 협박처럼 느껴졌다. 간디의 '죽음의 단식'은 '지금 하고 있는 것을 멈추지 않는다면 굶어 죽어버리겠다'는 협박이었다. 살인만큼은 아니더라도 강제적이었다. 물론 정치는 어떠한 종류든 강제 없이는 불가능하다. 간디의 비폭력적 강제는 폭력적 강제보다 효과적이었고 도덕적으로 우월했지만, 그렇다고 비폭력적 정치학이 도덕적으로 무결했다고 보긴 어렵다.

폭력으로는 다다를 수 없는 정의를 향하여

　간디 사상의 진수는 그가 추구한 금욕적 규율이 비폭력 저항의 영웅적 정치학을 유지하는 데 도움이 됨을 보여주었다는 데 있다. 간디의 계승자 중 가장 유명한 마틴 루서 킹 목사는 추종자들에게 비폭력 시위와 고통을 인내하는 전술을 가르쳤다. 킹 목사의 비폭력 정치는 미국 남부의 인종차별 법을 폐지한다는 목적이 있었다. 그가 성공할 수 있었던 것은 미국에 이미 기본적 시민 자유권이 존재했고 미국 남부인들이 가슴에 품은 양심이 인종적 정의에 대한 호소를 무시할 수 없었기 때문이다. 간디 정치학의 가장 극적인 성공은 1989년 동유럽에서 일어난 사건이었다. 대규모 시위대가 수개월 동안 일어난 폭력과 위협을 인내한 끝에, 폴란드, 체코슬로바키아, 루마니아, 불가리아, 헝가리, 동독, 발트제국의 공산주의 정권이 막을 내렸다. 충분히 많은 사람이 악과 타협하지 않겠다고 결의하면 어떤 정권도 살아남을 수 없다. 대다수 정치학자들도 오늘날 억압적 정권을 제거하는 데 가장 효과적인 수단이 비폭력 시위라고 말하고 있다.

　간디 정치학은 어디에서나 효과를 발휘하진 못하며 도덕적으로 무결하지도 않다. 그러나 많은 경우 폭력을 대신해 사회적, 정치적 정의로 향하는 더 나은 방향을 제시한다. 간디와 동시대를 살았던 진보주의자들은 간디의 정치학이 구시대적이며 반동적이라고 비난하기도 했다. 그러나 미래는 평화의 승려이자 전사였던 간디의 손에 있는 듯하다.

24

이슬람 원리주의의 아버지 사이드 쿠틉

이슬람으로의 헌신만이
공동체를 위한 미래의 길

Sayyid Qutb. 1906~1966

이집트의 이슬람교 이론가. 이슬람 원리주의 이론과 행동철학을 다듬고 체계화한 '이슬람 이데올로기화'와 '이슬람 혁명' 이론의 주창자이다. 오늘날 이집트를 비롯한 무슬림 세계 전역에서 일어나고 있는 이슬람 원리주의 운동에 가장 영향력 있는 인물로 평가받고 있다. 저서로 『진리를 향한 이정표』가 있다.

미국 문화에 대한 극심한 혐오

1948년 현대문학 교사였던 사이드 쿠틉은 전문적인 교육을 받기 위해 고향인 이집트 카이로를 떠나, 미국 서부 콜로라도주에 있는 그릴리Geeley라는 작고 보수적이고 기후가 건조한 지방 도시로 건너갔다. 그는 그릴리를 비롯해 여러 지역의 미국 학교에서 교육을 받았지만, 이런 교육은 그가 기대한 것이 아니었다. 그는 고향 집으로 보내는 편지에서 미국의 부끄러운 줄 모르는 문란한 성문화, 인정사정없이 난폭한 스포츠와 그에 대한 열광, 금전 만능주의 등을 이야기하며 이에 느끼는 경악을 토로했다. 다른 나라로 떠났던 사람들이 으레 그렇듯 쿠틉 역시 미국에 있는 동안, 미국보다 떠나온 고국과 신념을 더 많이 배웠다. 그는 미국의 남녀공학 교육(그은 이를 두고 '짐승 같은 혼성 교육'이라고 표현했다), 물질주의, 인종주의를 목격하면서 온건주의 이슬람교도에서 급진주의 이슬람교도로 돌아섰다. 따라서 믿기 어렵게도 콜로라도 그릴리는 근대 무장 이슬람의 발생지로 볼 수도 있다.

이슬람은 종교가 아니라 삶의 방식이다

미국에서 돌아온 쿠틉은 이집트에서 창설된 무슬림형제단에 합류하고 가말 나세르Gamal Abdel Nasser, 1918~1970의 군사 쿠데타를 지지했지만, 자신보다 세속적인 성향이 있는 나세르와는 머지않아 사이가 틀어진다. 나세르의 손에 투옥된 쿠틉은 계속 고문을 당하면서도 옥중에서 여섯 권짜리 쿠란 해설서를 집필한다. 1966년에 교수형을 당해 근대 정치적 이슬람 최초의 위대한 순교자가 되었다. 서양인들은 대개 무장 이슬람이 기독

교도나 유대교도를 주로 겨냥한다고 생각하지만, 쿠틉의 생애와 사상, 죽음을 보면 근대 이슬람 급진주의는 이슬람 국가 정부와 이러한 정부를 지지하는 서양인들을 표적으로 삼았다는 사실을 알 수 있다. 종교에서 비롯된 폭력을 이해하려면 우선 기독교도는 기독교도를, 유대교도는 유대교도를, 이슬람교도는 이슬람교도를 주로 죽였다는 사실을 먼저 알아야 한다. 종교 기반 폭력은 주로 같은 집단 내에서 자행된다. 간디 또한 같은 힌두교도 손에 암살당한 사실을 봐도 알 수 있다.

독실한 대부분 기독교, 유대교, 이슬람 신자와 마찬가지로 쿠틉 역시 근대 삶의 세속성을 못마땅하게 생각했다. 근대인들은 주중에는 신은 전혀 떠올리지도 않고 먹고 자고 쇼핑하고 돈 벌고 애 낳는 일에만 몰두하다가 안식일 의식에서만 종교적으로 행동하면서 종교가 안식일에만 등장하는 의식 수준으로 후퇴했다고 봤다. 쿠틉은 일상적으로는 물질주의적으로 살다가 예배를 드리는 모스크에서만 종교심을 갖는 식으로 분리된 인간의 삶을 받아들이지 않았다. 삶 전체에 신을 향한 헌신이 스며들어 모든 끼니, 모든 일, 모든

무슬림형제단 단원들이 단체를 상징하는 깃발을 들고 시위하고 있는 모습

무슬림형제단은 이집트와 시리아를 중심으로 활동하고, 범아랍권에 퍼져 있는 이슬람 근본주의 정치조직이다. 무려 500~1000만 명에 이르는 회원을 가진, 세계 최대이자 가장 역사가 오래된 이슬람 극단주의 단체이다.

우정, 모든 양육 행위가 신에게 올리는 일종의 기도가 될 때에만 진정한 행복을 얻을 수 있다. 쿠틉이 이상적이라고 생각한 진정한 이슬람 사회는 극기를 거듭하는 금욕적인 세상이 아니라 이슬람 율법의 온건하고 인도적인 범위 내에서 삶에서 얻을 수 있는 모든 즐거움을 온전히 누리는 통합적인 세상이다. 쿠틉은 이슬람교에 안식예배뿐만 아니라 우리 삶 전체를 바쳐야 한다고 말한다. 인간은 물질적인 행위와 영적인 행위가 완전히 어우러질 때 비로소 행복해질 수 있다. 쿠틉에 따르면 이슬람은 종교가 아니라 삶의 방식이다.

신과 인간의 통치권은 양립할 수 없다

무장 이슬람은 보통 시대에 뒤진 반동분자라고 비난받는다. 하지만 실상은 이와 다른 모습을 보인다. 쿠틉은 이슬람교 1세대를 기준으로 삼아 그 뒤를 이은 이슬람의 부패를 판단해야 한다는 생각을 자주 피력했지만 역설적으로 쿠틉식 이슬람도 다른 원리주의파와 마찬가지로 철저하게 근대식이었다. 전통적인 이슬람에서는 쿠란을 다양한 해석법과 법리 학파를 고려하여 연구했다. 쿠틉은 이모든 방식을 부정하고 순수한 쿠란 본문에 주목하여 그 자체로 봐야 한다고 주장했다. 전통적인 이슬람 사회에는 이슬람 율법과 개별 이슬람교도 사이의 매개체가 민족 관습, 종족 원로, 법학자, 왕등 다양하게 존재한다. 쿠틉은 이런 매개체를 모두 없애고 각 이슬람교도가 오직 이슬람 율법의 통치만을 받기를 바랐다. 전통적인 사회 및 종교 위계질서 대신 근본적인 평등을, 전통적인 정치 세력 대신 인간의 지배로부터 완전히 벗어난 근본적인 자유를 주창했다. 쿠틉에 따르면 자유, 평등, 박애 같은 근대 이상은 모두가 신에게만 복종할 때 실현할 수 있다.

쿠틉이 생각하는 신의 주권은 성서와 쿠란에서 그리는 질투심 있는 신, 즉 '나 외의 다른 신은 섬기지 말라'며 자신에게만 충성할 것을 명령하는 하느님과 긴밀하게 연결되어 있다. 아브라함 종교는 신은 하나밖에 없다는 믿음과 동시에 한 명의 신만을 섬겨야 한다는 관점까지 함께 강조한다. 신은 다른 신을 함께 섬기는 부정행위를 용인하지 않는다. 쿠틉은 인간이 재물, 군사력, 기술, 인간 정부

등을 믿는 것 역시 비슷한 배신행위라고 주장한다. 신의 통치권이
란 우리가 하느님이 아닌 인간의 힘에 복종해서는 안 된다는 뜻이
다. 쿠틉은 근대의 정치 대권은 하느님의 통치권과 양립할 수 없다
고 정확하게 설명했다. 만약 인간 정부에 통치권이 있다면 하느님
은 통치권을 가질 수 없고, 하느님이 통치한다면 그 어떤 정부도 통
치권을 행사할 수 없다는 것이다. 통치권은 애초에 나눠 가질 수 없
다. 모든 현대 정부는 통치권을 주장하고 있고, 따라서 하느님의 통
치권을 거부한다. 쿠틉은 하느님이 세속에서 통치자를 지정해 통치
권을 나눈다는 생각에 반대한다. 하느님은 완전한 충성을 요구하는
질투심 많은 신이다. '유일신 말고는 그 어떤 신도 없다'라는 말은
하느님의 통치권이 아닌 통치권, 하느님의 법이 아닌 법, 하느님의
권한이 아닌 권한은 없다는 뜻이다.

　신은 하나이기 때문에 민족도 하나밖에 없다. 전통적으로 이슬람
은 아라비아, 아랍어, 아랍국가들과 긴밀한 관계가 있었다. 쿠틉은
이러한 모든 국가적, 문화적 특징들을 모두 씻어내고 글로벌 이슬
람 공동체로 통합해야 한다고 주장한다. 그는 유대교는 종족 차원
의 종교이고 기독교는 영성 기반 종교에 불과하다고 공격했다. 그
에 따르면 이슬람만이 보편적이고 전체적인 종교로 모든 인간에게
개인, 가족, 경제 주체, 사회 구성원, 정치 참여자로 사는 삶을 안내
한다.

복종에서 탄생하는 자유

'이슬람'이라는 말은 '복종'을 뜻한다. 쿠틉은 진정한 자유는 하느님에게 완전히 복종할 때 가능하다고 주장한다. 인간에게 복종하면 독단적인 인간 의지의 지배를 받게 되므로 노예 상태가 된다. 하느님에게 복종한다는 건 완벽하게 이성적이고 정의로운 의지에 복종한다는 뜻이다. 이런 종류의 복종에서 인간의 진정한 자유가 탄생한다. 루소에 따르면 어느 특정 인간 의지에 복종하는 건 예속 상태가 되는 것이지만 '일반의지'에 복종하는 것은 자유이다. 쿠틉은 루소의 주장에 동의하면서도 유일한 일반의지는 바로 대중의 의지가 아니라 신의 의지라고 주장한다.

쿠틉이 이상적으로 생각하는 이슬람교도 통치자, 즉 칼리프Caliph나 이맘은 독립적인 권위와 법 제정 권한이 없다. 이 통치자는 그저 이슬람 율법을 해석하고 적용하고 강제하는 하느님의 대리인일 뿐이다. 쿠

칼리프
정치와 종교의 권력을 아울러 갖는 이슬람 교단의 지배자를 이르는 말. 아라비아어로 '상속자'를 뜻한다.

틉이 구상하는 이상적인 체제는 하느님의 통치, 말 그대로의 신정국가이다. 하지만 신정체제는 성직자들의 통치를 의미하게 됐기에 쿠틉은 이슬람이 신정체제가 되어야 한다는 생각은 부정한다. 이슬람에는 성직자가 없기 때문이다. 이슬람교도 통치자에게는 성직자나 성자의 신성한 권위가 부족하다. 칼리프는 그저 동등한 사람 중최고일 뿐이다. 각 칼리프는 이슬람 민족이 선택해야 한다. 칼리프

가 이슬람 율법만을 집행할 때만 그 민족은 이 칼리프에게 복종할 의무가 있다.

지하드 이론

쿠틉은 '지하드 이론'으로 악명이 높다. 그는 여성과 아동은 절대 공격 대상으로 삼지 말아야 한다고 주장했음에도 '이슬람교도 테러의 철학자'라고 불린다. 그의 관점에서 지하드는 유혹에 대항하는 영적인 싸움으로 시작한다. 그는 내면에서 불의를 정복하지 못한다면 사

> **지하드 이론**
> 이슬람 근본주의하의 무장투쟁을 의미하는 지하디즘의 근거가 되는 이론이다. 지하드란 이슬람 용어로 무슬림의 종교적 의무를 뜻하며 아랍어로는 투쟁이나 저항을 뜻한다. 지하드에 종사하는 사람을 무자히드라고 칭하며 여러 사람일 경우 무자히딘이라고 칭한다.

회정의를 위해 제대로 싸울 수 없다고 주장한다. 자신의 믿음을 설교하고 간증하는 것도 지하드의 일종이지만, 쿠틉은 지하드에 '죽고 죽이는 일'이 포함되어 있다고 분명히 밝힌다. 그는 지하드가 하느님에 대해 무지한 사람들에 맞선 신성한 전쟁이라고 옹호하면서 이러한 전쟁은 구약에서도 힘을 얻고 십자군 전쟁 때 기독교인들도 실천한 일이라고 지적한다. 전통적으로 지하드는 아라비아 지역에서 이교도를 몰아내고 불신자들의 침략에서 이슬람교도들의 고향 땅을 지킨다는 면에서 정당화되었다. 쿠틉은 이렇게 방어적이고 종족 단위였던 지하드를 이슬람 수립을 위한 글로벌 투쟁으로 변

모시켰다. 그는 이슬람 사회의 이슬람교도 통치자를 직접 겨냥하는 지하드를 개척했다.

쿠틉식 지하드는 그의 종교적 전체론의 자연스러운 결과물이다. 이슬람이 완전한 삶의 방식을 의미하는 것이라면 이슬람교도들은 개인적, 사회적, 종교적, 정치적 활동의 면면을 통제하기 위해 싸워야만 한다. 이슬람은 사적인 종교가 될 수 없고 경제적, 정치적 삶의 다른 부분과 분리될 수도 없다. 쿠틉에 따르면 이슬람교도에게 '종교의 자유'는 삶의 모든 측면에서 종교와 관계없이 살 수 없는 한 의미가 없다. 이는 이슬람 정치체 내의 기독교도와 유대교도 소수 집단은 용인할 수 있지만, 비이슬람교 정치체 내에서 이슬람이 소수 집단으로 사는 일은 참을 수 없다는 뜻이다.

어떻게 지하드가 모두를 위한 종교의 자유와 양립할 수 있을까? 쿠틉에 따르면 쿠란에서는 '더는 탄압이 없을 때까지 싸우고, 모든 복종은 유일한 우리 신의 것이다'라는 원칙과 '종교 강요는 없어야 한다'라는 두 원칙을 모두 뒷받침한다. 이슬람교도가 이슬람의 모든 면에 부합하지 않는 사회에서 살고 있다면, 그 사회의 통치자가 이슬람교도라고 해도 이는 종교적 탄압이다. 하지만 진정한 이슬람 정치체에서는 유대교와 기독교 소수 집단이 종교를 완전히 실천할 수 있도록 종교의 자유를 용인한다. 이슬람 정치체가 일단 건립되면 지하드는 설교와 간증의 형태를 띠고 언젠가는 유대교도와 기독교도를 포섭한다. 따라서 지하드는 보편적이고 진정한 종교적 자유를 위한 환경을 조성하는 것이다.

순수한 이슬람으로의 회귀

서양인들은 이슬람이 현대 자유주의와 공존할 수 있도록 개혁되어야 한다고 주장한다. 하지만 무장 이슬람은 이미 하나의 개혁이다. 프로테스탄트 종교개혁 당시 초기 루터파와 칼뱅파와 마찬가지로 쿠틉은 성직자들, 신학자들, 법학자들의 타락을 비난한다. 루터의 구호는 '오직 성서'였고 쿠틉의 구호는 '오직 쿠란'이었다. 칼뱅파가 '원시적인' 기독교 본연의 순수성을 회복하려고 했듯 쿠틉은 이슬람교도 1세대의 순수한 이슬람으로의 회귀를 주장했다. 수 세기에 걸쳐 가톨릭과 마찬가지로 이슬람에도 신비주의, 기도문, 순교자 및 성지 숭상, 행렬 기도, 종교적 음악과 미술처럼 성서에 등장하지 않는 종교적 관습이 많이 생겨났다. 무장 이슬람은 칼뱅주의만큼이나 우상 파괴적이다. 이러한 전통적인 종교적 관습과 예술을 단순한 우상숭배로 치부하며 폭력적으로 공격하기 때문이다. 쿠틉이 쿠란 율법만이 지배하는 세상을 추구하듯 청교도인은 성서 율법의 통치만을 받는 정치 공동체를 만들었다.

이슬람 세계는 어디로 갈 것인가

쿠틉은 인간은 경제적 동물보다는 종교적 동물에 가깝다고 믿었다. 마르크스가 '종교는 인민의 아편'이라고 주장했다면 쿠틉은 마르크스주의와 자본주의 모두 진정한 인민의 아편이라고 본다. 현재 정치인들은 국민이 진짜로 원하는 건 더 영적인 부분인데도 더 많은 물질적 자원을 동원해 국민을 약에 취하게 한다. 오늘날 많은 사람은 알제리, 리비아, 이집트, 이스라엘, 인도, 파키스탄에서 일어난 20세기 세속주의 혁명이 종교적인 반혁명주의를 자극했다는 사실에 놀란다. 물론 쿠틉은 놀라지 않았을 것이다. 인간의 본성이 유일신에 대해 간절히 알고자 한다면 경제적, 기술적 진보가 아무리 커도 이러한 갈망을 채울 수 없을 것이다. 뒤돌아보면 인간 본성에 대해 무지했던 건 20세기 중반 세속주의 진보주의자들이었다. 쿠틉에 따르면 모든 정치 갈등은 근본적으로 신학적 갈등이다. 서구 제국주의의 중심은 경제적 또는 정치적 권력이 아니라 기독교의 패권이었다. 정치와 관련한 우리의 유일한 선택은 진정한 하느님과 우리가 자체적으로 만든 거짓 우상 중 어느 쪽을 숭배할 것인가이다.

서양인들은 종교개혁 시기에 과거로의 회귀만큼 혁명적인 것은 없다는 사실을 배웠다. 쿠틉이 강조하는 쿠란 계율로의 회귀도 우리가 사는 세상에서 그만큼 극적인 변화를 의미한다. 앞에서 최초의 이슬람교도 정치철학자 알 파라비가 이슬람이 서구 철학과 과학의 정수를 통합할 수 있다고 믿었다는 사실을 다뤘다. 쿠틉은 이와 반대로 이슬람이 바로 그 서구 예술과 과학에 끔찍하게 오염될 것을 우려한다. 세상의 운명은 이제 이렇게 상반되는 두 종류의 이슬람 중 어느 쪽이 득세하느냐에 달려 있다.

25

정치의 회복을 모색한 한나 아렌트

정치가 철학과 경제의
부속품이 되어버리지 않기 위하여

Hannah Arendt. 1906~1975

독일 출신의 정치 이론가. 유대인 문제에 대한 비판적인 저술과 전체주의에 대한 연구에 힘썼다. 20세기의 가장 탁월하고 독창적인 정치사상을 펼쳐낸 사람 가운데 한 명으로 평가받으며, 평론가로서 여러 에세이를 쓰기도 했다. 저서로 『전체주의의 기원』, 『예루살렘의 아이히만』 등이 있다.

두 차례의 망명

한나 아렌트는 나치의 손아귀에서 두 차례나 가까스로 도망쳤다. 아렌트는 1933년 베를린에서 게슈타포에게 체포되어 8일 동안 억류되었다. 풀려난 후에 파리로 도피했는데 유대인인 그녀는 그곳에서 독일 시민권을 상실했고, 전쟁이 끝나고 미국 시민권을 획득할 때까지 자발적으로 무국적자로서의 삶을 택했다. 아렌트는 이후 1940년 나치가 프랑스를 침략했을 때 다시 한번 나치와 악연을 맺게 된다. 그녀는 스페인 국경 근처 수용소에 적국인으로 체포되어 수용되었다가 그해 여름 프랑스가 함락되는 혼돈 속에서 운 좋게 수용소를 벗어날 수 있었다. 이후 프랑스에서 숨죽여 지내다가 나치가 세운 허수아비 정부가 출국 정책을 완화하자 남편과 함께 미국으로 탈출한다. 35세이던 1941년, 미국에 도착했을 당시 수중에는 단돈 25달러밖에 없었고 영어도 썩 능숙하지 않았다. 현재의 명성을 안긴 작품들도 집필하기 전이었다. 그러나 전체주의 정권 박해의 희생양이 되어 두 차례 망명길에 올랐던 경험은 그녀의 정치관 형성에 강렬한 영향을 끼쳤으며, 이러한 배경을 바탕으로 그녀의 저술 중 처음으로 대중의 주목을 받은 작품인 『전체주의의 기원』을 집필하기 시작했다.

악의 평범성을 고발하다

아렌트가 커다란 명성을 얻은 것은 잡지 「뉴요커」에 처음 실린
『예루살렘의 아이히만』을 출판하면서였다. 나치 독일 친위대 장교
겸 홀로코스트 실무 책임자였던 아돌프 아이히만Otto Adolf Eichmann,
1906~1962은 나치 홀로코스트에서 맡은 임무로 1961년에 전범 재
판대에 섰는데 「뉴요커」의 기자였던 아렌트는 현장에서 그 재판을
지켜보았다. 아렌트는 아이히만을 횡설수설하는 나치 광신자라기
보다는 끔찍할 정도로 평범한 사람으로 그렸다. 주체적인 생각 없
이 단순히 하달받은 명령을 수행한 평범한 관료로서 표현된 아이
히만의 초상은 당대에 커다란 논란을 일으켰고(오늘날까지도 뜨거운
논쟁거리이다), 아렌트가 재판 자체의
합법성에 대해 제기한 의문도 마찬
가지였다.

아렌트는 몇몇 시온주의자Zionist
가 독일 민족주의운동인 볼키
쉬Völkisch의 토양에서 비롯된 낡아
빠진 민족주의적 시각을 가지고 있
다고 비난하는 도발도 감행했다. 가
장 논란이 되었던 점은 그녀가 전쟁
기간 동안 나치의 지시를 받고 유대
인 의회에서 활동한 유대인을 신랄
하게 비판했을 때였다. 아렌트는 그

시온주의자
유대주의자 혹은 유대 복고주의자를 뜻
한다. 유대 복고주의는 팔레스타인 지
역에 유대인 국가 건설을 목적으로 한
민족주의운동을 가리킨다.

볼키쉬
19세기 후반부터 나치 시대까지 활발히
진행된 독일 민족, 국가주의 운동. 홀로
코스트의 사상적 기반이라 할 수 있다.

유대인 의회
나치가 만든 유대인 집단 거주 구역을
통제하며 나치의 지시 사항을 이행한
유대인 지도자 모임.

들이 홀로코스트에 '가담'했다고 암시했는데, 이는 '희생자 비난하기'를 하고 있다는 매서운 비난을 받았다. 전쟁 전에는 같은 독일인이어도 유대인이라는 이유로 '파리아pariah', 즉 버림받은 자였던 아렌트는 전쟁 후 유대인들 사이에서도 역시 자신은 파리아라는 것을 깨달았다. 이후 미국에서 생활할 때는 정확히 파리아라고 할 수는 없지만 유럽 이민자 지식인이자 독립적인 여성으로서, 여생을 보낸 전후 미국 중부의 거대한 소비사회 속에서 역시 타자로 남았다.

정치는 본질적으로 고귀한 활동이다

전쟁이 일어나기 전 독일에 거주할 때 아렌트는 정치학보다는 철학과 신학을 연구했다. 정치학에는 거의 흥미를 느끼지 못했다. 그러나 1933년 나치가 정권을 잡은 후 목숨을 걸고 도망쳐야 하는 신세가 되고는 모든 것이 달라졌다. 20년 뒤 미국에서의 아렌트는 완벽히 다른 생각을 품고 있었다. 정치는 독립적인 가치를 지니고 있다고 보았으며 근대사회는 그 중요성을 이해하지도, 알아보지도 못한다고 생각했다. 그녀는 정치가 철학의 지배를 받는 것을 비판했는데 이런 경향은 플라톤 시절로 거슬러 올라간다고 보았다. 플라톤 이래 거의 모든 철학자들이 사유의 근본적인 부분에서 정치를 부정하는 편견을 가지고 있었기 때문에 정치를 왜곡하고 우리의 판단력을 훼손함으로써 끔찍한 결과를 초래한 경우가 많았다는

것이다. 아렌트는 이러한 오래된 사상의 전통에 반대하여 다시 고
대 그리스 정치로 돌아가자고 주장했다. 고대 그리스에서 정치 참
여는 인간에게 필수적 활동이었으며 토머스 페인이 이야기한 것처
럼 필요악에 불과한 활동은 아니었다. 그녀는 플라톤 이래 서구 철
학이 정치적 행동이 존재 자체로 중요하다는 점을 놓치고 본질적
으로 고귀하다는 사실을 부정해왔다고 생각했다. 이 때문에 반론
자들은 아렌트가 '헬레닉 노스탤지어', 즉 고대 그리스 문화에 대한
향수병이 있으며 철학에 대해 반지성주의적 적대감을 가지고 있다
고 비판했다.

　이러한 관점은 정치와 관련한 그녀의 가장 중요한 저서인 『인간
의 조건』에 명확히 나타나 있다. 이 책에서 그녀는 고대 그리스인에
게 정치가 어떤 의미였는지, 그리고 아리스토텔레스가 주장했듯 왜
인간이 근본적으로 정치적 동물인지 설명했다. 『인간의 조건』은 인
간 활동을 노동, 작업, 행동이라는 세 개의 범주로 분류했다. 고대
그리스인에게 노동은 가장 하급이자 가장 기본적인 인간 활동으로
동물도 인간과 마찬가지로 노동을 한다. 노동은 인간 본성에 가장
가까운 활동이며 음식을 먹는 등의 행위처럼 우리의 기본적인 생
물학적 욕구를 충족해 생명을 이어가는 것이 목적이다. 한편 작업
은 신체적 생존을 넘어, 단순히 생존을 위해 소비되어 사라지지 않
는 것, 즉 기술, 건축 혹은 그림 등 지속되는 무언가를 창조하는 활
동이다. 동물은 이러한 작업을 수행하지 않는다. 그래서 고대 그리
스인은 노동보다 작업을 높게 평가했다. 가장 상위의 활동은 단연
코 행동이며 정치의 영역이다. 그리스인에게 정치는 공적인 공간

이었다. 자유 시민은 정치의 장에서 만나 도시의 공동 사안을 논의하며 주체로서의 힘을 발휘하고 개인의 정체성을 드러내며 공공의 세계를 공유하고 있음을 확인한다. 아렌트는 그리스인에게 이러한 특별한 만남보다 더 인간적인 것은 없었다고 말한다. 이러한 만남이 고대 그리스 정치의 정수였다. 상대적으로 하위 활동인 노동과 작업은 집, 농장, 작업실, 시장 등 철저히 사적인 공간에서 필요에 따라 일어나는 반면, 행동은 오직 공적인 공간에서 일어나며 자유의 영역이다. 아렌트는 정치의 바깥에서 내키는 대로 행동할 수 있는 사적인 개인이 아니라 공적 활동에 참여해 행동하는 시민만이 자유를 경험할 수 있다고 생각했다.

정치 밖에서 인간적인 삶은 가능한가

아렌트가 그린 그리스 도시국가의 고전적 세상에서 시민들은 정치의 공간에서 만나 본성을 초월하고 인간의 정체성은 집단행동을 통해 형성된다. 우리는 공유한 현실을 확인하기 위해 공적인 공간에서 만나 함께 행동하고 발언해야 한다. 그래서 그리스인은 공공의 이익에 우선으로 헌신하는 시민을 '폴리테스Polites'라고 부른 한편, 오직 자신과 자신의 사적인 사안에만 관심이 있는 시민을 '이디오테스Idiotes' 즉 멍청이라고 불렀다. 철학에 정진한다는 명목으로 공공의 의무를 저버린 철학자와 시민권이 없어 정치에서 배제된 노예 양쪽 모두 고대 그리스인에게는 말 그대로 멍청이였다. 아렌트는 '완벽히 사적인 삶을 산다는 것은 진정한 인간의 생에 핵심적인 것들을 박탈당한 채 사는 것이다'라고 표현했다. 이것은 정치 밖에서는 진정한 의미의 인간적 삶이 불가능하다는 아리스토텔레스의 주장을 인정한 것이다. 물론 아리스토텔레스는 인간은 본성적으로 정치적 동물이라 주장했고, 아렌트는 정치는 인간이 창조했으며 인간의 본성과 이보다 더 멀 수는 없다고 주장한 점은 다르다. 어쨌든 아렌트의 입장에서 홉스와 로크가 정치는 삶을 보전하는 수단일 뿐이라 주장한 것은 옳지 못하다. 아렌트에게 정치는 인간의 삶에 의미를 부여하기 위해 존재했다.

아렌트는 철학자와 독재자 사이에 자연스러운 정치적 동질감이 존재한다고 보았다. 철학자는 자신이 진리를 안다고 주장하고 철학자가 아닌 시민들에게 자신이 얻은 진리를 알려준다. 플라톤은 민주주의보다 자비로운 철인왕의 통치를 우위에 두었다. 플라톤 관점에서 통치는 계몽된 엘리트가 적절한 훈련을 받아 습득하는 것이며 모든 이들의 권익을 위해 실천하는 기술이다. 아렌트는 이러한 온정주의적 통치는 고대 그리스 정치의 대척점에 서 있다고 생각했다. 고대 그리스에서 정치란 다수의 시민이 공공의 영역에서 말과 행동을 교류하는 것이며 이는 진리를 추구하기보다는 공동의 세계를 창조하기 위한 것이다. 아렌트의 관점에서 철인왕, 이념주의자, 테크노크라트, 혹은 계몽된 전제군주에게 정치를 떠넘기는 것은 인류의 재앙이다. 유대인이 겪은 역사적 비극은 유대인이 공공의 장에서 배제된 정치적 파리아라는 것이다. 이렇게 배제된 유대인은 인간성과 정치 현실에 대한 감각을 잃었다. 아렌트는 이 현상이 근대의 일반적인 특징이 되어가고 있다고 우려했다. 파리아가 늘어가는 사회는 전체주의와 부족 중심 국가주의 등 일련의 정치적 병폐에 취약하다. 이러한 사악한 경향에 대한 최고의 방어는 고대 그리스의 정치 개념을 회복하고 이를 지탱할 사고방식과 제도를 재건하는 것이다.

정치의 경계

아렌트가 보는 정치는 근대에 들어서 경제의 종속물로 강등되었다. 고대 그리스인이 생각한 행동, 작업, 노동의 우선순위가 근대에 들어 뒤집힌 것이다. 정치는 위대한 말과 불멸하는 행위가 실현되는 공간이 되기보다는 시민의 부와 신체적 안녕을 증진하는 일에 점점 더 집중하고 있다. 자본주의와 사회주의 두 체제 모두 같은 상황이며 둘 다 아렌트가 정의하는 고전적인 의미에서는 근본적으로 반정치적이다. 고대 그리스인은 생산과 소비와 관련된 모든 것을 하부 영역인 사적인 삶에 맡기고 공공영역은 노동 및 작업과 관련한 어떤 것에도 방해를 받지 않도록 정치를 지켰지만, 근대인은 정치적 경제에 몰두한다는 것이다. 실제 아테네에서는 공공연히 부의 분배와 세금에 대한 논의가 이루어졌기 때문에 아렌트가 오해한 바가 있지만, 어쨌든 근대의 정치는 그녀의 관점에서는 고대 그리스와 완전히 배치되는 경향이다. 그녀는 프랑스혁명이 사회적 정의, 빈곤, 경제적 불평등 등 정치의 영역을 벗어난 사안에만 집중했다고 비판했다. 정치를 둘러싼 그녀의 순수한 그리고 고전적인 해석에 의하면 타인의 고통에 대한 공감은 공공의 영역 바깥에 존재해야 한다. 그리고 공공영역은 오직 시민의 말과 행동으로 공동의 세상을 빚어가는 데 할애되어야 한다.

아렌트는 마르크스의 이론이 이러한 근대적 경향의 완벽한 예시라고 지적했다. 마르크스가 노동의 지위를 격상한 것은 그녀가 플라톤에서 뿌리를 찾은 반정치적 사상의 또 다른 증상이다. 실제 마르크스와 엥겔스는 사회주의 체제에서는 국가가 불필요하다고 주장했다. 국가는 '시들어 사라지고' 자발적인 협동과 선의에 기반한 자율통치의 사회가 대신 수립된다는 것이다. 마르크스는 노동이 '인간성 자체에 대한 표현'이라 주장했지만, 고대 그리스인에게 노동은 인간 활동의 가장 열등한 형태였다고 아렌트는 생각했다. 자본주의자의 편에서 존 로크는 정부의 목적은 오직 재산의 보호라고 주장했는데 아렌트는 도리어 이것이 정치에서 완전히 배제되어야 할 부분이라고 생각했다.

정치가 사라진 자리

아렌트는 부와 빈곤이라는 주제가 공공의 영역에 포함되는 경향이 근대에 들어 두드러졌으며 이런 상황에서는 순수한 정치가 마르크스의 예언대로 사라지고 만다고 생각했다. 정치가 사라진 자리에는 아렌트가 정의한 '정치와 개인의 삶이 혼재한 흥미로운 영역'

인 사회가 남는다. '사회'는 진정한 공공의 영역에서 발견되는 다양성과 자유의 반대편 극단에 서서 무리를 짓는 순응성을 가지고 있다. 아렌트는 사회적 사안이 정치로 침범해 들어오고 정치적 사안이 사회적 영역에 포함되는 것을 강하게 반대했다. 이를 막지 않으면 인간을 인간답게 만드는 정치의 특질이 사라질 것이기 때문이다. 예를 들어 아렌트는 불평등과 차별을 반대하는 법을 제정하는 것은 국가의 역할이 아니라고 생각했다. 평등은 정치적 통일체의 가장 내밀한 원칙으로 오직 정치적 차원에서 시민에게 적용될 뿐, 사회적 차원에서 단체와 개인에게 적용될 사안이 아니다. 차별적 행태는 사회적 차원에서 정당할 수 있지만, 정치적 차원에서는 그렇지 않다. 이러한 생각에 기반해 아렌트는 전후 미국 정부가 인종 분리를 불법으로 인정하려는 시도에 반대해 논란을 일으켰고 많은 진보주의자를 적으로 돌렸다. 동시에 아렌트는 미국 정부가 인종 분리를 집행하는 법을 폐지한 것을 공개적으로 지지해 보수 진영에도 적을 만들었다. 두 정책은 정치와 사회가 상호 침투한 예시적 사례였고, 아렌트는 정치의 진정한 특질을 보전하고자 한다면 이러한 상호 침투를 막아야 한다고 믿었다.

지금 정치적 이상이 필요한 이유

어떤 근대 철학자도 아렌트만큼 정치에 고귀한 초상을 부여하지 않았고, 또 아렌트만큼 공공의 영역을 타인에게 맡겼을 때 발생할 심각한 위험을 이해하지 못했다. 아렌트가 이상화한 고대 그리스 도시국가의 이미지는 최선의 상태로 이루어진 정치는 인간을 인간답게 하는 위대한 일이 가능한 세상임을 깨닫게 해준다. 정치는 용기, 고무적 연설, 자유 그리고 함께하는 시민 행동이 일어나는 무대로, 우리는 정치를 통해 자잘한 걱정과 이기적 계산을 초월하고 정치의 장에서 함께 행동하고 성취할 수 있다. 요즘처럼 정치와 뿌리 깊이 유리된 시대를 사는 이들에게는 입에는 쓸지 모르나 몸에는 좋은 교훈이다.

그러나 아렌트가 이야기한 정치가 실제 역사상 실천된 사례는 거의 없으며 사실 이러한 정치를 영웅 집단이 아니라 일반 시민이 과연 실천할 수 있을지 의문도 든다. 고대 아테네인들도 말 그대로 유토피아였던 이상을 실현하는 데 실패했다. 아렌트는 근대 정치사의 혁명을 예시로 들었으나 혁명은 예외적인 사건이고 안정적 정치 질서의 적절한 토대라고 볼 수 없다. 심지어 근대의 혁명 중 일부는 아렌트마저 비난한 정치적 재난으로 귀결되고 말았다. 하지만 우리의 행동에 지향점을 제시하고 행위를 평가할 잣대가 되는 정치적 이상이 있다는 것이 순전한 실용주의의 목적 없고 알맹이 없는 정치보다 낫다는 점은 의심할 여지가 없다.

26

중국 인민의 신 마오쩌둥

민심을 얻는 자가
천하를 얻는다

毛泽东, Máo Zédōng. 1893~1976

중국의 정치가. 1949년 공산당 정권인 중국인민공화국을 수립하고 초대 국가 주석을 지냈다. 공산주의 혁명의 주체 세력을 농민으로 보고 레닌주의를 중국의 현실에 맞게 수정한 그의 사상은 레닌주의와 비교하여 마오쩌둥주의라고 일컬어진다. 1959년 국가 주석을 사퇴하고 중국공산당 당주석이 되어 이후 1976년 사망할 때까지 중국공산당을 장악했다. 저서로 『지구전론持久戰論』, 『신민주주의론新民主主義』 등이 있다.

소작농에서 세계 최대 공산국가의 통치자로

1949년 10월 1일 베이징 심장부의 천안문 광장에서 마오쩌둥은 전 세계에서 가장 큰 공산국가의 탄생을 선언했다. 그는 중국의 작은 시골 마을의 교사 겸 도서관 사서 출신이자 마르크스주의자인 소작농이었다. 1921년 상하이에 있는 여학교 교실에서 열린 제1차 중국공산당 전국대표대회에는 고작 13명의 대표가 참석했는데, 마오쩌둥도 그중 한 명이었다. 이렇게 시작은 미미하였지만, 어느 순간 그는 중국의 새로운 수장으로서 열광하는 군중으로 가득 찬 베이징 천안문의 중앙 광장을 내려다보고 있었다. 그는 지난 20년간 우여곡절을 겪으며 싸워온 내전에서 중국공산당을 승리로 이끌었고, 그 결과 당시 인류의 4분의 1에 해당하는 5억 명의 인구를 지닌 대국가의 득의양양한 통치자로 서 있었다.

마오쩌둥은 이미 정상에 우뚝 서 있었지만 위상이 더 올라가 세속적 신으로 숭배받는 수준까지 이르러 공식적으로도 중국 인민의 의지를 대표하는 전형으로 불렸다. 그는 중국 인민의 '위대한 조타수', '인민의 마음속 가장 붉은 태양'이라고 불렸고, 그에게 경의를 표하는 천안문 광장 집회에는 수백만 명의 군중이 몰려들었다. 이들은 "마오 주석 만세!" "마오 주석 만만세!"를 외쳤다. 그는 어린 학생이던 시절 매일 아침 학우들과 함께 공자 초상화 앞에 인사했다. 그런데 혁명 이후에는 중국 인민들이 그의 초상화 앞에 매일 아침 절을 했다. 2층 높이의 대형 마오쩌둥 초상화는 아직도 천안문 광장 앞에 걸려 있으며, 여기서 멀리 떨어지지 않은 옛 자금성 정문

천안문 광장
@zhang kan

터에는 방부 처리 후 보존된 그의 시신을 전시한 기념당이 있어 모두가 관람할 수 있다.

마오쩌둥주의의 탄생

사상 관점에서 마오쩌둥은 마르크스-레닌주의 혁명가였다. 그는 카를 마르크스의 저서와, 자신이 공식적으로 마르크스주의자가 되기 전인 1917년에 러시아를 사회주의로 이끈 마르크스의 제자 블라디미르 레닌의 저서를 폭넓고 깊이 있게 읽었다. 그러나 20세기 중국의 특수한 상황에 맞춰 둘의 사상의 꽤 많은 부분을 수정했고, '중국 맥락에서 형성된' 자신만의 독특한 정치사상을 만들어냈다. 이는 후에 '마오쩌둥주의Maoism'라 불렸고 1949년 이후부터는 중국 당국의 공식 사상이 되었다. 마오쩌둥의 의견과 정책은 실로 계속해서 변화했다. 그는 변화하는 주변 상황에 따라 의견을 조정했다. 그리고 자신이 삶과 사상의 본질로서 모순을 솔직하게 포용하는 '변증법적'인 사상가라는 점을 자랑스럽게 여겼다. 이 때문에 마오쩌둥주의가 정확히 무엇을 의미하는지 정의하기가 어렵다. 정통 마르크스주의자는 마오쩌둥주의를 마르크스 사상의 왜곡된 버전이라며 비난했지만, 마오쩌둥은 자신이 마르크스-레닌주의의 보편적 진리를 중국의 특수한 역사적 상황에 맞추어 적용한다고 보았다.

20세기 전반부의 중국은 아직 자본주의 사회가 아니었다. 중국은 여전히 극심하게 가난했고, 시골 농촌 중심의 반봉건적인 사회에 저개발 국가였다. 따라서 마르크스가 공산주의에 필수적이라 여긴 조건들을 충족하지 못했다. 마르크스는 직접 경험한 프랑스, 독일, 영국 등 성숙한 자본주의를 가진 산업경제가 붕괴한 이후에만 공산주의가 가능하다고 생각했기 때문이다. 공산주의 체제 아래에서 민중의 필수 요구 사항을 모두 충족하려면 대규모의 생산력 활용이 가능해야 한다. 따라서 정통 마르크스주의자들은 봉건주의와 근대사회가 붕괴한 이후 자본주의의 잿더미 위에서만 공산주의가 꽃필 수 있다 믿었다. 중국은 아직 이러한 준비가 되지 않은 국가였다.

마오쩌둥은 이러한 논리를 거부했고, 중국의 상대적 후진성이 사회주의의 걸림돌이 될 수는 없다고 믿었다. 그리고 중국이 실제로 향후 세계의 혁명 질서를 주도하리라 생각했다. 그는 농촌에서 공산당의 지도를 통해 농민 혁명 봉기를 일으킴으로써 민주적인 독재 정부를 설립하고, 이렇게 얻은 공권력을 사용해 반봉건적인 중국 사회, 문화, 경제를 극적으로 탈바꿈하고, 공산주의로 '대약진'할 수 있다고 생각했다. 마르크스는 정치란 언제나 경제를 따라가기 때문에 이것이 역사적으로 불가능하다 생각했다.

농민이 혁명의 동력이다

마르크스는 도시의 공업 노동자 계급만이 진정으로 사회주의적 의식을 보유할 수 있다고 믿었고, 이들을 '프롤레타리아'라 불렀다. 소작농 계급은 역사적 중요성을 잃었다고 생각했고, '시골의 무식함'을 경멸조로 묘사하기도 했다. 마르크스는 성인이 되고 평생을 산업화한 서구의 대도시에서 보냈는데, 그때는 이미 자본주의가 봉건사회의 농민 소작농 계급을 상당히 파괴한 후였다. 반면 20세기 전반기 중국에는 제대로 된 프롤레타리아가 없었다. 이 때문에 마르크스주의자들은 중국에서 혁명이 일어날 수 없다고 생각한 것이다. 그러나 마오쩌둥은 도심 노동자가 아닌 농촌의 농민 계급을 중국의 주요 혁명 동력으로 보았다. 농민이 중국 인구의 90%를 차지했기 때문이다. 그 역시 소작농의 아들이었고 시골 출신 촌뜨기로서 느꼈던 감정을 언제나 기억했기에, 도심의 삶과 세련된 엘리트 계급을 깊이 불신하고 있었다. 이러한 점에서 그는 젊은 시절 읽었던 『사회계약론』의 저자 루소에게 크게 공감했다. 루소와 마오쩌둥 모두 도시에 깊은 불신이 있었는데, 루소는 도시를 악행과 부패의 원천으로, 마오쩌둥은 도시를 반혁명적 움직임의 중심으로 보았다. 중국의 오랜 내전 동안 그는 지방에서 동원한 농민군을 이끌었고, 1960년대 중반 문화대혁명 시기엔 농민에게서 프롤레타리아의 덕목을 배우라며 도시 주민들을 농촌으로 몰아냈다. 이런 포퓰리즘 전략을 취했던 것은 오랜 세월 고통받고 가난에 허덕였던 중국 농민 수천만 명의 억압된 잠재력을 대대적으로 불러일으켜 도시에 기반을 두고 있던 당시 정권을 전복하기 위함이었다. 바로 이 점 때문에 마오쩌둥주의는 캄보디아의 크메르루주Khmers Rouges와 페루의 샤이닝 패스Shining Path 반군 등 개도국의 사회주의 혁명 그룹들 사이에서 큰 인기를 끌었다. 마오쩌둥은 마르크스와 레닌과 다르게 공산주의로 향하는 여정이 반드시 자본주의를 거쳐야만 가능한 것은 아니라고 믿었다.

크메르루주
1960년대에 프랑스에서 교육을 받은 마르크스주의자들이 결성한 캄보디아의 혁명파 조직을 통틀어 이르는 말.

샤이닝 패스
페루 내전을 주도했던 최대의 반정부 테러 조직으로, 마오쩌둥주의를 추종하는 사회주의자들로 구성됨.

문화대혁명

마오쩌둥이 공산주의로 나아가는 과정에서 하나의 길에만 전념하지 않았던 또 다른 이유는 역사가 개인 통제 밖의 '경제적 요소'만으로 결정되는 것이 아니라, 인간의 '의식적 활동'에 의해서도 좌우될 수 있다고 믿었다는 점이다. 마르크스와는 달리 마오쩌둥은 정치 경제적 삶의 발전에서 의지력, 문화, 아이디어 등 주관적 요소의 여지를 남겨두었다. 이러한 믿음은 그가 중국을 탈바꿈하기 위해 시도한 대약진운동(1958~1962)과 문화대혁명(1966~1976)의 사상적 기반이 되었다. 마오쩌둥은 '올바른 사상 의식'에 집착했다. 정통 마르크스주의자들이 현실은 쉽게 바뀌지 않는다고 생각한 것과 달리, 그는 혁명가가 자신의 사상에 따라 사회적 현실을 바꿀 수 있다고 굳게 믿었기 때문이었다.

부정적으로 보면 마오쩌둥은 중국의 문화 및 가치 전통을 체계적으로 파괴했다. 당시 사용한 구호는 '깨뜨려야 새것을 세울 수 있다불파부립, 不破不立'였다. 그는 낡은 사상, 낡은 문화, 낡은 풍속, 낡은 관습이라는 네 가지 옛것, 이른바 '사구四舊'를 깨뜨리는 운동을 펼쳤다. 예를 들면 '인민을, 특히 여성을 수천 년 동안 묶어둔 봉건적 족쇄'를 타파하자며 결혼 관련 전통적 관행을 현대화했다. 이러한 시도는 엄청난 비극을 초래했다. 혁명기 프랑스의 종교개혁과 공포 정치와 마찬가지로 문화대혁명은 파괴의 광기를 불러일으켰고, 이는 심지어 마오쩌둥도 놀랄 정도였다. '과거가 현재를 억압한다'라는 핑계로 혁명 열성분자들은 대대적으로 동상과 사찰을 파괴하고 묘지와 수도원을 훼손했으며 책과 예술작품을 불태웠다. 문화대혁명은 반공자 운동으로도 이어졌는데, 마오쩌둥주의로 뭉친 청년들이 '홍위병'을 조직하여 공자를 비롯한 고대 현자들의 동상을 파괴

중국 농촌에서 마오쩌둥의 어록을 읽고 있는 학생들

했고 공자의 고향인 취푸에 소재한 공자 가족의 묘를 깨부수고, 봉건주의 중국을 상징하는 공자의 묘까지 파괴했다.

긍정적인 측면으로는 '사구'가 없어지고 남은 빈자리에 신사상, 신문화, 신풍속, 신관습 등 네 가지 새로운 것, 이른바 '사신四新'을 채웠다는 점을 들 수 있다. 마오쩌둥은 중국인을 '빈곤'과 '백지'로 묘사하며 '백지에는 가장 새롭고 아름다운 글씨를 쓸 수 있고,

가장 새롭고 아름다운 그림을 그릴 수 있다'라고 설명했다. 중국의 도로는 문화대혁명과 혁명의 영웅들을 기리며 새롭게 이름이 지어졌다. 열성적이었던 아내 장칭江青, Jiāng Qīng은 남편과 중국 인민들이 외래 세력과 계급 세력에 대항해 투쟁한 내용을 담은 '모범극' 제작을 선두 지휘했다. 모범극은 당시 인민들에게 허용된 몇 안 되는 볼거리였고, 중국 전역의 학교, 공장, 논밭에서 상영되었다.

국제주의와 애국주의를 통합하다

마르크스주의는 근본적으로 국제주의적 정치사상이다. 마르크스는 모든 국가의 노동계급은 서로 국가가 달라 인위적으로 분리되어 있지만, 사실 다른 점보다 공통점이 더 많다고 주장했다. 마르크스와 레닌은 전 세계적 혁명을 통해 공산주의의 세계화가 오기를 희망했다. 『공산당 선언』에서도 '노동자에게 조국은 없다'라는 글귀가 등장한다. 마오쩌둥 역시 이를 받아들였다. 하지만 국제주의와 애국주의가 통합될 수 있다고 믿었다. 또 한 번 중국의 상황에 맞게 마르크스주의를 수정한 것이다. 그는 글로벌 자본주의에 대항해 농민을 동원하기 위해 종종 중국 국가주의에 호소하곤 했다. 같은 이유로, 당시 세계 전역에서 발생하고 있던 반제국주의적 국가주의 독립운동 역시 지지했다. 모순을 공공연히 포용하고 '대립물의 통일의 법칙Law of the unity of opposites'이 '세상 만물의 근본 법칙'이라고 주장했던 마오쩌둥이었기에, 국가주의와 국제주의를 조합한 것도 지적으로나 사상적으로 전혀 문제가 되지 않았다. 스탈린 역시 제2차 세계대전 당시 러시아 국민에게 국수주의적 정서를 호소했지만, 공식적으로는 공산주의의 범세계적 이상을 지지했다.

영구혁명론

마르크스, 레닌, 마오쩌둥이 모두 한마음으로 동의했던 부분도 있는데, 마오쩌둥의 말을 빌리자면 '오직 총만이 세상을 바꿀 수 있다'라는 믿음이다. 레닌과 마찬가지로 모두가 원하는 이상적 목적을 달성하려면 잔혹한 수단이 필요하다고 생각했고 이에 눈 하나 깜빡하지 않았다. 이 둘은 모두 마키아벨리가 말한 '무장한 예언자'에 해당했는데, 정치적 성공을 위해선 폭력이 불가피하다고 믿었던 마키아벨리가 생각한 가장 높은 수준의 통치자였다. 마오쩌둥은 '디너파티를 하거나, 논문을 쓰거나, 그림을 그리거나, 자수를 두는 것은 혁명이 아니다'라고 냉정하게 말했는데, 이는 마키아벨리의 관점과 일맥상통한다. 그는 '권력은 총구에서 나온다'라는 철칙에 따라 중국을 통치했다. 총을 없애려면 먼저 '총을 들어야 한다'고 조언했고, 따라서 정권을 쥐었을 때나 물러났을 때도 총이 필요 없는 공산주의 사회를 중국에 구축하기 위해 계속해 해당 철칙을 지켰다. 마르크스주의자, 레닌주의자, 마오쩌둥주의자는 모두 인류를 공산주의로 인도하는 과정에서 전쟁, 폭력, 심지어 테러도 정당하다고 믿었다. 인류를 위한 꿈을 이루기 위해서는 아주 큰 인명피

해도 기꺼이 받아들였다. 한때 공자가 화합을 가르쳤던 땅에서 마오쩌둥은 '영구혁명론'을 설파했다. 그는 불균형이 정상이고 균형은 일시적이고 상대적이라고 믿었다. 그의 시각에서 삶은 모순으로 만연하기 때문에 적어도 공산주의가 등장하기 전까지는 갈등과 투쟁이 어쩔 수 없이 지속될 것으로 보았다.

마오쩌둥은 혁명 이후에도 계급투쟁은 계속될 것이며, 봉건주의와 부르주아 잔여 세력이 반격해옴에 따라 투쟁이 오히려 심화할 수도 있다고 믿었다. 문화대혁명을 시작하며 마오쩌둥은 7~8년에 한 번씩은 폭력적인 정치사회적 대개편이 일어나 나라를 다시 활성화하고 혁명 정신을 다시 불러일으켜야 한다고 썼다. 혁명이 끝난 뒤 제도화된 관료주의적 타성에 의해 혁명 정신이 사그라들 것을 우려했다. 그에게 혁명이란 일시적 사건이 아니라 사회의 모순된 경향 사이의 영구적 투쟁이었다.

현대 중국을 배회하는 마오쩌둥이란 유령

마오쩌둥은 문화대혁명을 통해 열심히 육성하고 자신의 큰 업적으로 자랑스럽게 여긴 혁명 정신이 자신의 사후에 사그라질 것을 걱정했는데, 이후에 벌어진 일을 보면 일리 있는 걱정이었다. 중국 정권이 점차 공산주의 원칙에서 멀어짐에 따라, 실용주의적 후임자들은 마오쩌둥의 상징적 이미지는 유지하면서도 그의 사상은 점차 저버렸다. 그 결과 '공산주의 정권이 주재하는 자본주의 경제'라는,

마르크스주의로서는 가장 큰 모순이 발생하고 말았다. 마오쩌둥은 여전히 중국에서 공식적으로 예우받고 있으나, 마오쩌둥주의는 그렇지 않다. 공자가 공식적 영예를 되찾았다는 사실은 마오쩌둥주의가 중국에서 힘을 잃고 있음을 보여준다. 위대한 조타수 마오쩌둥은 자신의 후임자가 잘못된 길로 접어들 경우, 자신의 손주 세대가 부모 세대의 정권을 전복할 것이라 경고했다. 현재 그의 손주 세대가 중국을 통치하고 있지만, 아직은 그가 경고한 낌새가 보이지 않는다. 그러나 중국의 소득불평등은 전 세계 최악의 수준으로 심지어 미국보다도 심각하다. 이러한 현상이 계속된다면, 마오쩌둥의 증손주 세대가 중국의 아버지 마오쩌둥의 사상으로 돌아가게 되는 것은 아닐지 지켜볼 일이다.

27

신자유주의의 아버지 프리드리히 하이에크

계획경제는
자유를 파괴한다

Friedrich Hayek. 1899~1992

오스트리아 태생의 영국 경제학자이자 철학자. 오스트리아학파를 계승하는 개인주의적 경제학자로 경기 순환론·경제 계획 논쟁·자본 이론·화폐 이론 전개에 공헌하여 1974년에 노벨경제학상을 받았다. 사회과학 방법론 및 정치철학 분야에서도 뛰어난 업적을 남겼다. 저서로 『법, 입법, 그리고 자유』, 『노예의 길』 등이 있다.

사회민주주의와 자유주의 사이에서

1974년 프리드리히 하이에크와 스웨덴 경제학자 군나르 뮈르달Karl Gunnar Myrdal, 1898~1987이 노벨경제학상 공동 수상자가 되었다는 사실이 발표됐을 때 뮈르달 못지않게 하이에크도 놀라움을 감추지 못했다. 1969년 노벨경제학상이 제정된 이래 자유시장 주창자가 노벨경제학상을 수상한 건 하이에크가 처음이었기 때문이다. 하이에크의 수상을 둘러싼 논란이 너무 큰 나머지 노벨위원회는 상을 사회민주주의와 복지국가의 대표 주자인 뮈르달과 공동으로 수여할 수밖에 없었다. 뮈르달은 영국의 선구자적 경제학자 존 메이너드 케인스John Maynard Keynes, 1883~1946가 자신의 이론을 확립하기 이전부터 정부가 재정정책과 통화정책을 통해 경제 안정화에 개입해야 한다고 주장한 대표적인 '케인스 학파'였다. 하이에크는 케인스의

존 메이너드 케인스
영국의 경제학자. 현대 거시경제학의 창시자이자 20세기 가장 큰 영향력을 미친 경제학자로 평가받는다. 완전고용을 실현·유지하기 위해서는 자유방임주의가 아닌 정부의 보완책이 필요하다고 주장하였고, 이 이론에 입각한 사상의 개혁을 케인스 혁명이라고 한다.

거시경제 정책에 반대한 대표적인 지식인이었다. 당시 사실상 모든 민주주의 국가는 전쟁 이후 케인스 정책을 도입하고 있었다. 미국 공화당 출신 리처드 닉슨Richard Milhous Nixon, 재임 1969~1974 대통령마저 '이제 우리는 모든 케인스 학파다'라고 말했을 정도였다.

정부의 경제 관리 역량을 믿은 케인스 학파의 낙천주의가 전성기를 누리던 시절이었기에 자유시장을 열렬히 방어한 하이에크의

논리는 구식으로 여겨졌다. 후에 뮈르달은 노벨경제학상을 하이에
크 같은 '수구세력'에 주려거든 폐지하는 게 옳다는 무례한 말을 남
기기도 했다. 사실 하이에크는 정부가 절대 경제에 개입해서는 안
된다고 주장하지는 않았다. 국민 사회보험을 통해 비참한 빈곤에
서 모두를 보호해야 할 필요성을 인정하기도 했다. 순수 자유주의
자들이 정부의 역할을 경찰과 군대 영역으로 제한한다면 하이에크
는 중도 자유주의자였다. 그는 당대 보수주의 사상의 영향을 받기
는 했지만, '보수'라는 딱지를 거부하면서 자신을 애덤 스미스 전통
을 따르는 '고전적 자유주의자'로 칭했다. 그는 사회민주주의자들
에게는 '수구'라고 비판받았지만, 순수 자유주의자들의 눈에 차는
자유주의자도 아니었다. 실제로 당
대 대표적 자유주의자였던 에인 랜
드Ayn Rand, 1905~1982는 하이에크를
'우리의 가장 치명적인 적'이라고
매도했다.

하이에크는 20세기의 산증인이
다. 1899년 빈에서 태어나 영국과
미국에서 교수로 활동하다가 1992
년 독일 프라이부르크에서 생을 마

에인 랜드
러시아 태생 미국 작가. 상업적 성공을
거둔 소설가였던 그녀는 자신의 작품
에 모든 건전한 성취는 개인의 능력과
노력의 산물이라는 것, 자유방임주의에
기초한 자본주의야말로 재능의 실현에
가장 적합한 제도라는 것, 이기주의는
선이고 이타주의는 악이라는 것 등을
주장한 객관주의 철학을 반영했다. 저
서로 『파운틴헤드』, 『아틀라스』가 있다.

감했다. 그는 언제나 당대 주류를 거스르는 인물이었다. 20세기는
대격변의 국가주의가 집어삼킨 세기였지만, 하이에크는 언제나 범
세계주의적 국제주의를 견지했다. 그는 공산주의, 파시즘, 사회민
주주의 기반 경제 개입이 주목받은 세기를 살면서 자유시장을 주

창했다. 또한 정치적 중앙집권화가 화두인 세기를 살면서 끈질기게
정치 및 경제 권력의 탈중앙화를 외쳤다.

전시경제의 등장

20세기 파시스트와 공산주의자들은 어떻게 자신들이 대규모 산
업사회의 전체 경제를 이끌 수 있다고 생각하게 됐을까? 이는 카를
마르크스가 아닌 제1차 세계대전이라는 경험에서 시작된 생각이었
다. 총력전에서 전체주의가 탄생한 것이다. 전시 상황에서 민주주
의와 독재주의 정부 모두 군수품이 필요하다는 핑계로 정치와 경
제 활동에 엄격한 통제를 가했다. 국가 경제 전체를 징집하고 관리
하고 규제하여 전쟁에 필요한 인적, 물적 자원을 제공했다. 거대하
고 고도로 복잡한 경제를 단일 기업처럼 운영해서 공권력의 도구
로 전용할 수 있다는 생각이 현실화되면서 정치가 영원히 바뀌어
버렸다. 독재자들은 새로운 권력의 원천을, 사회민주주의자들은 경
제적 평등을 증진할 새로운 방법을 찾은 것이다. 무엇을 생산해 얼
마에 팔 것인지를 시장의 결정에 맡기지 않고 정부가 국가나 정당
또는 노동자를 대신해 결정할 수 있게 된 것이다.

제2차 세계대전의 영국을 통해 다시 전시경제를 경험한 하이에
크는 민주국가조차 정치적 목적으로 경제와 사회를 조작한다면
전체주의 정권이 될 수 있음을 깨달았다. 영국 소설가 조지 오웰
George Orwell, 1903~1950 역시 전쟁 기간 영국 정부를 위해 일한 경험

을 통해 같은 결론에 이르렀다. 전체주의 디스토피아를 그린 오웰의 『1984』는 히틀러도 스탈린도 아닌 전시 영국에서 영감을 얻어 탄생했음을 기억해야 한다. 하이에크는 전체주의가 서서히 모습을 드러내고 있음을 『노예의 길』에서 경고했다. 정치적 목적으로 경제에 개입하고 싶은 유혹은 결국 폭정으로 이어진다고 우려했다. 그는 전쟁이 끝나면 복지국가를 이루겠다는 계획이야말로 주택, 교육, 보건을 앞세워 경제적 자유를 제한할 의도를 품고 있어 더 교활하다고 설명했다. 노예로 향하는 길은 언제나 좋은 의도로 시작된다.

케인스의 비판을 받다

『노예의 길』을 쓰던 당시 하이에크는 경제학자들 사이에서 케인스의 거시경제학을 날카롭게 비판한 자로 알려져 있었다. 경제학 이론과 정책에서 하이에크와 케인스는 큰 차이가 있었지만, 전후 세상에서 경제적, 정치적 자유가 제한될 것을 우려했다는 점에서 뜻이 통하기도 했다. 실제로 케인스는 『노예의 길』이 시장과 자유를 탄탄하게 방어했다며 열성적인 찬사를 던졌다. 하지만 하이에크에게 보낸 편지에서는 순수 자유주의를 거부하고 꽤 포괄적인 사회보험제도를 용인한 하이에크 역시 같은 노예의 길 위에 있는 것이라고 지적했다. 케인스는 하이에크가 자유를 증진하는 정부 정책과 자유를 파괴하는 정부 정책 사이를 구분하는 원칙이 없다고 비판했다.

케인스의 비판을 받은 하이에크는 경제학을 떠나 정치학, 법학, 철학을 연구하기 시작했다. 이를 통해 좋은 법률과 공공정책이 무엇인지 파악하고 나쁜 것으로부터 구분하는 이론적 기초를 찾고자 했다. 이렇게 그는 인간 사회, 문화, 체제의 근본을 연구하게 되었다. 그는 인간의 지능이 높은 탓에 문화가 복잡해졌다고 보는 관점을 부정했다. 오히려 그 반대가 옳다고 봤다. 인간이 복잡한 언어와 문화에 참여한 결과 지능이 높아진 것이다. 이성이란 무수히 많은 문화적 관행에 내재하는 사회제도이다. 하이에크는 '개인은 어리석지만 인류는 현명하다'라는 에드먼드 버크의 주장에 동의했다. 합리성을 저장해둔 우리 개개인의 저장고는 작기 때문에 문화적 전통의 저장고에 기대야 한다. 우리가 개인적으로 이해하고 납득할 수 있는 지식과 지혜에 비해 우리의 체제는 훨씬 더 많은 지식과 지혜를 보유하고 있다.

계획경제 분석

하이에크는 '시장이 개인보다 지혜롭다'는 버크식 논리를 계획경제를 비판하는 기본 논리로 사용했다. 설령 슈퍼컴퓨터를 갖췄다고 할지라도 이 세상 그 어떤 설계자도 수없이 많은 구매자와 판매자에 대한 모든 것을 알 수는 없다. 시장은 수백만 명의 생산자와 소비자에 관한 경제적 지식을 내재화한다. 이렇게 구체적이고 개인적인 지식의 총체에 어떻게 설계자가 접근할 수 있겠는가? 소비자는 자신이 무엇을 원하고 돈을 얼마나 쓸 수 있는지 알고 있다. 생산자는 자신의 비용과 공급량이 얼마인지 알고 있다. 우리의 경제적 지식은 거래나 현지 관행, 개인적 습관에 내포된 암묵적 지식이 대부분이다. 이러한 지식은 개별 행위자의 의식에서 쉽게 빠져나가기 때문에 중앙에 있는 설계자는 이렇게 무수히 많은 종류의 지식을 포착할 수 없다.

하이에크는 세상에는 크게 두 가지 질서가 있다고 말한다. 자연과 문화에서 발견할 수 있는 자생적 질서와, 인공물이나 군대 등에서 발견할 수 있는 인위적 질서이다. 자생적 질서는 유기적으로 생겨난다. 언어나 도덕이 그 예다. 반면 인위적 질서는 언제나 의도적으로 만들어지거나 도입된다. 수정 결정체나 시장의 형성 같은 자생적 질서하에서는 성장 패턴을 예측할 수는 있지만, 특정 개별 요소들이 어떻게 될지는 예측할 수 없다. 하이에크는 바로 이런 이유로 경제학은 절대 물리학 같은 예측력을 가질 수 없을 것이라고 말했다. 경제학은 생물학과 같아서 종의 형성과 멸종의 패턴은 예측할 수 있지만 특정 유기체가 생존할지는 가늠할 수 없다. 경제학자들은 경제적 성과조차 내다볼 수 없기에 경제적 목표를 위한 계획 수립은 당연히 불가능하다는 게 하이에크의 견해였다.

이러한 두 종류의 질서를 인간의 자유와 어떻게 연결해볼 수 있을까? 언어나 시장과 같은 자생적 질서는 자체로 어떤 의도도 갖고 있지 않으며 오직 해당 질서를 따르는 개인들의 목적을 돕기 위해서만 존재한다. 따라서 개인의 선택 자유를 드높인다. 반면 일정한 조직이 갖는 인위적 질서는 설계자의 의도를 내포하고 있다. 회사나 군대에서는 지도자의 의도가 구성원들에게 부과된다.

하이에크는 개인의 자유를 향한 옹호가 인간 지식과 사회적 질서의 구조 자체에 입각한다는 사실을 보여주고자 했다. 자유시장은 무한한 복잡성을 갖는 사회적 생태를 만들어낸다. 따라서 이러한 생태들이 어떻게 작동하는지도 모르면서 순간적인 정치적 목적을 위해 이들을 조작하려는 시도는 매우 위험하기에 경계해야 한다. 예컨대 2008년 세계 금융위기는 복잡한 금융상품들로 창출된 새로운 종류의 돈을 통화 규제당국이 제대로 이해하지 못했다는 점에서 원인을 찾아볼 수 있다. 20세기 역사는 시장의 생태가 얼마나 취약한지 잘 보여주었다. 일시적인 정치적 욕구로 시장 생태는 쉽게 무너질 수 있다.

시장이 갖는 특별한 성질

하이에크는 종종 자생적 질서와 인위적 사회질서가 서로 배타적이라고 묘사했다. 그는 자생적 질서에는 '도덕, 종교와 법, 말과 글, 돈과 시장'이 있으며, 인위적 질서에는 '가족, 농장, 공장, 사업체, 기업, 정부' 등이 있다고 설명했다. 시장은 자생적으로 성장하는 한편, 정부는 의도적 설계의 산물이라고 주장했다. 그러면서 자생적 질서에 따른 성장을 수정 결정체 형성에 빗대어 설명했다.

우리가 분자를 하나하나 움직여 수정 결정체를 만들 수 없다는 점에서는 하이에크가 옳다. 하지만 사실 수정 결정체가 스스로 형성되게 하는 조건을 조성할 수는 있다. 수정 결정체가 자연스럽게 형성되는 만큼 인위적인 설계도 가능하다는 뜻이다. 실험실에서 수정 결정체를 생산하려면 연구원이 우선 이러한 형성 구조를 짜기 위한 매트릭스를 설계한다. 이런 매트릭스는 각각의 새로운 분자가 정확히 어디에 위치해야 하는지를 결정하지는 않지만, 분자들이 자생적 형성을 이루는 패턴을 제공할 수는 있다. 즉 수정 결정체는 자연스럽게 형성되는 동시에 인위적으로 생산되는 것으로, 자생적 성장과 인위적 성장이 동시에 발생하는 것이다.

이처럼 헌법과 법률은 우리가 토지부터 아이디어까지 무엇을 사고팔 수 있는지를 정하는 방식으로 시장이 성장할 수 있는 매트릭스를 제공한다. 즉 시장이 자생적 질서와 인위적 질서를 동시에 따른다. 법에 따라 무엇을 사고팔 수 있는지를 알지 못한다면 우리는 사고파는 위험을 쉽게 감수하지 못할 것이다. 장자상속제를 폐지하고, 지주로부터 노동자를 자유롭게 하며, 고리대금업을 허용하는 등 인위적으로 정해진 법률이 있었기 때문에 현대의 토지, 노동력, 자본 시장이 가능할 수 있었다. 오염 배출권 시장, 건강보험 시장, 홈스쿨링 시장 등 새로운 시장이 법률이나 규제가 새로 제정됨에 따라 매일 형성된다. 물론 시장이 자생적으로 형성되기도 하지만, 이 역시 재산권을 보장하는 법적 매트릭스가 인위적으로 구축된 이후에만 가능하다.

자생적 질서 개념의 결함

하이에크에 따르면 시장은 개개인의 목적을 달성하기 위해 자생적으로 형성되었기 때문에 인간의 자유를 증진한다. 반면 정부 정책은 정책 입안자의 목적을 이루고자 인위적으로 설계되었기 때문에 개인의 자유를 제한한다. 하지만 수정 결정체 형성 비유에서 보았듯이 사회적 질서는 자생적 질서와 인위적 질서를 모두 따른다. 현대 시장은 부분적으로는 법률에 따라 형성되었고, 현대 복지국가는 지난 세기에 걸쳐 시장 실패를 인지하고 대응하면서 조금씩 자생적으로 성장했다. 시장과 정부는 '자유'와 '강제'로 명백히 나뉘지 않는다.

시장의 생태를 위해 활용 가능한 공공정책의 종류가 제한되어야 한다는 하이에크의 주장은 옳다. 다만 그가 주창한 중도 자유주의적 정책에서부터 탄탄한 사회민주주의 정책까지 이러한 제한은 다양한 종류의 정책에 일관성 있게 적용되어야 한다. 하이에크는 전시 상황에서 종종 볼 수 있었듯이 시장을 정부 기관으로 바꿔버리려는 시도에 특히 경고를 보냈다. 중앙집권적 계획을 수립하는 독재정권 앞에서 시장과 시장을 통한 경제적 자유는 쉽게 힘을 잃고 만다. 재산권과 기타 권리를 시행할 정부, 법률, 법원이 없다면 시장과 관습법이 성장할 수 없다. 다만 무정부 상태와 독재라는 두 극단적인 상황 사이에는 법과 입법, 시장과 복지, 민간 프로그램과 공공 프로그램 간 무수히 많은 조합이 가능하다.

자유시장 경제와 공공정책의 공존

하이에크는 오늘날 우리에게 시장의 효율성을 해치지 않으면서도 모든 시민이 인간적인 기본 욕구를 보호할 수 있는 방법을 찾아야 한다고 주문했다. 예컨대 급격한 기술 발전으로 특정 산업의 노동자들은 일자리를 잃기도 한다. 이들을 어떻게 도울 수 있을까? 이러한 노동자들이 생산한 제품 가격에 지원금을 덧붙이거나 국내 제품과 경쟁하는 외국 제품에 관세를 부과하는 식으로 도움을 줄수도 있다. 그러나 하이에크는 이러한 공공정책은 자연스러운 수급 균형을 심각하게 왜곡하고 비효율을 초래한다고 주장했다. 가격 지원이나 수입 관세를 통해 국내 산업이나 농업을 보호하는 대신 모든 시민에게 기본 최저 소득을 보장하는 방향이 옳다는 게 그의 의견이었다. 이제 쓸모없어진 일자리를 보호하는 대신 노동자를 보호해야 한다는 것이다. 이런 식으로 역동적인 시장경제와 모두를 위한 경제적 안정이 양립할 수 있다.

하이에크는 중앙집권적 계획경제의 생산성은 자유시장의 생산성을 절대 따라잡을 수 없다고 주장했다. 따라잡을 수 있는 유일한 상황은 전방위적 동원이 가능한 전시 상황뿐이다. 하이에크가 이러한 주장을 펼친 시기가 대공황으로 자본주의가 몰락하던 때여서 많은 이의 조롱과 무시가 쏟아졌다. 다행히 그는 죽기 전에 소련, 동유럽, 중국의 국가적 공산주의 몰락을 통해 자신이 한 주장의 정당성이 입증되는 순간을 볼 수 있었다. 시장의 필수 불가결함을 인정하는 이들은 이제 모두 '하이에크주의자'라고 불린다.

28

분배 정의의 탐구자 존 롤스

최소 수혜자의 입장에서
생각하라

John Rawls. 1921~2002

미국의 철학자. 자유주의적 정치철학의 전통에서 주요한 사상가로 꼽히며, '자유주의적 평등'의 입장을 제시한 『정의론』은 제2차 세계대전 이후의 윤리학에서 가장 중요한 저작으로 평가받는다. 저서로 『정의론』을 비롯해 『정치적 자유주의』, 『만민법』 등이 있다.

목사 지망생에서 정의의 탐구자로

존 롤스는 마키아벨리와 마찬가지로 인간의 삶에 운이 결정적 역할을 한다는 것을 잘 알고 있었다. 그는 운 좋게 전문직 가문에서 태어난 덕분에 안정적이고 편안한 양육 환경에서 일류 교육을 받았다. 그러나 두 차례 세계대전 사이 시기를 부유한 볼티모어의 중산층으로 지냈다고 해서 가족사에 비극이 없었던 것은 아니다. 롤스의 두 형제는 롤스에게서 전염된 병으로 세상을 떴다. 형제들은 죽고 자신만 살아남았다는 사실은 트라우마로 남았다. 롤스는 제2차 세계대전 때 태평양 전선에서 복무했으며 전우들이 죽어나가는 중에도 역시 살아남았다. 그는 복무 당시 히로시마 폭격 직후 연기가 피어오르는 현장을 목격한 경험에 관해서 쓴 적이 있는데 무차별 폭격 이후의 끔찍한 현장을 두 눈으로 본 그는 이후 이를 끔찍한 악이라고 비난했다. 말년에는 전쟁 경험이 자신이 품었던 하느님의 정의에 대한 믿음을 산산이 부숴버렸다고 쓴 바 있다. 1943년 입대 전의 롤스는 미국 성공회 목사가 되고자 공부를 시작할 예정이었다. 그러나 3년 후 그는 불신자가 되어 있었다. 이후 그는 평생을 신학보다는 도덕과 정치철학 연구에 헌신하며 잔인한 운이 우리 삶에 끼치는 영향을 누그러뜨려 줄 비종교적 정의 이론을 탐구했다. 『정의론』은 이러한 탐구의 결과로서 20세기 가장 중요하고 영향력 높은 정치철학서 중 하나이다.

무지의 베일

롤스는 복권 추첨을 하듯 개인의 운명이 무작위에 의한 운으로 결정되는 사회는 정의로울 수 없다고 주장했다. 태생적 재능과 물려받은 재산처럼 우연히 얻은 행운은 누구도 정당한 소유자라 주장할 수 없다. 신체적 장애가 있거나 인생의 불운을 겪고 있는 사람이 그로 인해 발생하는 나쁜 결과를 당연히 감당해야 하는 것이 아닌 것처럼 말이다. 롤스는 운이 미치는 대중없는 영향은 도덕적 관점에서 임의적이기에 우리의 미래 전망과 기회가 운으로 결정되어서는 안 된다고 생각했다. 말 그대로 공평하지 않기 때문이다. 대신 우리는 서로의 몫을 나눠 가짐으로써 임의적이고 불균등한 운의 영향을 중화해 모든 이가 그 기제를 이해하건 못 하건 좋은 인생을 살 평등한 기회를 누려야 한다. 자원과 재화는 맹목적 가능성이 아니라 공정한 정의의 원칙에 따라 분배되어야 한다.

그렇다면 이런 원칙은 무엇이며 우리는 어떻게 원칙을 발견할 수 있을까? 이 질문에 답하기 위해 롤스는 독자를 일종의 사고 실험으로 초대한다. 독자는 상상 속의 '무지의 베일'을 쓰고 자신의 실제 삶의 조건을 모르는 상태로 부와 재산을 어떻게 분배할지 생각해보게 된다. 무지의 베일을 쓰는 것은 개인적 이득을 얻고자 판단을 뒤집어 버릴 수 있는 각자의 상황에서 벗어나 정의의 원칙만 생각하기 위해서이다. 재판에 참여한 배심원이 편향된 판단을 내리지 않도록 사건과 관련 없는 피고에 대한 정보는 의도적으로 제공하지 않는 것과 비슷하다. 정의는 앞을 보지 못한다고 하는 것은 이 때문이다. 정의는 관련 없는 것은 보지 않고 또 보지 않아야만 한다. 배심원이 재판 중에 해당 사건과는 관련이 없으나 피고의 유죄를 의심하게 할 만한 사실을 듣게 되면 판사는 그 사실을 무시하라고 지시한다. 노력한다 해서 뭔가를 잊기는 실제 불가능하므로 말 그대로 잊을 수야 없지만, 배심원은 공정한 사건 심의를 위해 알게 된 사실을 한쪽에 치워둔다. 자신이 사회에서 어떤 처지에 처할지 모른 채 정의에 대해 생각한다면 아무리 이기적인 사람이라도 공정한 선택을 할 것이다. 롤스는 이것을 '공정으로서의 정의'라고 불렀다.

분배 정의의 두 가지 원칙

이런 조건이라면 합리적인 수준에서 자신의 이익을 추구하는 개인은 자신이 불평등한 사회의 밑바닥에 위치할 경우를 대비해 안전한 선택을 할 것이다. 그러면 최소한 남들보다 못살지는 않는다. 특히 자신의 사회적 지위에 대해 무지의 베일을 쓴, 합리적이고 편견 없는 사람이라면 사회의 기본 구조를 지배하고 재화의 공평한 분배를 보장할 정의의 두 가지 원칙을 선택할 것이다. 첫째, 모든 이는 평등한 자유를 누릴 것, 둘째, 불평등은 사회의 가장 불운한 계층에게 가장 커다란 이익을 줄 수 있을 때만 허용하며(롤스는 이를 차등의 원칙이라고 불렀다) 누구나 직책과 직위를 맡을 기회를 균등하게 가질 것이다. 롤스가 이야기하는 평등한 자유는 언론, 집회, 투표 및 공직 출마의 자유 같은 기본적인 정치 권리와 자유를 포함한다. 자신의 처지에 대해 아무것도 모른다 해도 이성적인 사람이라면 누구나(물론 그 외의 것에서는 일치하지 않을 수 있지만) 해당 권리와 자유만은 공통으로 원할 것이기 때문이다.

이 기본적 자유를 꿈꾸기 위해 자신이나 자신의 지위를 알 필요는 없으며 롤스는 모든 합리적인 인간은 이러한 자유를 원하리라 생각했다. 논란의 여지가 있는 부분은 롤스가 계약을 맺을 자유와 특정한 유형의 재산, 예를 들어 생산수단 같은 재산을 소유할 권리를 명확히 분리하여 기본 권리와 자유에서 배제했다는 것이다. 그래서 공장, 은행, 공익 사업 등 현대 산업 경제의 기본 요소인 중요 자원과 대규모 기업이라는, '생산 수단'을 구성하는 두 가지를 소유할 권리는 롤스의 철학에 존재하지 않는다.

마르크스주의와의 차이

로크와는 정반대로 롤스는 누구도 정의로운 사회에서 합법적으로 획득한 재산(물론 로크의 눈에)을 제약 없이 소유하고 처분할 권리를 지니고 있지 않다고 생각했다. 그러니 부유한 부모에게서 유산을 물려받는 등의 상황은 공정치 못하다. 순전히 운이 좋아서 유산을 받게 된 것이고 운은 정의와 배치되기 때문이다. 롤스는 공정한 사회라면 무작위적 사건이 삶의 전망에 끼치는 영향을 가능한 한 중화해야 한다고 생각했다. 정의를 실현하려면 사회는 우연한 이익과 불이익을 개인보다는 사회 전체의 공동 자산으로 취급할 체제를 갖춰야 한다. 이런 면에서 마르크스의 공산주의 사상과도 유사하다. 마르크스는 '각자의 능력에 따라서가 아니라 각자의 필요에 따라서'라고 말한 바 있다. 예를 들면 누군가 신체적 장애가 있다고 하여 그로 인한 추가적 비용을 감당해서는 안 된다. 장애는 그들이 잘못한 결과가 아니기 때문이다. 마찬가지로 뛰어난 지력을 타고난 사람은 이 능력으로 이득을 얻어서는 안 된다. 그들이 지능을 얻기 위해 노력한 바가 없기 때문이다. 이것이 롤스가 운·평등주의의 대표적 사상가로 꼽히는 이유이다.

그러나 롤스는 마르크스주의자는 아니다. 『정의론』에서 그는 무지의 베일을 쓴 합리적으로 편견이 없는 사람이라면 부의 불평등이 사회 최빈층의 안녕을 증진할 때에만 일정 수준의 불평등한 분배에 동의할 것이라고 주장했다. 소수가 나머지보다 더 이득을 얻어 경제가 성장하면 이것이 사회 최빈층에게 긍정적으로 작용해 가장 불안한 계층의 상황이 개선될 수도 있다. 재능이 뛰어난 사람이 남들보다 더 가지지만 결과적으로 사회의 최빈층에게 혜택이 돌아간다면 이러한 불평등도 허용할 수 있다. 롤스는 루소와 달리 평등을 얻기 위해 다 같이 에누리를 감당하는 것, 즉 평등을 위해 모두 함께 더 가난해지는 것은 반대했다. 루소는 소크라테스처럼 부가 도덕을 타락시킨다고 생각했기 때문에 생계에 위협이 되지 않을 정도로 물질적으로 빈곤하고 평등한 사회를 옹호했지만, 롤스는 그런 사회를 혐오했다. 마르크스주의자와 사회주의자들은 롤스의 이런 태도가 자본주의에 팔려버린 결과라고 비난했으나 후에 롤스는 정의의 자유주의적 원칙은 어떤 형태의 자본주의와도 양립할 수 없다고 주장했다.

정의를 실현하기 위해서 필요한 것

롤스는 정의의 기본 개념을 탐구하는 것에 관심을 두었기 때문에 정의를 어떻게 실현할지는 상대적으로 거의 언급하지 않았다. 물론 강하고 활동력 있는 국가가 필요하다는 이야기는 했다. 그의 표현을 빌리면 '과세와 재산권의 조정을 통해 분배 측면에서 정의에 근접하는 결과를 얻기 위해' 국가가 필요하다. 아마도 현재 거의 모든 선진국이 실행 중인 누진 소득세와 유산 상속 규제 등을 의미하는 것일 것이다. 또한 대부분의 선진 서구 경제가 비록 정도의 차이는 있고 롤스가 원한 수준까지는 아닐지라도 보편적으로 실행하고 있는 가격 규제법 및 시장 지배의 비합리적 집중 방지법 등을 의미하기도 한다.

많은 학자가 『정의론』을 전후 복지국가의 자본주의를 정교하게 정당화한 서사라 결론지은 것은 어쩌면 당연해 보인다. 복지국가 자본주의가 『정의론』이 옹호하는 정의의 원칙에 가장 부합하는 체제이기 때문이다. 그러나 롤스는 이를 부정했고 복지국가 자본주의 체제에서의 불평등이 과연 정의의 원칙과 양립 가능한지에 의문을 제기했다. 롤스가 세상을 떠나고 1년 후에 출판된 『공정으로서의 정의』에는 그 어떤 형태의 자본주의도 수정과 규제 여부와 상관없이 정의의 두 가지 원칙을 따를 수 없다는 주장이 담겨 있다. 공정 사회에는 그가 '재산 소유 민주주의'라 뭉뚱그려 표현한 좀 더 급진적인 무언가 또는 개인이 아니라 정부가 주요 공익 사업과 기업을 소유하는 사회주의국가 제도 등이 필요하다는 것이다. 다시 말해 정치적 자유주의는 사회주의 혹은 사회민주주의 경제를 필요로 할 수 있다는 주장이다.

합리성 개념

『정의론』으로 불거진 학계의 격렬한 논쟁은 수십 년간 이어졌고 세대를 넘어 서구 정치철학계를 지배했다. 자유주의 정치철학을 정치철학 자체와 분리해 생각하기 어렵게 된 데는 롤스의 공헌이 컸다. 그의 사상은 정치 이론 수립의 영역을 날카롭게 좁힌 한편 지적으로도 탁월한 가치를 증명했다. 미국 내 다양성은 더욱 증가했고 점점 더 광범위해지는 신념 체계와 종교적 가치관을 수용하는 것은 자유주의 이론과 실천에 심각한 난제가 되었다. 롤스는『정치적 자유주의』에서 이러한 난제를 직접 다뤘다. 그는 플라톤과 아리스토텔레스 같은 고대의 철학자와는 달리 고도로 다양화된 사회를 사는 구성원 전원이 단일한 이상적 삶에 이론적으로든 실제로든 동의할 것이라는 기대는 비합리적이고 비현실적이라고 생각했다. 합리적인 사람이라면 삶의 목적을 두고 서로 다른 의견을 가지게 마련이다. 다만 모두가 동의할 수 있고 또 동의해야 하는 것은 우리를 구분 짓는 차이에도 불구하고 서로 평화롭게 협동할 수 있도록 도와주는 소수의 정치적 원칙이다.

이러한 원칙은 개인과 개인이 속한 신념 집단 간 상호작용에 참여자 모두가 동의한 게임의 원칙이 그렇듯 국가라는 형태의 판사

또는 심판에 의해 편견 없이 적용된다. 이 방법이 아니라면 모두에게 일률적이고 통합적인 믿음 체계를 받아들이라 강요하거나 17세기 유럽을 초토화한 종교전쟁처럼 서로 경쟁하는 무리와 개인이 혼란스럽고 기나긴 내전을 치르는 수밖에 없다. 둘 중 어느 것도 홉스가 말한 정의와 안정이 튼튼한 바탕을 이루어 그 외 모든 삶의 미덕을 가능케 하는 사회에는 적합지 않다. 다양한 가치관과 믿음으로 나누어진 사회가 평화를 유지하기 위해서는 자신의 견해를 타인에게 받아들이라 강요하지 않아야 하고, 롤스는 이런 태도를 '합리성'이라고 불렀다. 롤스의 합리성은 상대적인 게 아니다. 정치적 정의의 광범위한 자유주의적 원칙이 다양성을 통제하기 때문이다. 그리고 일원주의, 즉 인생을 한 가지 형태로 통일할 수 있다는 믿음도 아니다. 좋은 인생이라는 건 다양하게 정의될 수 있음을 인정하기 때문이다. 오히려 다양성과 제약 간 균형을 잡아주며 상대주의와 일원주의의 중립지대에 위치한다. 이러한 정치적 자유주의는 다양한 개인의 믿음과 공동의 공적 원칙을 융합한다. 롤스는 이것을 우리의 차이점에 대처할 가장 뛰어나고 가장 공정한 방법이라고 생각했다.

하지만 롤스와 같은 자유주의자의 눈에 합리적이라 해서 모두의 눈에 합리적인 것은 아니다. 예를 들어 하느님의 계명이 적힌 성스러운 문서를 진심으로 믿는 사람은 공정한 협력체계를 우선시하는 속세의 정의 원칙에 종속되는 것이 상당히 비합리적이라 생각할 것이다. 내세의 영원한 축복과 저주를 믿는 사람도 마찬가지이다. 종교의 법도와 평화로운 공존을 옹호하며 자유주의적 정치 원칙을 우선시하는 사람이라면 롤스의 설득이 그다지 필요치 않을 것이다. 나머지 사람들을 비합리적이라 단정한다고 해서 이론적으로든 실제로든 해결되는 것은 거의 없다. 합리적이라 간주하는 것 자체에 대해 근본적으로 이견이 존재하고 앞으로도 이견은 항상 존재할 것이다. 또한 개인에게 사적인 믿음과 공적 원칙을 명백히 구분하라 요구하는 정치철학은 중립성 문제가 불거질 것이다.

자유주의에 활기를 불어넣다

존 롤스는 전후 침체기에 빠져 있던 진지한 정치철학을 되살렸다고 인정받곤 한다. 정치와 윤리에 대한 가장 기본적이며 근본적인 질문을 야심 차게 다뤘을 뿐 아니라 흔치 않은 엄정함과 깊이로 20세기 후반 영어권에서 진행된 정치적 정의 논의에 새로운 방향과 양상을 부여했다. 그는 자유주의가 정치, 경제적 평등 및 깊숙이 자리 잡은 문화적, 종교적 다양성과 개념적으로 조화를 이룰 수 있다는 것을 보여주었고, 이로써 자유주의가 자체 영역을 확장하고, 지적으로 식상하고 고루하다고 평가받던 이데올로기가 새로운 활기를 얻도록 도왔다. 이 모든 것이 롤스의 공로라는 것에는 논란의 여지가 없으며 이 때문에 롤스는 정치철학의 역사에서 매우 핵심적인 인물로 평가를 받는다. 그러나 공정으로서의 정의와 정치적 자유주의가 자유 사회가 직면한 여러 난관의 최종 해결책인지에 대해서는 예전만큼 확신이 들지 않는 것이 사실이다.

29

혐오에서 인류애로 마사 누스바움

정치는
감정적일 수밖에 없다

Martha Nussbaum. 1947~

미국의 정치철학자이자 여성학자. 노벨경제학상 수상자인 아마르티아 센과 함께 GDP가 아닌 인간의 행복에 주목하는 '역량 이론'을 창시했고, 이는 유엔이 매년 발표하는 인간개발지수(HDI)의 바탕이 되었다. 저서로 『타인에 대한 연민』, 『정치적 감정』 등이 있다.

인간 번영의 진정한 의미를 찾아서

고등학생 시절 마사 누스바움은 엘리트들이 모인 영재 학교에 다니면서 프랑스어, 라틴어, 그리스어를 배웠고 연극에 대한 열정도 싹틔웠다. 그곳에서 프랑스 혁명가 로베스피에르의 삶을 다룬 희곡을 써 공연을 올리고 주연을 맡았다. 일찌감치 도덕, 정치철학자로서 진로를 특징지을 여러 자질을 드러낸 셈이다. 그녀는 이때 습득한 고전 언어를 바탕으로 그리스 비극과 아리스토텔레스에 관한 책을 썼다. 아리스토텔레스는 그녀에게 실로 평생의 반석과 같은 존재였다. 또한 연극에 대한 열정을 바탕으로 철학과 문학을 넘나드는 통찰력 있는 담론을 형성했다. 그녀는 언제나 문학의 관점에서 철학을, 철학의 관점에서 문학을 읽었다. 로베스피에르에 대한 극작은 사회정의와 정치개혁에 대한 일생의 열정을 예견하는 것이었다. 이처럼 어린 나이부터 훌륭한 재능을 개발한 그녀는 이후 더 많은 사람이 자신이 학교에서 누린 자기 개발의 기회를 향유할 수 있도록 돕는 데 헌신하고 있다.

누스바움의 도덕적, 정치적 사상은 플라톤부터 롤스에 이르기까지 전반적인 서양 사상 전통에 뿌리를 두고 있다. 아리스토텔레스와 마찬가지로 누스바움은 언제나 도덕적, 정치적 삶의 기본 목표는 모든 개인의 행복이라고 주장했다. 그리고 아리스토텔레스처럼 행복을 행복한 감정이 아니라 개인의 잠재성 개발로 정의하면서 이를 인간 번영이라는 개념으로 설명했다. 학자로서 누스바움은 인간 번영의 의미를 탐구하는 데 전념했다. 진정으로 행복한 인간의 삶은 어떻게 만들어지는가? 인간의 자기 개발을 어떻게 측정할 것인가? 정치 운동가로서는 부당하게 자기 번영의 기회를 박탈당한 사람들, 특히 여성, 빈곤층, 장애인을 위해 싸우는 데 헌신했다. 또한 인간이 아닌 동물도 더 많은 번영의 기회를 누려야 한다고 주장했다.

그리스 철학으로 본 인간의 번영

인간의 행복과 번영은 정의하기 어려운 개념으로, 이를 가로막는 장애물을 정의하는 것이 상대적으로 더 쉽다. 젊은 시절부터 고대 그리스 비극에 몰두한 누스바움은 죽음, 무지, 배반, 비방, 전쟁, 정치적 박해 등이 행복을 가로막는 주된 장애물임을 배웠다. 여기에 현대에는 중독, 이혼, 치매, 불합리한 차별과 같은 요소를 더할 수 있을 것이다. 사실 행복과 번영을 방해하는 잠재적 장애물이 너무 많다 보니, 현생은 고난과 시련의 시간이고 사후에나 행복을 기대할 수 있다는 아우구스티누스의 견해에 동의하고 싶은 마음이 들지도 모른다.

플라톤은 이러한 장애물로부터 개인의 번영을 지키는 전략을 구사했다. 행복을 순수하게 도덕적 덕의 관점에서 정의한 것이다. 덕이란 계속해서 올바른 이유로 옳은 행동을 선택함으로써 후천적으로 습득하게 되는 성질임을 기억해야 한다. 플라톤은 선에 도달하기 위해 무엇이 필요한지 파악하고 선을 달성해내는 능력을 사람들이 각자 다른 수준으로 가지고 있다고 보았다. 물론 이 능력을 안정적인 덕으로 개발하려면 운 좋게 적절한 양육을 받고 지속적으로 옳은 선택을 내려야 한다. 이러한 덕을 습득하고 나면 인간은 자신을 덕과 동일시하게 되고, 그러면 자신의 육체나 가족, 재산, 평판 등에 어떤 일이 벌어지더라도 영향받지 않게 된다. 도덕적 덕의 규율을 따름으로써 자족과 난공불락의 상태에 이르러, 어떠한 악덕에도 선의라는 내면의 요새가 흔들리지 않게 된다. 소크라테스는 부당한 박해를 받고 사형에 이를 때까지도 행복을 잃지 않았다. 어떠한 외부의 악덕도 옳은 일을 하겠다는 소크라테스의 확고한 의지를 꺾을 수 없었기 때문이다. 플라톤이 기록한 소크라테스는 '불의를 저지르는 것보다 불의를 당하는 것이 낫다'고 자주 말하면서 불의를 당한다고 진정한 자아가 손상되지는 않지만, 불의를 행하는 것은 자신을, 다시 말해 자신의 선한 의지를 해친다고 보았다.

비극을 받아들이는 용기

누스바움은 침해 불가능한 도덕적 자족이라는 플라톤의 사상에 감명을 받았으나 궁극적으로는 이를 거부했다. 대신 아리스토텔레스를 계승하여, 인간이란 육체에 거하면서 다른 사람들, 특히 친구와 가족을 사랑하는 존재라고 여겼다. 이는 곧 우리가 내면의 정신적 요새라는 안전한 곳으로 퇴각할 수 없음을 의미한다. 인간의 육체가 연약하고 사랑하는 이들과의 관계 또한 연약하므로 인간으로 존재하는 이상 언제나 비극에 취약할 수밖에 없다는 것이다. 자신

을 재산, 평판, 타인, 심지어 자신의 육체로부터 떼어놓으려고 시도
할 수는 있고, 사실 어느 정도는 분리하는 것이 현명할 때도 있지만,
궁극적으로 우리는 이런 요소들과의 연결에서 행복을 찾고 이를 통
해 번영을 이룬다. 플라톤이 제시한 자조의 전략을 취하면 어떤 종
류의 비극적 고통을 피할 수 있겠지만 그 과정에서 인간성의 너무
많은 부분을 상실한다. 아무리 잘해
도 득보다 실이 많은 피로스의 승리
Pyrrhic Victory인 셈이다.

　플라톤을 계승한 아리스토텔레스
는 행복하고 번영하는 삶을 살기 위
해서는 도덕적, 지성적 덕을 갖춰야
한다고 역설했다. 어리석은 믿음을
품거나 나쁜 선택을 하게 되는 것은
보통 덕을 갖추지 못했기 때문인데
여기에는 어느 정도이든 자신의 탓

피로스의 승리
패배와 다름없는 의미 없는 승리를 뜻
한다. 고대 그리스 지방인 에피로스의
왕 피로스는 로마와의 두 번에 걸친 전
쟁에서 모두 승리를 거두었지만 대신
장수를 많이 잃어 마지막 전투에서는
패망했다. 이후 많은 희생이나 비용의
대가를 치른 승리를 '피로스의 승리'라
부르게 되었다. '실속 없는 승리', '상처
뿐인 영광'과 같은 뜻이다.

이 있다는 점에서, 결국 인간은 대부분의 고통을 자초한다고 보았
다. 누스바움은 도덕적, 지성적 덕을 함양하는 것이 번영으로 가는
가장 좋은 길이라 여겼다는 점에서 아리스토텔레스의 사상과 맞닿
는 면이 있다. 그러나 덕은 필요하지만, 덕을 갖췄다고 해서 행복이
보장되는 것은 아니다. 인간은 여전히 다양한 악덕에 취약하기 때
문이다. 언제나 비극적 고통의 위험이 도사리고 있는 삶을 받아들
이기 위해서는 용기가 필요하며, 이러한 용기가 있어야 가족, 친구,
그리고 동료 시민 사이에서 진정한 인간 번영을 이룰 수 있다. 이런

문제에 접근하면서 누스바움은 고전 철학은 물론 고대 그리스 희곡과 현대 소설을 넘나들며 찾아낸 통찰을 활용하는 놀라운 능력을 보여준다.

경제학에서 힌트를 찾다

아마르티아 센
인도의 경제학자이자 철학자. 불평등과 빈곤 연구의 대가로 빈곤을 수치로 측정, 어떤 상태에 있는 사람을 빈곤층으로 봐야 한다는 기본 모형을 제시했다. 아시아인으로는 처음으로 1998년에 노벨경제학상을 수상했다.

정치철학에서 누스바움의 가장 중요한 기여는 경제학자 아마르티아 센Amartya Sen, 1933~과의 협업에서 나왔다. 경제 개발 연구자로서 센은 경제 개발 정도를 측정하는 방식에 큰 문제가 있다고 지적했다.

오랫동안 경제 발전 수준을 판단하는 척도로 소득 성장이나 행복도에 대한 주관적 평가를 사용해왔지만, 센은 그 대신 사람의 역량을 측정해야 한다고 주장했다. 이를테면 읽고 쓰고 숫자를 세는 능력, 친구를 사귀고 가정을 꾸리고 자신의 삶을 이끄는 능력, 놀이와 자연을 즐기고 아름다움을 감상하는 능력처럼 가치 있는 인간적 가능성을 실현하는 역량을 척도로 삼아야 한다는 태도였다. 다시 말해, 경제 개발은 아리스토텔레스적인 관점에 따라 재화의 획득이나 행복감에 대한 주관적 판단이 아니라 가치 있는 인간 역량의 실현이라는 측면에서 이해해야 한다는 것이었다. 선진사회와 모든 시민이 기본적인 인간 역량을 실현하는 사회이다.

누스바움은 경제 개발에 대한 센의 아리스토텔레스적 관점에 관심을 가졌다. 그리고 나아가 이러한 통찰을 일반화하여 모든 사람이 기본적인 역량 개발에 필요한 자원과 기회에 접근할 수 있는 사회가 정의로운 사회라는 주장을 펴면서 사회정의 이론으로 발전시켰다. 대부분 사회에서 여성, 빈곤층, 소수 인종, 장애인은 기회에 접근하기 쉽지 않고, 결과적으로 더 많은 특권을 누리는 이들에 비해 역량 수준이 뒤처지게 된다. 누스바움은 사람들에게 잘 살고 있는지 주관적인 의견을 물어보기만 하는 건 문제가 있다며, 그 이유로 소외 계층은 가능성의 기대치가 낮은 경우가 많다는 점을 꼽았다. 예컨대 글을 읽거나 자기 삶을 스스로 꾸려가거나 정치에 참여할 가능성을 전혀 생각하지 않는 사람이라면 그런 역량이 모자란다고 아쉬워하지도 않는다는 것이다. 그러나 당연하게도, 더 많은 역량을 지니고 살 수 있다면 마다하지 않을 것이다.

역량 목록

누스바움은 이처럼 사회정의 이론을 개발하기 위해 센의 접근법을 일반화하는 한편, 기본 역량을 실제로 나열하는 방식으로 센의 접근법을 구체화했다. 참고로 센은 이 작업을 분명하게 거부했다. 누스바움은 역량을 열 가지 선에 대한 참여로 설명했다. 열 가지 선에는 생명, 건강, 신체적 완전성(이동의 자유와 폭력으로부터의 자유), 감각·상상·사고(교육과 창조성), 감정(사랑하고 애착을 형성할 자유), 실천이성(자기 주도의 자유), 타인과의 관계, 다른 종과의 관계, 놀이, 환경에 대한 통제(참정권과 재산권)가 있다. 이러한 역량을 발휘할 수 있는 정도에 따라 행복과 번영의 수준 또한 정해지며, 모든 사람이 역량을 개발할 기회를 누리는 사회가 정의로운 사회라고 정의했다.

누스바움이 만든 역량 목록은 존 로크와 카를 마르크스의 사상을 합쳐놓은 것이었다. 로크와 그 계승자인 제임스 매디슨은 표현, 집회, 투표의 자유를 누릴 권리 같은 정치적 역량을 강조했다. 그들에게 정의로운 사회란 필수적으로 모든 시민이 기본적인 정치적 자유를 보장받는 사회이며, 여기서 자유는 사유재산권을 전제로 한다고 보았다. 한편 마르크스와 그 계보를 잇는 마오쩌둥 같은 이들은 사회정의는 의식주, 의료, 고용의 권리 같은 기본적 경제권에 달려 있다고 역설했다. 이들 경제권이 없다면 자유주의적 정치 권리는 허위에 불과하다는 것이 마르크스의 견해였다. 배고프고 병들고 일자리가 없다면 표현의 자유가 무슨 소용이란 말인가. 누스바움이 제시한 목록에는 보다시피 자유주의적 정치 권리와 마르크스의 경제권의 내용이 모두 녹아 있다.

자유주의 안에서의 역량 개발

누스바움의 사회정의에 대한 접근법은 아리스토텔레스와 존 롤스를 합쳐놓은 것이기도 하다. 아리스토텔레스에게서는 인간의 번영과 행복은 가치 있는 능력을 도덕적, 지성적 덕으로 개발하는 데서 출발한다는 견해를 따웠으며 이를 '역량'이라 불렀다. 그러나 존 롤스로부터는 자유주의국가는 시민에게 역량이나 덕을 쌓으라고 강제해서는 안 된다는 견해를 채택했다. 롤스는 정치적 자유주의를 옹호했으며, 정치적 자유주의에서 말하는 정의로운 국가는 다른 이에게 자기 삶의 방식을 강요하지 않아서 다양한 윤리적, 종교적 삶이 용인되는 정치체다. 그렇다면 정치적 자유주의의 이상을 따르는 사회에서는 시민이 누스바움이 말하는 역량들을 추구하도록 허용은 하되 이를 반드시 따르도록 요구하지는 않을 것이다. 모든 사람에게 역량을 개발할 수 있는 자원과 기회를 부여하면 그 자체로 사회정의가 실현된 것이고 각 개인이 실제로 역량을 개발하는지는 무관하다. 반면 아리스토텔레스는 시민에게 역량을 발휘할 기회를 부여하는 데서 그치는 것이 아니라 실제로 역량을 발휘하게 하는 것까지가 국가의 역할이라는 입장이었다. 아리스토텔레스는 행복이란 인간의 탁월성을 행하는 데서 오는 것이므로 정치 지도자에게는 시민이 사소한 즐거움에 인생을 낭비하지 않고 실제로 역량을 발휘하게 할 의무가 있다고 보았다.

따라서 아리스토텔레스의 국가는 가부장적인 특성을 띠며 시민이 원하지 않더라도 도덕적, 지성적 덕을 개발하도록 요구한다. 누스바움은 롤스의 견해에 근거해 아리스토텔레스의 가부장주의를 거부했다. 다만 어린이의 경우는 예외를 두어 의무교육과 같은 제도를 통해 필수 역량 습득을 강제할 수 있다고 보았다. 누스바움은 롤스의 자유주의에 따라 정부에는 성인이 자신의 건강을 보전하고 사고를 개발하고 도덕적 덕을 추구하도록 강제할 권리가 없다는 견해를 밝혔다. 따라서 누스바움에 따르면 모두가 필수 역량을 개발할 기회가 있다면 그 역량을 아무도 개발하지 않더라도 사회는 완벽하게 정의로운 상태일 수 있다.

진정한 번영으로 나아가기 위하여

마사 누스바움은 많은 저서와 기고문을 통해 인간 번영과 그 함정에 대해 설파했다. 첫째로 인간 삶의 신체적, 감정적, 사회적, 이성적 측면을 아울러 번영에 대한 총체적 시각을 제시했다. 둘째로 인간의 모든 능력은 여러 장애물에 의해 그늘이 드리울 수 있다는 점을 들며 인간이라면 피할 수 없는 취약성을 경고했다. 인간의 행복과 존엄성은 너무나 연약하므로 소중하다는 것이다.

부가 인간 개발의 척도가 되는 세상에서 많은 시민이, 심지어 매우 부유한 사회의 일원도 부당한 차별, 빈곤, 장애, 방임 때문에 기본적인 개인, 사회, 정치 역량을 발휘할 수 없다고 누스바움은 강력하게 상기시킨다. 더 높은 생활 수준을 추구할 수록 생태계 지속가능성을 해치는 세상에서 인간의 행복과 환경을 지키기 위해 물질적 풍요보다 배움, 사랑, 시민성에 초점을 맞추는 개발의 길을 제시한다.

30

심층생태학의 창시자 아르네 네스

시민은 자연 전체의 공통선에
관심을 가져야 한다

Arne Næss. 1912~2009

노르웨이의 철학자. 심층생태학이란 용어를 만들어 심층생태학을 창시했고 전 세계 환경운동과 녹색당 운동에 큰 영향을 주었다. 산꼭대기 오두막에 은둔하며 생태운동을 몸소 실천해 '실천하는 철학자'의 대명사로 불렸다. 저서로 『산처럼 생각하라』가 있다.

산으로 들어간 철학자

아르네 네스는 유년 시절부터 언제나 여름과 휴일을 노르웨이 베르겐 동부 지역에 있는 산을 탐험하며 보냈다. 20대 때는 외딴 산꼭대기에 트베르가스타인Tvergastein이라고 불리는 소박한 오두막을 짓고 그곳에서 지내곤 했다. 1500미터 높이에 있던 트베르가스타인은 스칸디나비아에서 가장 높은 개인 소유 오두막으로 이곳에 가려면 하이킹, 스노슈잉, 스키를 한참 해야 했다. 네스는 여러 실천주의 운동, 연구, 저술, 강의 등을 하며 전 세계를 무대로 활동했지만, 생애 대부분을 산속 은신처에서 근처 동식물을 탐구하고 플라톤, 아리스토텔레스, 스피노자, 간디가 쓴 책을 읽으며 시간을 보냈다.

그는 자신이 그토록 사랑한 산뿐만 아니라 지구 전체에 흔적을 많이 남기지 않으려 노력했다. 이런 이유로 꼭 필요한 생필품만 가지고 채소만 먹으면서, 전기나 배관은 전혀 없고 난방 역시 거의 되지 않는 오두막에서 자주 지냈다. 저명한 철학자가 왜 이렇게 현대 세상과 인간 사회에서 동떨어져 지낸 것일까? 네스는 오두막을 지은 이 산꼭대기를 좋아하게 되면서 벼룩부터 인간에 이르기까지 모든 생물체와 일체감을 느꼈다. 심지어 아르네 트베르가스타인으로 개명하는 것도 고려했다.

심층생태론

　진정으로 사랑하는 것은 잃은 후에야 알 수 있다. 앞서 다룬 에드 먼드 버크는 프랑스혁명이 발발한 후에 보수적인 정치사상을 세웠 다. 당시 혁명주의자들이 도덕, 종교, 사회, 정치 관련 전통들을 공 격 대상으로 삼기 전까지 '보수주의자'라는 개념은 없었다. 마찬가 지로 산업혁명으로 인해 황야는 물론 친숙한 시골 풍경까지 파괴 될지도 모른다는 위기감이 생기기 전까지는 환경주의자, 생태주의 자, 자연보호론자 같은 사람은 없었다. 정치적 보수주의자들이 당 시 잃어가고 있던 것들의 관점에서 정치적 변화를 봤듯이, 환경보 호주의자들이 경제적 변화를 보는 바라보는 관점은 자연 서식지가 사라져가는 상황이었다. 네스만큼 현대의 기술 발전이 우리에게서 앗아갈 것을 분명하게 그리고 강렬하게 애도한 이는 없었다. 그는 심지어 댐 건설을 막으려 댐에 자신의 몸을 묶어둔 적도 있다.

　네스는 심층생태론이라는 개념으로 잘 알려져 있다. 그에 따르면 대부분 환경운동가는 인간의 건강을 지키기 위해 오염을 줄이고, 미래에 쓸 자원을 아껴두기 위해 현재 자원을 보존하고, 휴양용으 로 광야를 약간 남겨놓는 식으로 인간이 얻을 혜택을 증진하는 것 을 목표로 삼는다. 네스는 이러한 '피상적인 생태론'에서는 자연이 인류의 안녕과는 크게 관련 없는, 자연 자체의 가치가 무시된다고 주장한다. 심층생태론에서는 인간뿐만 아니라 모든 생물체가 생존 하고 번성할 권리가 있다고 본다. 네스는 전체 자연을 우리의 편리 함을 위해 사용하고 파괴하고 소비하는 장작더미에 불과한 것으로 다루는 인간들의 오만에 치를 떨었다.

성서에서 하느님은 자연보다 아담에게 더 큰 통치권을 부여한다. 네스는 인간이 자연을 지배하거나 관리한다는 이상에 반대했다. 인간은 자연의 무한한 복잡성을 잘 알지 못해서 자연을 관리할 수 없다. 네스에 따르면 인간이 자연을 관리하려고 시도할 때마다 역효과를 낳아 인간의 오만과 무지가 드러났다. 예를 들면 무분별하게 건립한 거대한 댐들이 예상치 못한 환경 재앙을 일으켰기 때문에 이제는 개조되거나 해체되고 있다. 산업형 농업의 결과는 사막과 황사였다. 네스는 인간이 지구의 주인이 아닌 선량한 시민이 되기를 바랐다.

자연 안에서 신성을 찾다

네스는 지구의 선량한 시민으로서 편협한 인간의 이익뿐만 아니라 자연 전체의 공동선에도 관심을 가져야 한다고 말했다. 여기서 말하는 공동선은 무엇일까? 네스는 '자연은 하느님의 다른 말'이라는 17세기 철학자 바뤼흐 스피노자 Baruch Spinoza, 1632~1677의 말에 동의했다. 영적이고 신과 관련한 현실을 자연에서 멀리 떨어뜨려놓거나 자연보다 우위에 두는 건 잘못된 일이고 신성神性은 자연의 일면

바뤼흐 스피노자
네덜란드의 철학자. 유럽 17세기 철학의 거두로서 18세기 계몽주의와 근대 성서 비판의 토대를 놓았다고 평가받는다. 저서로 『에티카』, 『신학 정치론』 등이 있다.

이라는 게 네스의 믿음이었다. 스피노자는 인간의 최고선은 하느님을 향한 지적인 사랑이라 주장했고, 네스는 이를 생명의 무한한 다양성을 애정을 담아 존중하는 일이라고 설명했다. 스피노자는 인간을 비롯한 모든 생물은 자신을 보존하고 소유한 힘을 모두 실현하기 위해 분투한다고 설명했다. 네스는 자연의 공동선은 모든 생물체의 자아실현이라고 주장했다. 그중에서 특히 인간의 자아실현은, 인간이 아주 작은 구성 요소에 지나지 않는 '자연의 전체성'을 관조하고 사랑하는 능력을 갖출 때 완성된다. 즉 인간은 자연을 외면하는 대신 자연 안에서 진정한 집을 찾음으로써 신성에 접근한다. 인간은 항상 타고난 집을 떠나 다른 대륙, 이제는 다른 행성으로까지 머나먼 여행을 떠나려고 시도하고 있지만, 네스는 누구도 특정한 자연환경과 친밀한 관계를 맺지 않고서는 진성으로 행복할 수 없다고 주장했다. 이에 우주여행은 고사하고 세계화, 세계시민주의, 관광업이라는 현대 이상을 거부했다. 심지어 노르웨이의 유럽연합 가입 반대를 위해 싸웠다. 그는 특정한 자연 공간과 친밀한 관계를 형성한 자신의 생애를 모두가 따르기를 은연중에 바랐다.

심층생태론을 향한 비판

다른 생태학자들은 네스를 신비주의자, 인간 혐오자, 파시스트 등으로 불렀다. 심지어는 독일의 노르웨이 통치에 저항한 영웅적인 활동을 펼친 네스를 두고 나치주의자로 부르는 사람도 있었다. 심층생태론자들은 인간은 원래 그대로의 자연은 물론 미래 지구에서의 삶에도 위협을 가한다고 생각하기 때문에 분명 인간 혐오 성향이 짙은 사람도 있다. 이들은 자연계가 살아남으려면 질병, 전쟁, 기근 등으로 인구가 줄어야 한다고 주장한다. 네스도 자연의 공동선을 위해서는 세계 인구가 1억 명 수준까지 크게 줄어야 한다는 데 동의했다. 하지만 그는 생태학자가 되기 전에는 간디의 비폭력주의 신봉자였다. 자신의 집 안에 독이 있는 뱀, 거미, 전갈 등까지 그대로 두었던 간디는 이러한 비폭력 원칙을 전체 자연까지 확대하여 적용했다. 네스도 이와 비슷하게 자연을 보호하는 데 무력이나 강제력을 사용하는 것을 반대했다. 그가 생각한 인구 감소 방법은 자발적인 가족계획이었다. 그가 주창한 심층생태론이 급진적이고 폭력적이기까지 한 주장을 내포하기 때문에 악의적인 비방에 시달렸지만, 그는 운동가 중에서 가장 평화를 사랑했다. 결코 날카로운 비방이나 거친 언사를 사용하지 않았으며, 항상 반대론자를 존중하며 합의점을 찾으려 노력했다. 그를 한 번이라도 만나본 사람들은 그가 이 세상에 전파하고 싶어 한 평화와 온정을 몸소 보여줬다고 입을 모아 말한다.

모든 생물은 살 권리가 있다

네스는 젊은 시절 산성 용액에 빠진 벼룩의 모습을 현미경으로 보고 크게 충격을 받은 적이 있다. 용액에 빠진 벼룩이 살기 위해 발버둥 치다가 고통스럽게 죽어가는 모습을 참담하게 본 네스는 평생 채식주의를 고집했다. 고통받는 벼룩에게서 느낀 동질감은 그의 심층생태론의 주춧돌이 되었다. 그의 주장은 다른 생물체를 위해 우리 인간의 이익을 희생해야 한다는 것이 아니었다. 다른 생물에게 공감하고 우리 '자신'이라는 개념에 전체 자연을 포함해야 한다는 게 그의 설명이었다. 이렇게 자기를 확장하다 보면 자연을 보호하는 일은 이타적인 자기희생이 아니라 계몽적인 사리 추구가 되는 것이다.

그는 권리와 의무라는 말을 종종 사용하긴 했지만 아름다움과 기쁨에 호소하는 편을 훨씬 선호했다. 모든 생물의 '살 권리'를 언급하기도 했는데, 다른 생물을 죽이지 말아야 하는 '의무'도 내포되어 있다. 그리고 칸트의 '사람을 단순한 수단이 아닌 목적으로 대우해야 한다'라는 준칙을 지구상 모든 생물체에 적용했다. 하지만 전반적으로 봤을 때 윤리에는 별 관심이 없었다. 그는 인간의 행동에 동기를 부여하는 것은 윤리적 의무보다는 세계에 대한 이해라고 믿었다. 우리가 거대한 생물 그물망의 아주 작은 일부라는 사실을 알게 된다면, 자연보다 우위에 서지 않고 자연 안에서 자신을 볼 수 있게 된다면, 그리고 있는 그대로의 생태계의 복잡성과 아름다움을 관조할 수 있게 된다면 비로소 의무감이 아닌 환희라는 감정을 바탕으로 자연을 보호하게 될 것이다. 간디 평화주의자인 네스는 인간에게 법적 의무는커녕 도덕적 의무를 부과하는 것도 꺼렸다. 그는 크고 작은 모든 생물을 향한 애정 어린 부드러운 태도를 몸소 보여줌으로써 가르침을 전하고자 했다. 따라서 살생을 둘러싼 그의 규칙에는 '살아남기 위해서가 아니면 다른 생물을 절대 죽이지 말라'라는 원칙을 바탕으로 한 예외가 늘 포함되었다. 그는 굶주림이 아닌 놀이로 하는 살생은 비난했다. 공공연히 생물을 차등화하는 생각을 거부했지만, 은연중에 인간의 삶을 가장 우선으로 삼았다.

자연이라는 영적 낙원

네스를 '신비주의자'라고 표현하거나 깎아내리는 경우가 자주 있다. 네스는 정치적 주장은 둘째 치고 언어 역시 자연을 향한 인간의 태곳적 경외심을 담아낼 수 없다고 봤다. 궁극적으로 생태주의적 윤리를 상세하게 설명하기에 앞서 자연 앞에서 느끼는 경이감을 일깨워야 한다고 주장하는 영적 사상가였다. 그는 자연을 향한 영성을 함양하는 과정에서 스피노자의 범신론, 불교, 간디 힌두교 등의 영향을 받았다. 여러 종교 전통에서도 자연을 향한 올바른 영적 반응을 찾아볼 수 있다고 봤다.

'하느님'이라는 단어와 마찬가지로 '자연'이라는 단어를 들었을 때 사람마다 떠올리는 이미지는 다 다르다. 자연은 모든 것을 품는 엄마, 생명의 순환, 상호의존적 관계 등을 함축할 수도 있고, 또는 생존을 위한 투쟁, 포식자와 먹잇감, 멸종의 순환 등을 떠올리게 할 수도 있다. 네스에게 자연은 궁극적으로 상호 공존과 조화가 있는 평화로운 왕국으로, 성서에서 말하는 '사자가 양과 함께 누워 있는' 이미지였다. 그는 인간 혼자서는 자연일 수 없다고 말한다. 인간의 자만과 오만, 통제 불가능한 생식 능력, 파괴적인 지적 능력 등이 자연의 조화에 위협을 가한다는 것이다. 자연은 인간이 등장해 하느님의 질서를 뒤집기 전까지 낙원이었다. 인간이 수많은 존재 중 하나가 되어 적절한 자리로 돌아가지 않는다면 자연은 파괴될 것이다.

진화론의 관점으로 본 심층생태론

하지만 진화론적 관점에서 보면 자연은 전혀 평화와 조화의 공간이 아니다. 어떤 생명체도 생존을 위한 투쟁에서 벗어날 수 없다. 모두 엄청나게 번식 활동을 하고, 서로 죽이거나 죽임을 당한다. 자연에는 굶주림, 객사, 가차 없는 포식, 멸종으로 가득하다. 인간은 우연히 무작위로 발생한 유전자 돌연변이gene mutation로 인해 '지적 능력'에 '몸을 쓰는 재주'가 합쳐진 특유의 이점을 바탕으로 최고 포식자가 될 수 있었다. 이런 관점에서 보면 문화, 기술, 도시화는 인간의 생태적 지위에 맞춘 자연스러운 적응 과정이고, 이를 통해 다른 유기체들을 지배하고 정복할 수 있게 된 것이다.

인간은 항상 자연과 조화를 이루며 살았을까? 네스를 비롯한 여러 생태학자는 선사시대의 수렵·채집인들은 자연과 공존할 수 있었다고 주장한다. 하지만 화석이 보여주는 이야기는 다르다. 예를 들면 이런 수렵·채집인들은 미 대륙으로 이주하자마자 모든 거대 빙하기 포유류 동물을 사냥해 멸종으로 몰아넣었다. 인간의 '파괴력(이 단어가 결국 포식을 의미하는 거라면)'은 항상 인간의 지식과 능력으로만 억제되었다.

카를 마르크스에 따르면 인간은 자연계를 누가 봐도 인간적인 것, 즉 인간이 살 수 있는 공간으로 탈바꿈시키도록 타고났다. 네스는 인간은 자연 변형을 멈추고 자연에 순응해야 한다고 주장한다. 우리 인간은 근본적으로 지구의 주인이자 소유주인가, 아니면 다른 생명체들과 더불어 사는 지구 시민인가? 이는 궁극적으로 종교와 철학 관점에서 던져봐야 하는 질문으로 금방 답을 찾을 수는 없을 것이다.

인간이 배제된 자연론은 가능한가

네스가 설명한 심층생태론과 피상적 생태론의 구분을 어떻게 이해해야 할까? 피상적 생태론에서는 물질을 제공하거나 인간의 일시적 욕구를 충족시키는 자연의 특성을 중요하게 생각한다. 심층생태론에서는 미와 숭고함, 자연 질서의 경이와 지적인 복잡성, 우리가 창조하지 않은 신비로운 존재에서 찾아볼 수 있는 겸허함 등을 향한 영적이고 영구적인 인간 욕구를 충족시키는 존재로서의 자연에 주목한다. 네스는 자연을 향한 '인간중심주의' 관점(그가 '피상적 생태론'이라 명명한)을 거부했지만, 그가 찬양하는 자연과 더불어 사는 기쁨, 생태적 다양성, 모든 종의 번영, 지역 생태의 조화 등은 모두 엄연히 인간적 가치이다. 즉 심층생태론과 피상적 생태론 둘 다 자연을 인간의 번영이라는 맥락에서 이해하고 평가하는 것이다.

나오는 글

정치를 그저
진흙탕으로
내버려 두지 않기 위하여

철학은 진정 세상을 변화시킬 수 있는가

정치철학사의 긴 역사를 돌이켜 보면 '정치철학'이 우리가 사는 '실제 세상'을 정말로 변화시킬 수 있는지 의심이 들기 마련이다. 일단 카를 마르크스는 변화시킬 수 없다고 생각했다. 그의 생각에는 그럴듯한 면이 있다. 정치 활동은 정치를 둘러싼 철학적 고찰이 시작되기 오래전부터 존재했다. 인간은 보통 행동에 대해 미처 생각하지 못하고 행동을 먼저 한다. 실제로 인간이 이론을 세우는 것은 현실적인 목표를 이루어가는 과정에서 방해가 되는 장애물이 생겼을 때 그것을 극복하기 위해서이다. 열쇠가 없어야 자물쇠가 어떻게 작동하는지 생각하게 되는 이치다. 아리스토텔레스가 말한 활쏘기 이미지를 빌려 말하자면, 철학은 어쩌면 우리가 이미 맞히고자 염두에 두고 설정해둔 과녁을 한층 선명하게 볼 수 있게 해주는 도구일지도 모른다. 철학자들은 자유, 평등, 정의 같은 모호한 개념을 깊이 고찰하여 우리가 이러한 개념들을 한층 명확하게 이해할 수 있도록 돕는다. 하지만 앞서 다뤘듯 철학자들은 이러한 이상들을 두고 상반된 견해를 펼친다. 활쏘기 스승들이 이렇게 우리에게 각자 다른 과녁을 조준하도록 요구하는 경우, 우리는 어떻게 목표를 이루기 위해 정진해야 할까? 어쩌면 차라리 스승을 두지 않는 편이 나을지도 모른다.

니체는 설상가상으로 사고 행위 자체가 효과적인 정치를 방해할 수도 있다고 했다. 과감한 통솔력과 단호한 행동에는 확신과 자신감이 필요한데, 철학은 우리를 의심, 통찰, 망설임으로 이끈다. 셰익스피어가 그린 햄릿은 철학을 공부한 것이 그의 유명한 성격인 행동력 결여의 원인일 수도 있다. 햄릿은 무엇을 해야 할지 너무 많이 생각한 탓에 그 어떤 것도 행동으로 옮기기가 힘들었다. 만약 철학이 정치에 도움이 된다면 우리는 철학자가 좋은 통치자가 될 거라고 기대할 것이다. 하지만 플라톤을 제외하고는 대부분 철학자들이 시시하고 결단력 없는 통치자, 혹은 그보다 훨씬 형편없는 통치자가 될 거라 생각한다.

정치의 미래를 예견하는 철학의 힘

대신에 우리는 정치철학자들을 앞으로 나아가야 할 방향에 관심을 두고 미래의 정치를 알려주는 선지자 또는 예언자로 여기는 데 익숙한지도 모른다. 이런 맥락에서 이들은 위대한 혁신가들과 비슷하다. 가령 레오나르도 다빈치는 비행기와 잠수함을 기술적으로 구현하기 한참 전에 이미 이러한 모델을 구상했다. 아마도 위대한 정치사상가들은 한참 후에 실천으로 옮겨질 수 있는 새로운 종류의 정치를 그리는 선지자일 것이다. 예를 들어 공자는 군주들이 공공정책을 세우기 전에 문인 학자의 가르침을 먼저 들어야 한다고 주장했는데, 몇 세기 후 중국은 실제로 제국의 관료 체제를 문인으로 채우기 위해 고안한한 과거 제도를 시행했다. 플라톤이 그린 공산주의는 마르크스와 레닌, 마오쩌둥에게 영감을 주었다. 핵가족을 없애야 한다는 플라톤의 주장은 이스라엘의 집단농장인 키부츠Kibbutz에 영향을 미쳤고, 오늘날까지 일부 급진주의 페미니스트의 사상 기반으로 작용하고 있다.

실제로 예지력을 발휘한 정치사상도 있다. 이탈리아가 수십 개의 왕국과 공화국으로 분열되어 있던 시절 마키아벨리는 이탈리아가 통일해야 한다고 주장했다. 서로 끊임없이 반목하는 수백 개의 세습 군주 일가가 유럽을 지배하는 시기 칸트는 유럽연합 설립보다 150년 앞서 전쟁을 일으키지 않는 입헌공화국으로 구성된 대륙을 예견했다. 루소는 구체제를 전복하면서 유럽 역사의 방향을 틀어놓은 프랑스혁명이 발발하기 25년 전 유럽에 '혁명기'가 도래할 것을 예언했다. 버크는 로베스피에르와 나폴레옹이 등장하기 수년 전에 공포정치와 군사독재를 예견했다. 영국과 프랑스가 세계를 주도하던 때 토크빌은 언젠가 전 세계가 이후 냉전에서 볼 수 있듯 미국 진영과 러시아 진영으로 양분될 것이라고 점쳤다.

물론 이루어지지 않은 예언도 있다. 마르크스가 자본주의의 붕괴는 필연적이라고 예견한 사실은 유명하다. 18세기 매디슨이 제정에 이바지한 미국 헌법이 오늘날 거대하고 복잡한 산업과 후기 산업사회에 적용할 수 있는 이상적인 체계라고 보는 사람은 거의 없을 것이다. 칸트가 말한 '항구적 평화'의 시대는 어느 곳에서도 눈에 띄지 않는다. 페인은 군주제는 언제나 독재를 향해 나아간다고 주장했지만, 오늘날 캐나다, 호주, 뉴질랜드, 북유럽 등지에서 볼 수 있는 민주 입헌군주제는 완전히 반대이다. 오히려 페인이 인류 진보의 길잡이라고 여긴 미국보다도 더 평등한 사회를 자랑한다.

너무 암울해서 실현되지 않았으면 하는 사상도 있다. 루소, 토크빌, 니체, 아렌트는 모두 선진 산업민주주의 시민들이 안전하고 편안한 생활을 누리게 되면서, 힘들게 손에 넣은 정치적 자유를 대중오락과 쇼핑을 위해 기꺼이 포기하는 미래를 그렸다. 엘리트 계층이 관리하고 그 누구도 통치하지는 않는 국제화한 개인 소비의 세상에서 정치 자체는 쓸모없는 것이 될 것이라는 예상이었다. 네스가 예견한 악몽 같은 미래에서는 인간이 자연을 탐욕스럽고 폭력적으로 착취한 끝에 지구를 파괴하고 지구가 아닌 다른 곳을 식민지로 삼아 망명 생활을 할 수밖에 없게 된다.

과거의 정치를 재발견하는 철학의 힘

　정치철학은 긍정적이든 부정적이든 새로운 형태의 정치를 생각하면서 미래를 내다보는 역할을 한다는 견해도 맞는 말이지만, 사실 그만큼 과거도 들여다본다. 정치철학에서 가장 혁신적인 측면 역시 지난 역사에서 영감을 받은 경우가 많다. 공자는 군주는 학자의 조언을 받아야 한다고 제안하면서 위대한 성왕聖王 시대를 참고하라고 주장했다. 플라톤이 제시한 과격한 공산주의의 모습은 신관, 전사, 노동자로 구성된 고대 이집트의 사회계급 제도에서 영감을 받았다. 아우구스티누스, 알 파라비, 마이모니데스는 모두 정치의 본보기로서 성서를 참고했고, 아퀴나스는 모세와 아리스토텔레스의 영향을 받았다. 아렌트는 근대 시민들은 공공 토론의 장에서 고대 아테네인들의 용기를 본받아 활약해야 한다고 주장했고, 마키아벨리가 꿈꾼 통일 이탈리아는 고대 로마의 위엄을 되찾은 국가의 모습이기도 했다.

　과거의 그림자에서 벗어나고자 한 철학자들도 있지만 그들이 품은 이상은 확실히 과거에 기반하고 있다. 홉스, 로크, 루소, 칸트, 롤스는 정치가 존재하기 전 인간이 순수하게 이성에 기반한 권리들에 합의할 거라는 사고 실험을 고안했다. 그들의 관심사는 국민이 실제로 가지고 있는 권리가 아니라 순수하게 이성적이고 정의로운 사회에서 사람들이 누려야 하는 권리였다. 하지만 '이성'이 요구한다고 추정되는 권리들은 1215년 선포된 마그나카르타를 시작으로 천천히 확대된 왕실에 반대한 영국의 관습법상 자유의 역사와 궤

를 함께한다. 이 정치철학자들이 고안한 순수하게 '이성적인' 권리
라는 추상적인 구상안은 영국인들이 과거로부터 물려받은 권리들
을 더욱 정교하게 다듬으면서 한층 보편적으로 만든다. 이런 면에
서 미국 독립혁명은 과거와의 단절보다는 영국이 미국 식민지에서
자국의 전통적인 자유를 존중했다고 하는 주장과 가까워 보인다.
이성을 사용해 역사에서 벗어난다고 생각한 철학자들은 보통은 역
사를 반복하고 만다.

철학 없는 정치는 가능한가

정치와 철학은 항상 불편한 동행 관계를 유지한다. 서로 다른 가
치, 가끔은 아예 양립할 수 없는 가치를 추구하기 때문이다. 바로
이런 이유로 많은 철학자가 정치적 신념을 이유로 박해받았다. 이
러한 문제는 고대 아테네 시민들이 급진적인 사상으로 도시의 청
년들을 타락시켰다는 이유로 위대한 철학자 소크라테스에게 사형
선고를 내린 서구문명의 시작에서부터 볼 수 있다. 마키아벨리, 페
인, 간디, 쿠틉은 옥살이를 했다. 그리고 공자, 아리스토텔레스, 마
이모니데스, 홉스, 로크, 루소, 마르크스, 아렌트는 망명 생활을 했
다. 실제로 서구에서는 제법 최근 들어서야 공개적으로 정치에 관
해 이야기하고 글을 써도 위험하지 않게 되었다.

사상가들의 사상이 정치를 위험에 빠뜨리는 경우도 있다. 고대
아테네인들이 소크라테스를 비난한 이유는 분명했다. 소크라테스

가 도시의 근간을 흔들고 개인적인 진실 추구로 도시의 이익을 경시했다고 본 것이다. 사상은 실질적인 파괴력을 지니고 비뚤어진 결과를 낳을 수 있다. 사상들이 현실 세계로 들어와 세를 얻기 시작하면 어떤 식으로 흘러갈지 예측하기란 매우 힘들다. 어쩌면 예측이 아예 불가능할 수도 있다. 가령 정치적 덕성에 관한 루소의 이론은 급진적인 자코뱅파에게 영향을 미쳤고, 자코뱅파는 이 이론들을 이용해서 프랑스혁명의 반대파를 대상으로 펼친 공포정치를 정당화했다. 러시아 레닌과 중국 마오쩌둥 둘 다 자신이 세운 체제를 유지하는 데 광범위한 폭력과 강압에 의지하면서 자신들이 마르크스의 사상에 따라 행동하고 있다고 주장했다. 그리고 나치당원들이 니체의 사상을 이용해 자신들의 비인도적인 정책을 뒷받침하려 했다는 이야기도 앞서 다뤘다. 플라톤, 마르크스, 루소, 헤겔 모두 항상 전체주의자라고 비난받았다.

철학과 정치 간 어려운 관계를 보면 추울 때 온기를 유지하기 위해 한데 모여들다가 서로의 날카로운 가시에 찔려 멀어지고 마는 동물 호저 이야기가 떠오른다. 호저는 서로를 필요로 하지만 동시에 서로를 견딜 수 없다. 서로에게 줄 수 있는 따듯함은 서로에게 고통을 안길 때만 가능하다. 호저처럼 정치와 철학도 서로에게 도움을 주면서도 서로에게 위협이 된다. 결국 호저들은 서로 꽤 가까이 붙어 있으면서도 약간의 거리를 두기로 한다. 온기를 약간 포기한다는 건 고통도 약간 줄인다는 뜻이다. 고통이 아예 없다는 건 얼어 죽을 수도 있다는 뜻이다.

당신은 더 나은 정치를 꿈꾸고 있는가

정치와 철학은 각자 서로라는 짐을 껴안고 있다. 많은 부분을 고려했을 때 이는 서로에게 위험을 안길 수 있긴 해도 좋은 일이다. 사상이 전혀 없는 정치체계란 없다. 그리고 정치를 둘러싼 철학적 고찰은 피할 수 없는 일이다. 철학은 현실 세계와 동떨어진 딴 세상에 존재하는 게 아니다. 철학은 현실을 고찰할 수 있는 평화와 안정을 제공하는 정치체제 안에서만 발전할 수 있다. 이와 관련해서 홉스는 '여가는 철학의 어머니이고, 국가는 평화와 여가의 어머니이다. 위대하고 융성한 도시가 있는 곳에 철학 연구가 있다'라고 설명했다. 정치가 철학의 전제조건이라는 홉스의 주장이 맞다면 철학은 더 잘 살아남기 위해서 정치를 연구해야 한다. 어쩌면 이런 이유로 소크라테스가 처형되기 전 탈옥 기회를 마다했는지도 모른다. 부유한 친구 크리톤이 탈옥을 도와주겠다고 제안했을 때, 소크라테스는 법이라는 이름 아래 사형당할 위기에 처했는데도 법을 존중하는 마음으로 제안을 거절했다. 그리고 자신에게 사형선고가 내려진 재판에서도 철학이 국가의 선을 위해 필요하다고 주장했다. 철학은 정치에서 당연히 여겨지는 것들을 탐구한다. 단순히 이런 것들을 더 잘 이해하기 위해서가 아니라 개선하기 위해서이다. 그리고 이때 보통 새로운 정치적 이상, 체제, 정의 원칙, 삶의 형태 등을 구상한다. 이런 동반자가 없는 정치는 그저 진흙탕에 불과할 것이다.

이제 우리에게 남겨진 질문은 단 하나다. 우리는 지금 더 나은 정치를 꿈꾸고 있는가? 이 책에서 소개된 정치철학들을 살펴봄으로써 당연하다고 생각했던 지금의 정치체계가 정치적 진화의 종착지가 아님을 인식하고, 오늘날 우리에게 필요한 진정한 희망의 정치가 무엇인지 스스로 꿈꿔볼 수 있기를 바란다.

세계사를 대표하는 철학자 30인과
함께하는 철학의 첫걸음

처음 읽는 정치철학사

초판 1쇄 발행 2021년 6월 1일
초판 2쇄 발행 2022년 4월 22일

지은이 그레임 개러드, 제임스 버나드 머피
옮긴이 김세정
펴낸이 김선식

경영총괄 김은영
책임편집 최형욱 **책임마케터** 박태준
콘텐츠개발8팀장 김상영 **콘텐츠개발8팀** 최형욱, 강대건
마케팅본부장 권장규 **마케팅4팀** 박태준, 문서희
미디어홍보본부장 정명찬
홍보팀 안지혜, 김민정, 이소영, 김은지, 박재연, 오수미
뉴 미디어팀 허지호, 박지수, 임유나, 송희진, 홍수경
저작권팀 한승빈, 김재원, 이슬 **편집관리팀** 조세현, 백설희
경영관리본부 하미선, 박상민, 김민아, 윤이경, 이소희, 이우철, 김혜진, 김재경, 최완규, 이지우
외부스태프 표지 霖 design **본문디자인** 장선혜

펴낸곳 다산북스 **출판등록** 2005년 12월 23일 제313-2005-00277호
주소 경기도 파주시 회동길 490
전화 02-702-1724
팩스 02-703-2219 **이메일** dasanbooks@dasanbooks.com
홈페이지 www.dasanbooks.com **블로그** blog.naver.com/dasan_books
종이 IPP **출력 · 제본** 한영문화사 **후가공** 평창피앤지

ISBN 979-11-306-3796-9 (03100)

다산북스(DASANBOOKS)는 독자 여러분의 책에 관한 아이디어와 원고 투고를 기쁜 마음으로 기다리고 있습니다.
책 출간을 원하는 아이디어가 있으신 분은 다산북스 홈페이지의 '원고 투고'란으로 간단한 개요와 취지, 연락처 등을 보내주세요.
머뭇거리지 말고 문을 두드리세요.